JN273115

PHILOSOPHY
OF
PERCEPTION

A Contemporary Introduction

by

William Fish

知覚の哲学入門

ウィリアム・フィッシュ

源河亨・國領佳樹・新川拓哉——訳

山田圭一——監訳

keiso shobo

For Freya, Anya, and Finlay

PHILOSOPHY OF PERCEPTION by William Fish
Copyright © 2010 Taylor & Francis
All Rights Reserved.
Authorized translation from English language edition published by
Routledge, an imprint of Taylor & Francis Group LLC.
Japanese translation published by arrangement with Taylor & Francis Group LLC
through The English Agency (Japan) Ltd.

謝辞

　これまでに、私と知覚の哲学について議論してくれたすべての方々に感謝致します。個々に名前をあげるにはあまりにもたくさんの人たちがいますが、その全員に感謝の気持ちで一杯です。特にお礼を言わなければならないのは、ここ最近私が担当した大学院生向けの講座「知覚の哲学」の受講生のみなさんです。リス・バーキット、マルコム・ロウドン、ジャスティン・ンガイ、ルイーズ・ニコルズ、ヘイデン・シェアマン、ジェレミー・スミス、マルセル・ゼントヴェイル＝ホウェールは、半期のコースをとおして、本書の草稿をつかって私と一緒に勉強してくれました。同様に、本書ができあがるまでのあいだに有益な助言と提案をしてくれた次の方々にも感謝しなければなりません。ネッド・ブロック、アレックス・バーン、ティム・クレイン、デイヴ・チャーマーズ、ステファン・ダフィン、ケイティ・ファーカス、ヘザー・ローグ、ステファン・ヒル、シュザンナ・シェレンベルク、匿名の読者二名。また、Journal of Consciousness Studies には、共感覚ポップアウト図の再掲を許していただきました。Behavioral and Brain Sciences およびアレックス・バーンとデイヴ・ヒルバードには、錐体感度グラフとメタマーグラフの再掲を、そして Hackett Publishing Company には、反対色仮説の図式とグラフの再掲を認めていただきました。ここに御礼を申し上げます。最後に、私を支えてくれたベスと、子どもたち、フレヤ、アニヤ、フィンレーに感謝します。本書は、私の人生すべてを意味あるものにしてくれた彼女たちにささげます。

目　次

第1章　序論——鍵となる三つの原理 …………………………… 1
あらまし　1
1.1　鍵となる三つの原理　4
結論　13
問題・注　14

第2章　センスデータ説 …………………………………………… 17
あらまし　17
2.1　現象原理と誤りを招くような経験　18
2.2　センスデータと共通要素原理　20
2.3　時間差論法　22
2.4　センスデータ説の定式化　24
2.5　センスデータ説と二つの帽子　27
2.6　センスデータ説と表象原理　35
2.7　センサリーコア説　36
2.8　パーセプト説　38
2.9　センサリーコア説、パーセプト説、二つの帽子　41
2.10　心的対象についての形而上学的反論　44
問題・読書案内・注　46

第 3 章　副詞説 …………………………………………………… 49

あらまし　49
3.1　副詞説　53
3.2　副詞説と形而上学　55
3.3　複数性質問題　59
3.4　両立不可能な性質に基づく反論　65
3.5　副詞説と二つの帽子　66
問題・読書案内・注　71

第 4 章　信念獲得説 ………………………………………………… 75

あらまし　75
4.1　信念の獲得としての知覚　77
4.2　信念獲得説と二つの帽子　79
4.3　信念獲得なしの知覚　84
4.4　知覚、信念、概念能力　88
4.5　新しい概念の獲得　91
4.6　盲視　93
問題・読書案内・注　94

第 5 章　志向説 ……………………………………………………… 97

あらまし　97
5.1　さまざまな志向説　99
5.2　知覚内容の理論　106
5.3　どのようにして経験は内容を獲得するのか　114
5.4　表象説と二つの帽子　116
問題・読書案内・注　121

第6章　選言説 …………………………………………………………… 129

あらまし　129

6.1　因果論法　132

6.2　認識論的選言説　134

6.3　形而上学的選言説　135

6.4　内容選言説　136

6.5　現象学的選言説　139

6.6　素朴実在論　142

6.7　幻覚の選言説　145

6.8　選言説と錯覚　154

6.9　選言説と二つの帽子　158

問題・読書案内・注　162

第7章　知覚と因果 ……………………………………………………… 169

あらまし　169

7.1　知覚の因果説　177

問題・読書案内・注　182

第8章　知覚と心の科学 ………………………………………………… 187

あらまし　187

8.1　理論的パラダイムと基礎的な想定　188

8.2　考慮すべき重要な現象　191

8.3　知覚、認知、現象的なもの　199

8.4　色覚と色の実在論　208

問題・読書案内・注　214

第9章　知覚と視覚以外の感覚モダリティ ………………………… 219

　あらまし　219
　9.1　感覚の個別化　220
　9.2　触覚、聴覚、味覚、嗅覚　231
　9.3　それぞれの感覚はどれくらい分かれているのか　237
　問題・読書案内・注　239

訳者あとがき ………………………………………………………………… 243
文献一覧　251
人名索引　265
事項索引　267

凡 例

- 本書は William Fish, *Philosophy of Perception: A Contemporary Introduction*, Routledge, 2010 の全訳である。誤植と思われるところは著者本人の了解を得たうえで、訂正して訳出した。
- 原文の ［ ］、＜ ＞、（ ）およびダーシは、基本的にそのまま訳出した。ただし読みやすさのために、訳者が（ ）やダーシを加除修正した箇所もある。
- 〔 〕はすべて訳者による補足である。
- 原注は *¹、訳注は ★¹ のように表記し、それぞれの章ごとの通し番号で示した。注はいずれも章末にまとめてある。
- 原文のイタリック体による強調箇所は、訳文では**ゴシック体**で示した。
- 本文中の引用に関しては、邦訳がある場合にはそれを参考にし、適宜手を加えた。
- 本文および文献案内で挙げられている文献のうち、邦訳のあるものは可能なかぎり付記した。

第1章
序論──鍵となる三つの原理

> **あらまし**
> 　本章では手始めに二つの帽子を導入する。それは知覚に関する哲学的理論の適切さを判定する二つの「試金石」である。一つは認識論の帽子であり、ここでは外界の情報を伝えるという知覚の役割に焦点が合わせられる。そしてもう一つは現象学の帽子であり、ここでは視覚経験の意識的な側面に焦点が合わせられる。
> 　本章の残りの部分では三つの重要な原理を考察する。この三つの原理に応じて、知覚に関する哲学的理論を区別することができる。表象原理によると、すべての視覚経験は表象的である。現象原理によると、もしある性質について意識的に気づいているならば、私が意識的に気づいている当の性質の担い手が存在しなければならない。共通要素原理によると、真正な知覚・幻覚・錯覚がたがいに区別できないならば、それらは共通の基礎的な心的状態をもつ。

　本書をとおして哲学的に検討するのは**感覚知覚**能力である。すなわち、感覚器官によって世界を知覚する私たちの能力である[*1]。
　科学に傾倒している人ならば、知覚を**哲学的**に理論化することにどんな役割があるのかと疑問に思うかもしれない。視覚経験の本性は何であり、知覚しているときに生じているものは何であるかを発見するプロセスは経験科学に属す

るのではないのか。心に関わる科学と知覚の哲学との関係については第 8 章でより詳細に論じるので、ここではひとまず、知覚に関する哲学的な思考のほうが科学的な思考よりも少しばかり範囲が広いということだけを指摘しておこう。

たしかに、哲学者は経験的探求を動機づける多くの問い——たとえば、私たちの知覚能力がどのように脳・身体・環境に関係するのかという問い——に関心をもつ。しかし知覚に関する哲学的理論は、よりいっそう哲学的な検討事項も明確に考慮にいれて構築される。知覚の哲学を研究する者にとってとりわけ重要な検討事項は次の二つである。

現象学（*Phenomenology*）：知覚経験は典型的には**意識**経験である。それは**現象学**をもつ。あるいはトマス・ネーゲルが提案して普及した用語法（Nagel 1979）を使うならば、知覚するとはこのようなことであるという何かが存在する。そして、知覚するとはこのようなことであるという**何か**が存在するならば、知覚するとはどのようなことであるのか（*what it is like*）と問うことができる。具体的に言うと、ピンク色の象を見るとはどのようなことであるのか、くすぐったいとはどのようなことであるのか、コーヒーの匂いを嗅ぐとはどのようなことであるのかを問うことができる。けれども、ネーゲルやフランク・ジャクソン（Jackson 1982）などの哲学者が論じるように、ある重要な意味では、知覚に関する科学理論は知覚的意識にまつわる問題に実際には取り組んでいない。知覚の哲学研究者が果たす大事な役割は、意識経験としての身分にそれ相応の重要性をおいた仕方で知覚を理論化することである。このことは知覚に関する哲学的理論を評価する際に必要とされる検討事項の一つとなる。すなわち、視覚経験をもつとはどのようなことであるのかをどれだけ精確に捉えうるのか、という点が評価の対象となるのである。

認識論（*Epistemology*）：もう一つの鍵となる知覚経験の特徴とは（知覚を科学的に研究する人たちにとっては主な検討事項とならないものであるが）、知

覚こそが、私たちの生きている世界に関する知識の**第一**の源泉である、ということだ。ここでもやはり、知覚の哲学研究者にとって鍵となる検討事項は、認識論的考察に対して知見を与え、また逆にそこから知見を得られる哲学的理論を展開することである。その場合、知覚に関する哲学的理論の検討事項にさらに加えられるのは、経験的知識の源泉としての知覚の役割をどれほどうまく理解できるのかという点である。

これらの検討事項が示すことを比喩的に述べると、知覚に関する適切な哲学的理論は（少なくとも）異なる二つの**帽子**をかぶらなければならない、ということである。すなわち、現象学の帽子と認識論の帽子である。これから知覚に関するさまざまな哲学的理論を検討しながらみていくとおり、この二つの帽子の両方をきれいにかぶることができる理論を作りだすという課題は困難であることが判明している。少しばかり単純化して述べると、現象学の帽子が似合えば似合うほど認識論の帽子は似合わなくなり、その逆もまた同様である、ということになる。

そのうえ、知覚に関する理論を実際に評価するとなると、考慮すべき重要な検討事項は他にもある。たとえば、哲学的理論を構築する際には科学の成果もふまえていなければならない。上記の二つの帽子をきれいにかぶっていても、科学の成果と両立できない哲学的理論には大して価値がないのである。哲学と経験科学の影響関係については第8章でふたたび取り上げることにする。また、考慮すべき哲学的な検討事項は他にもある。たとえば、知覚に関するどの理論においても、何らかの事物が存在すると主張される。したがって、（いくつか選択肢があると仮定すると）それらの存在論的コミットメントが形而上学的に受け入れうるのかどうかを問うことによっても、それぞれの理論を部分的に評価することができる★1。さらに言うと、これからみていくとおり、知覚に関するある種の哲学的理論は世界それ自体についての形而上学的コミットメントを含んでいる。そのコミットメントが間違っていると考える根拠があるならば、そのような理論には問題があるということになる。

本書の考察をすすめていくうえで、知覚に関する哲学的理論の一つ一つに対してくだす評価は、部分的には、二つの帽子をいかにうまくかぶっているのかを問うことによって決まる。しかし、前段落で挙げたような考慮すべき別の検討事項も必要に応じて取り上げることにしよう。

1.1 鍵となる三つの原理

　知覚に関する哲学的理論を構造化された仕方で提示できるように、とりわけ、さまざまな理論がたがいに似たり異なったりする決定的な点をみてとれるように、**鍵となる三つの原理**のどれを受け入れて、どれを拒否するのかに応じて理論を分類しよう。これらの原理の興味深い特徴は、大まかに言えば、そのどれもが、知覚者であるとはどういうことなのかについて私たち自身がもっている一人称的な理解から支持されているにもかかわらず、ほとんどの知覚理論がそれらのうちの一つあるいは複数の原理を拒否するに至るという点である。

　共通要素原理（The Common Factor Principle）
　この一番目の原理は、さまざまな経験の**正しさ**あるいは**成功**には程度の差がありうるということをみてとるところからはじまる。伝統的には、以下の三つの状況が区別される。
　知覚が完全に成功している状況——対象が見られており、しかも正確にあるいは「実際にあるとおりに」見られている状況——は**知覚**（*perception*）あるいは**真正な知覚**（*veridical perception*）と呼ばれる＊2。これと結びつく動詞に関して言及しておくと、主体が「見ている」あるいは「知覚している」とされる場合、知覚が成功した状況がとりあげられていると理解してほしい。
　これとは対照的に、**錯覚**（*illusion*）という用語が指示するのは、対象は見られているが、しかし不正確にあるいは「実際のあり方とは違う仕方で」見られている状況である。たとえば、円い対象が楕円に見えるとか、青い対象が緑色に見えるとか、長い対象が短く見えるといった状況が錯覚とみなされる。残念

なことに、〔英語には〕錯覚を一語の動詞で表現できる自然な言い回しがみあたらないので、必要なときは、主体が錯覚状態にある、ないし錯覚に陥っていると述べなくてはならない。

　幻覚（*hallucination*）という用語が指示するのは、何かを見ているかのように主体には思われるが、実際には見られているものが何もない状況である。古典的な例としては、マクベスにおける短剣の幻覚やハムレットにおける父親の（おそらくは）幻覚があげられる。ありがたいことに、〔英語には〕幻覚に陥る（hallucinate）という動詞によって一語で自然に表現できる。

　上記の三つのカテゴリーのどれにあてはまるかに**関係なく**経験を指示する必要がある場合は、**視覚経験**（*visual experience*）という用語を使うことにする。この言葉が出できた場合には、知覚・錯覚・幻覚を含む一般的な用語として理解してほしい。

　さて、知覚に関するどの哲学的理論も、その中心には、私たちが知覚をしているときに生起する心的状態あるいは心的出来事の本性についての説明がある。この点を考慮して、以下の三つの（互いに識別不可能な）状況を考察しよう。第一に、主体はピンク色に塗られた象を見ている。第二に、主体が見ている象はピンク色に塗られていないが、まさにその象がピンク色であるという錯覚に陥っている（動物園が新たに設置した実験的な照明のせいかもしれない）。第三に、ある主体は動物園でピンク色の象を見ているという幻覚に陥っている（あるいは夢をみているかもしれない）。共通要素原理によれば、知覚・錯覚・幻覚が識別不可能ないし区別不可能 であるような状況において生起する心的状態あるいは心的出来事は同一である。そしてこれらの状況は、三つのうちのどのカテゴリーにあてはまるかに関係なく、視覚経験に分類される。

　曖昧さを取り除くために、知覚・錯覚・幻覚が共通の「心的状態あるいは心的出来事」をもつという考えについてもう少し話しておこう。そうする必要があるのは、少なくともあるレベルでは、この三つの経験には明らかな違いがあるからだ。それらは知覚であり、錯覚であり、幻覚であるのだから。そう考えると、当該の三つの状況で心的状態ないし心的出来事が同一であるというのは

何を意味するのだろうか。
　アナロジーを使って説明しよう。

　　二つの異なる種類の熱傷について考えてみよう。それらが関与する身体的損傷のタイプ（これをタイプBと呼ぶ）はまったく同じであるが、それぞれの損傷の原因は異なっている。一方は日焼けであり、その場合、Bは太陽光に照らされて引き起こされる。他方はやけどである。この場合は熱源に接近することでBが引き起こされる。　　　　　　　　（Child 1994: 145）

　このような状況においては、ある意味では日焼けとやけどは異なる損傷であるが、それでも両者は共通の基礎的な「身体的損傷」、すなわちタイプBの熱傷である。同様に、共通要素原理によれば、互いに不可識別な知覚・錯覚・幻覚もある意味ではそれぞれ異なる経験ではあるが、それでもそれらは共通の「心的状態あるいは心的出来事」をもつ。つまり、経験に関するこの主張は、身体的損傷に関するさきほどの主張と類比的に理解される。共通要素原理にしたがってこのことを際立たせて述べてみると、不可識別な知覚・錯覚・幻覚は共通の「基礎的な」心的状態あるいは心的出来事をもつということになる。
　このような説明を考慮すると、共通要素原理は以下のように定式化できる。

　　（C）現象学的に区別不可能な知覚・幻覚・錯覚は共通の基礎的な心的状態をもつ。

　この原理が直観的に説得力をもつと考えられる理由はなんであろうか。まず重要なことは、仮定により、主体が知覚・幻覚・錯覚のそれぞれの経験を区別することがまったくできない、という点である。さらに次のように仮定しよう。二つの心的状態あるいは心的出来事のあいだに見つけだされうる差異があるならば、私たちの内観能力はその差異を見つけ出すことができる、と。もしそうであるならば、知覚・錯覚・幻覚のあいだの差異を発見できないという事実から

わかるのは、そこには差異がまったくないということである。たとえ内観についてこのような強い見解をとらなくても、これら異なる状況下の経験が区別不可能であるということは、（決定的なものではないとはいえ、少なくとも）主体の基礎的な心的状態あるいは心的出来事がどの状況においても同一である、ということの証拠とみなされうる。

　二つめの理由は、上記の考察と結びついてそれを補強するものであり、心理学と神経科学からの証拠に基づくものである。さまざまな現象の研究から分かっていることは、**真正な経験をもつ**という私たちの能力が、脳内に生じる適切な種類の活動に依存している、ということである。そのうえ、この脳活動が予測可能な仕方で変えられるならば、主体に錯覚経験を引き起こすことができることも知られている。また、主体が幻覚に陥るには脳活動だけで十分であるという確信もある。これらの考察から示唆されるのは、基礎的な脳活動が経験の本性を何らかのかたちで決めるということである。このように考えると、〔標準的な状況で生じるものと〕同じ種類の脳活動が非標準的な状況において生じるならば、主体は〔標準的な状況と〕同じ種類の経験をもつことになる、と考えるのはもっともらしいように思えるかもしれない。

　共通要素原理を支持する三つめの理由は、視覚経験に関する日常的な言葉遣いに訴えるものである。ピンク色の象を**見ている**のか、その**幻覚に陥っている**のかわからない状況を考えてみよう。このような場合、ピンク色の象を**見ているようにみえる**経験（experience of *seeming to see*）をもっている、と述べることはごく自然であろう。ここでは経験が、真正な知覚の場合と幻覚の場合の両方で生起しうるものとして理解されている。

現象原理（The Phenomenal Principle）

　本書における議論の軸をつくるために用いられる二番目の主要な原理は現象原理である。以下のよく知られた一節で H. H. プライスはこの原理を説明し、同時にこれを受け入れている。

トマトを見ているときも、私は多くのことを疑うことができる。いま見ているものはトマトであるのか、それとも巧妙に色づけられたロウ状の物体であるのか。そこにはいかなる物体も存在してはいないのではないか。ひょっとしたら、トマトだとみなしているものは実際は光の反射なのかもしれない。あるいは、私は幻覚に陥っているのかもしれない。しかし私には疑いえないものが一つある。すなわち、円くて少々ふくらんだ形をした赤色の区画が存在し、それが他の色のつぎはぎを背景にして浮かびあがり、奥行きをもっていること、そしてこの色の区域全体が私の意識に直接的に現われている、ということである。　　　　　　　　　　　　（Price 1932: 3）

ロビンソンは（この原理の命名者でもあるが）現象原理をより明確に定式化している。

　（P）ある特定の感覚的性質をもつ何かが主体に感覚的に現われているならば、当の性質を実際にもった、主体によって気づかれている何かが存在する。
（Robinson 1994: 32）

ここでは用語上の誤解をふせぐために、「感覚的に現われている」という言葉は、意識的な気づきを論じていることを示すために使う。それゆえ、ピンク色の何かが私に感覚的に現われていると言うことは、ピンクさが私に現象的に提示されていると言うことであり、あるいは私にとってそれがどのようなことであるのかを特徴づけていると言うことである。したがって、現象原理によれば、このような状況では、私が気づいているピンク色の何かが実際に**存在する**必要がある。
　現象原理が条件文（もしも〜ならば文）の形式をもつことに注目することは大切である。それは現象学的な前件と形而上学的な帰結をそなえている。ここで述べられているのは、私たちにとって事物が現象学的にある特定のあり方をしているためには、なんらかの事物が存在しなければならない、ということである。

現象原理を受け入れる主な動機は、意識経験をもつとはどのようなことであるのかについての私たち自身の内観的な知識から引き出される。たとえば、本書を閉じて表紙を眺めてみることで、自分自身でこの動機づけの強さを確かめることができる。現象原理を動機づけているのは端的に次のようなものである。すなわち、自分の経験が現にあるとおりのあり方をするためには、自分が気づいている黒さ・ピンクさ・長方形さが実際にそこに**存在する**必要がある、ということだ。つまり、自分にとってその経験をもつことがどのようなことであるのかを適切に説明するためには、当該の性質をいま例化しているものが存在しなければならない★2、ということである。自分が気づいているこれらの性質を担うものがないならば、その経験はそうあるとおりでは**ではなかっただろう**。この点をはっきり示すために、現象原理は次のように述べる。すなわち、この種の意識的な気づきが生じるときは常に何らかの**もの**——何らかの対象——が存在していなければならず、その何らかのものは主体によって気づかれており、また主体にとってどのようなものであるのかを特徴づける性質を担っている、というのである。

　現象原理を支持する別の議論はあるだろうか。共通要素原理のように、この原理もまた、実際の言葉のやりとりのなかで暗黙のうちにコミットされていると論じられるかもしれない。たとえば、残像という現象をとりあげてみよう。しばらくのあいだ強い明かりをじっと見つめていて、次に目を閉じると、視野の中心部にさきほど見ていた明かりとだいたい同じ大きさ・形をした光点があることに気づくのがふつうである。このような経験をもつと、「明るくて円形の区画に自分は気づいている」という言明が真であることに同意するかもしれない。そして、このような言明が真であることに同意する場合は、自分が気づいている明るくて円形の区画の存在にコミットしているように思われる。その区画は、どの視覚経験にも含まれていなくてはならないと現象原理が強く主張する類いの対象である。それゆえ、経験について語るときに使われる言葉には、現象原理への暗黙のコミットメントが含まれていると、この原理の擁護者は論じるかもしれない。

表象原理（The Representational Principle）

　三番目の原理である表象原理によると、視覚経験は**志向的**（*intentional*）あるいは**表象的**（*representational*）である。

　視覚経験が**志向的**であると主張するとき、この原理の支持者が注目させようとしているのは、経験とは世界に存在する何かについての経験であるという、経験がもつ独特の特徴である。その何かとは自分以外の、あるいは「自分を越えた」他の何かである。これによって提起される問いは、いかにして経験がこの不可思議な性質をもつにいたるのか、ということである。何か「について」のものであるという性質を視覚経験がどのようにもつのかについての現代の共通理解は次のとおりである。視覚経験は、世界のある特定のあり方を**表象する**[*3]。

　あとで言及できるように、表象原理を表現する正式な文を以下のように定める。

　　（R）すべての視覚経験は表象的である。

よりなじみ深い言葉で表象という考えを説明するために、ロンドンの地図とセント・ポール大聖堂のポストカードについて検討してみよう。この地図とポストカードはどちらもセント・ポール大聖堂について**私たちに伝える**。このことによって、どちらの対象もセント・ポール大聖堂を**表象する**、あるいは単にその**表象**であると言える。

　このアナロジーを使って、視覚経験が表象的であると言う際にかかわるようないくつかの重要な特徴を際立たせることができる。

　まず注目すべき点は、どちらもセント・ポール大聖堂の表象ではあるが、地図とポストカードには二つの重要な差異があるということだ。

　一方では、両者には大聖堂を**どのように**表象するのかに違いがある。地図は「セント・ポール」という語のわきに十字架の記号をつけることによって大聖堂を記号的かつ言語的に表象する。ポストカードは、建物の画像によってそれを絵画的に表象する。〔また他方で、〕ポストカードと地図における表象の**仕方**が異なることに部分的に起因して、この二つの対象が大聖堂について**何を**伝える

のかも異なる。地図は大聖堂はどこにあるのかを伝えるが、ポストカードはそうではなく、むしろその特徴的なドームや時計台やそれらを取り囲むものがもつ色や形といった別のことを伝える。

これら二つの表象がセント・ポール大聖堂についての何を伝えているのかに注目することで、表象の**内容**(the *content* of the representation)という重要な用語を導入することができる。表象内容について話をするとき、私たちが語っているのは、表象が**私たちに伝える**何か——表象によって**私たちに伝達される**情報——についてである。そしておそらく何らかの点で、この情報がどのように提示されているのかについても語っている*4。

視覚経験が内容をもつと主張する哲学者の例をあげよう。

> 机に向かう人が享受する視覚的な知覚経験が表象するものは、さまざまな筆記用具や家具である。経験主体を含めてそのそれぞれが互いに特定の空間的関係をもち、それ自体でもいろいろな性質をもつ。……知覚経験の表象内容は、命題あるいはその集合によって与えられるべきである。それらは経験が表象する世界のあり方を特定する。　　　　　(Peacocke 1983: 5)

> 知覚経験は、知覚者が特定の環境にいることを表象する。たとえば、微風に緑の葉を揺らす焦げ茶色の木の前に、知覚者がいることを表象する。
> 　　　　　　　　　　　　　　　　　　　　　　　　　　　(Harman 1990: 34)

> 知覚状態において主体に表象されるのは、周囲の環境と自分の身体がどのようにあるのかである。知覚経験の内容は表象される世界のあり方である。
> 　　　　　　　　　　　　　　　　　　　　　　　　　　　(Martin 1994: 464)

表象という考えに関するさらに重要な特徴は、内容をもつことによって——つまり、**何かを私たちに伝える**ことによって——表象が私たちに**誤った情報を伝えうる**、ということである。事物がある特定のあり方をしていないときも、そ

のようにある、と表象は私たちに伝えうる。クレインが述べるとおり、「状態が内容をもつと言うことはまさしく、その状態が、世界をある特定のあり方をするものとして表象する、と言うことである。したがって、それは『正しさの条件』(correctness condition) をもつ。これは世界が正しく表象されるときに満たされる条件である」(Crane 1992: 139)。たとえば、誤植のあるロンドンの地図は、セント・ポール大聖堂がテムズ河の南岸にあると伝えるかもしれない。ジョーク・ポストカードでは、大聖堂のドームのうえにそびえ立つネルソン記念柱が描写されるかもしれない。このような状況においても、その地図とポストカードは表象であり、両者は依然として内容をもつ——どちらも私たちに何かを告げる——が、まさにこのような状況においては、両者は**誤表象**(*misrepresentation*)なのである。それが私たちに告げるものは真ではなく偽である。

「内容」(content) という用語は、まったく純粋に空間的な意味で理解できることに注意しなければならない。たとえば、いま私のポケットの「中身」(content) は、小銭と鍵と携帯電話、それに糸くずである。しかし、この意味でポケットが内容をもつという事実は、それが正しさの条件をもつこと、あるいは潜在的に真または偽であるということを意味しない。それゆえ、注意する必要があるのは、「知覚の内容」について人々が語るとき、この言葉が私たちの経験の内にあるもの、または知覚されたものを指示する手段としても用いられることがある、という点である。それは（必ずしも）表象原理を受け入れることではない。

本章の最初で述べたのは、以上の三つの原理のどれもが、部分的には、知覚者であることに関して私たちがもつ一人称的な理解によって動機づけられている、ということであった。そのような理解のどの側面が表象原理を動機づけるのだろうか。

第一に、視覚経験を享受するとはどのようなことであるのかを考えると、知覚がある重要な仕方で世界に向けられているということは明らかであるように思われる。とりわけ、知覚が果たす決定的な役割とは、周囲の環境を調査しうまく対処できるようにすることである。知覚が環境の情報を運ぶことがなかったのならば、その役割はいかにして果たされうるのだろうか。表象原理を受け

入れることは、この鍵となる知覚の特徴を捉えようとする試みとみなされうる。

　第二の動機として考えられるのは、経験についての語り方にある。空が青いことを見る（see that）、海が緑色であることを見る、などと語ることはよくある。これらは次のことを示しているのかもしれない。すなわち、表象原理が示唆するとおり、私たちは日常的な語り方において、暗黙のうちに、視覚経験が世界にかかわる内容をもつということにコミットしている、ということである。

　第三の動機として挙げられるのは、ほとんどの心理学が視覚経験を表象的なものとして扱う、という点である。そうではないと主張すること——表象原理を否定すること——は、ある意味で反科学的であるように思われるかもしれない。（この点については、第8章でより詳細に議論する。）

結　論

　上記の三つの原理はいまのところどれももっともらしいが、これからみていくとおり、知覚理論の大多数がこれらの原理の一つ以上を拒否することになる。つづく五つの章で、この三つのうちどの原理が受け入れられどの原理が拒否されるのかによって、知覚理論がどのように特徴づけられうるのかをみていくことにする。

> **問題**
> - 視覚経験が知覚的（真正な）・幻覚的・錯覚的経験のどれにでも分類されるとみなすことはどのくらいもっともらしいのか。
> - 知覚理論は認識論の帽子をかぶる必要があるのか、あるいは別の基準に基づいて理論をつくりあげ、そのあとになって認識論に着手するべきなのか。
> - 鍵となる三つの原理のうち一見したところもっともらしいのはどれか。その理由は何か。どの原理がもっともらしくないのか。そしてその理由は何か。

注

* 1 周知のとおり、人間は多くの異なる知覚能力あるいは**感覚**をもつ。よく知られている五つの感覚とは、視覚・聴覚・味覚・嗅覚・触覚である。正確にはどのくらい**数**の感覚を私たちがもつのかは議論の余地があるが——場合によっては痛覚（痛みの知覚）、自己受容感覚（手足の位置に関する知覚）のような他の感覚が考えられる——、そういった考えられうる他の感覚は本書では検討しない。さらに、聴覚・味覚・触覚は、本書を締めくくる第9章でしか検討しない。そのかわり、本書の大半が哲学的伝統にのっとっており、**視覚ないし視知覚の哲学的理論**に焦点を合わせている。

* 2 「真正な」（veridical）という用語は、実際に見ているという状況ではなくても、経験がともかく世界と一致しているということを意味するために使われることもある。これをもとにして、たとえば、「真正な幻覚」（Lewis 1980）がありうると主張される。目下の文脈では、「真正な」という用語は以上のような意味では使用していない。つまり、「真正な知覚」について語るときは、見ることに成功した状況について論じている。

* 3 このことによって志向性についての別の解釈がありえないと言っているわけではない。この用語自体はブレンターノ（Brentano 1995）に由来し、そこでは志向性は次のような三つの仕方で特徴づけられている。「対象の志向的

（あるいは心的）内在」「内容の指示」「対象に向かっていること」（Brentano 1995: 88）。それゆえ、知覚的状態が何らかの仕方で対象に向かっているとみなすことさえできれば、その知覚の理論は知覚的状態を志向的とみなす、と主張されうる。しかし、志向性の現代的な用法は「内容の指示」に基づく特徴づけにきわめて緊密に関係し、それゆえ、表象的であるおかげで視覚経験が事物についての経験になるという考えに密接に結びつけられる。したがって、本書では、このような現代的な意味のみに制限して志向性を理解することにしよう。

* 4 表象とその内容の区別は、表象的媒体と表象内容の区別によって特徴づけられることが多い。表象的媒体は〔何かを〕伝えているもののことである。いま検討している状況で考えるならば、ポストカードの絵や地図の記号が〔何かを〕伝えるものとしての媒体である。表象内容は表象的媒体によって語られているもののことである。つまり、セント・ポール大聖堂がテムズ河の南岸にあるということや、それが巨大なドーム状の天井をもつということである。

訳注

★1 理論 T が事物 X に対して**存在論的（あるいは形而上学的）コミットメント**を含むのは、T が正しいとしたら、X が存在することになる場合である。たとえば、物質の燃焼を説明するために提案されたフロギストン説が正しいならば、フロギストン（熱素）という物質が存在することになる。したがって、フロギストン説は、フロギストンという物質に対して存在論的コミットメントを含んでいる。

★2 「例化」（instantiation）とは、対象と性質のあいだに成り立つ関係である。たとえば、赤い郵便ポストについて考えてみよう。郵便ポストという対象は、赤さという性質の事例（instance）のひとつである。この場合、郵便ポストは赤さを例化しており、赤さは郵便ポストによって例化されている。ただし、このような例化関係の内実は、性質についてどのような考えを採用するかによって大きく異なる。性質については、D. M. アームストロングの『現代普遍論争入門』（春秋社、2013 年）を参照。

第2章
センスデータ説

> あらまし
> 　センスデータに訴える理論は、ふつう現象原理と共通要素原理の両方を受け入れる。これらの原理を、それほど特別ではない他の前提と組み合わせて、次のことを主張するために利用できる。すなわち、知覚であろうとなかろうと、すべての視覚経験において私たちが感覚しているのは、非物理的対象であるということだ。現代ではそのような対象をセンスデータと呼ぶ。
> 　これに加えて純粋なセンスデータ説は表象原理を拒否する。ここでは、この説に対する次のような批判を検討する。すなわち、この説が視覚経験の現象学を捉え損ねていることや、十分な認識論を提供できないといったことである。
> 　以上のことをふまえて、表象原理を受け入れるセンスデータ説――センサリーコア説とパーセプト説――を導入し手短に検討をする。
> 　そのあとで、心的対象（＝センスデータ）に対するより形而上学的な反論を考察する。

　　　　　共通要素原理　　☑
　　　　　現象原理　　　　☑
　　　　　表象原理　　　　☒ / ☑

2.1 現象原理と誤りを招くような経験

通常、知覚についてのセンスデータ説は現象原理を受け入れることからスタートする。この原理によると、ある特定の感覚的性質をもつ何かが主体に感覚的に現われているならば、当の性質を実際にもった、主体によって気づかれている何かが存在する。そして、誤りを招くような錯覚や幻覚という事例について、現象原理は興味深い結論を導き出す。

まずはもっとも単純な例として幻覚について考えてみよう。幻覚に陥っている主体には、少なくとも一つの感覚的性質をもつ何かが感覚的に現われている。たとえば、ピンク色の象の幻覚に陥っているとしよう。この場合、ピンクという性質をもつ何かが主体には感覚的に現われている。ここで現象原理を受け入れるならば、主体によって気づかれているピンクという性質をもつ何かが**存在する**ことが帰結する。しかし、幻覚の事例である以上、その何かに対応するピンク色のものなど世界にはまったく存在しない。それゆえ、主体が気づいているピンク色の何かは、世界のなかに存在するものではありえない。

錯覚の場合も同様である。錯覚に陥っている主体にも、ある感覚的性質をもつ何かが感覚的に現われている。たとえば、本当は灰色の象がピンク色に見えているならば、その主体にはピンクという性質をもつ何かが感覚的に現われている。それゆえ、現象原理によれば、主体によって気づかれているピンクという性質をもつ何かが**存在する**。しかしこの場合、経験されている対象（＝象）は存在するが、ピンクという性質を例化していない。したがって、それは主体が気づいているピンク色の何かではありえない。

以上の議論によって、**幻覚論法**（*argument from hallucination*）と**錯覚論法**（*argument from illusion*）と呼ばれる論証の第一段階がそれぞれ与えられる。幻覚や錯覚では主体には感覚的性質をもつ何かが感覚的に現われていると主張することはもっともらしいが、それに現象原理を加えることで、この二つの論証は次の結論に至る。すなわち、主体が気づいているのは、世界のなかに存在す

るごくありふれた対象とは同一視できない何かである。より形式的に述べると、以下のようになる。

前提1（P）：ある特定の感覚的性質をもつ何かが主体に感覚的に現われているならば、当の性質を実際にもった、主体によって気づかれている何かが存在する。

前提2（h）：幻覚の場合、ある特定の感覚的性質をもつ何かが主体に感覚的に現われているが、その何かに対応する対象など世界のなかには存在しない。

前提2（i）：錯覚の場合、ある特定の感覚的性質をもつ何かが主体に感覚的に現われているが、その何かに対応すると同時に当該の性質をもつ対象は世界のなかには存在しない。

結論（h）：幻覚の場合、主体が気づいている何かは世界のなかに存在するごくありふれた対象ではない。

結論（i）：錯覚の場合、主体が気づいている何かは世界のなかに存在するごくありふれた対象ではない。

主体が気づいているのが世界のなかに存在するごくありふれた対象ではないならば、そのとき気づいているものは何であるのか。何であれそれはピンク色をしたものである。そして主体の脳内にはピンク色のものなど何もない（としても差し支えない）ので、幻覚や錯覚の場合に主体が気づいている対象は物理的なものではないとみなすのが普通である。幻覚が主体の**内的な**（たとえば脳内の）過程だけに依存するようにみえることを考慮すると、その幻覚に陥っている主体のみが当の対象に気づくことができるという意味で、幻覚経験の対象は心に

依存し、主体にとって「私秘的」であるとみなすのも普通である（必ずしもそうだというわけではないにしても）。したがって、錯覚や幻覚の場合に主体は何に気づいているのかという問いには、**センスデータ**（[複]: *sense data* [単]: *sense datum*）と呼ばれる心的対象であると答えることが現在標準的なのである。

以上のことから、錯覚論法と幻覚論法の第一段階がもつ積極的な結論が与えられる（簡潔に述べるために、一文にまとめよう）。

結論（＋）：幻覚や錯覚の場合、主体が気づいているのはセンスデータである。

2.2　センスデータと共通要素原理

幻覚論法と錯覚論法の次の段階に進むためには、共通要素原理を認める必要がある。

（C）現象学的に区別不可能な知覚・幻覚・錯覚は、共通の基礎的な心的状態をもつ。

上記の「基礎的な心的状態」とは、ある種のセンスデータに気づいているという状態である。幻覚論法と錯覚論法の第一段階がもつ積極的な結論を思い出してみよう。

結論（＋）：幻覚や錯覚の場合、主体が気づいているのはセンスデータである。

共通要素原理によって、この結論以上のものを導くことができる。つまり、真正な知覚の場合でも、私たちが気づいているのはセンスデータだ、ということ

になるのである。

　なぜセンスデータ説論者は共通要素原理に惹きつけられるのか。この原理が魅力的にみえるような理由は〔第1章で〕既に述べた。しかしセンスデータ説論者がここで訴えかけるのは、区別不可能性・真正な知覚と錯覚の連続性・因果関係に基づく考察といったものである。

区別不可能性

　最初の章で指摘したとおり、錯覚や幻覚という正常ではない状況で私たちがもつ経験は、（適切な）知覚経験から区別できないことがある。プライスは以下のように主張する。

> それぞれの性質がどれもきわめて似ている二つのものを完全に別ものとみなすのは信じ難いことではないのか。一方は物体を実際に構成するものであり、観察者の心と身体から完全に独立しているが、他方は観察者の脳内プロセスから生じる一過性のものにすぎないなどとは考えにくいだろう。
> 　　　　　　　　　　　　　　　　　　　　　　　（Price 1932: 31-32）

　プライスの主張によると、錯覚・幻覚の事例と知覚が区別不可能であることによって、一方でセンスデータに気づいているというならば他方もそうであるに違いない、と考える理由が与えられる。この種の考えに対して、オースティンは次のような疑問を呈する。「レモンは石けんと種的に異なると言われて、どんな石けんもレモンそっくりに見えることなどないと期待するのだろうか。そんなことはないはずだ」（Austin 1962: 50）。

知覚と錯覚の連続性

　二つめの考察は、視覚経験が知覚から錯覚へときわめて頻繁に変化する、という考えに依存する。その例として、A. D. スミスは次のものをあげている。「店内の人工照明のもとで衣類を見てから、太陽光のもとでその『本当の』色を見

いだすというありふれた現象」や「夜が明け朝の光が満ちていくにつれて、あるいは、日が陰っていくにつれて、対象の色についての気づき方が変化していくこと」(A. D. Smith 2002: 27) である。ここでの論点は、知覚とみなされる視覚経験から錯覚とみなされる視覚経験への移行がひろく見受けられることである。そうであるならば、知覚と錯覚において別のものに気づいている——錯覚の場合はセンスデータに気づいており、知覚の場合は別のものに気づいている——と考えるのはもっともらしくないようにみえる。

因果関係に基づく考察

以上の考察に加えて、幻覚の場合に主体が気づいているセンスデータは、（幻覚論法の第一段階が正しいならば）適切な種類の脳活動だけでつくりだせると考える強力な理由もある。そのうえ、このようなセンスデータに気づいているだけで、知覚から区別できない経験を主体がもつのに**十分である**。この点をふまえると、もし知覚の場合でも〔幻覚と〕同じ種類の脳活動が生じるというならば、その活動だけで主体が気づくようなセンスデータを生みだすのも十分であるだろう [*1]。そしてつい先ほど述べたとおり、このようなセンスデータが存在してそれに気づいていることだけで、知覚的であるように思える経験を主体がもつには十分である。それゆえ、知覚・幻覚・錯覚が異なる部分があったとしても、それらは共通の要素——センスデータに気づくという共通性——をもつと考えるもっともな理由がある。

2.3 時間差論法

錯覚・幻覚論法の標準的なものはどちらも、まず事実ではないことを信じ込ませるような事例を提示し、次にその帰結を知覚の場合にも拡げようとする。時間差論法は、このような二つの段階に分かれる論証ではない。むしろ、この論法は現象原理に以下の前提を組み合わせるだけで効力を発揮する。

2 (t)：時間差が生じている場合、経験に対応して世界のなかにあるべき唯一の対象がもはや存在しないか、あるいはその性質が変化してしまっているにもかかわらず、ある特定の感覚的性質をもつ何かが主体に感覚的に現われている。

時間差論法が幻覚論法・錯覚論法と異なるのは、それが**あらゆる**事例——真正なものとそうでないもの——を時間差が生じている事例として数え入れる点である。時間差論法は、〔その最終的な目的のために〕結論を一般化する手続きを別途用意する必要がない。

上記の前提2 (t) を守りきれるかどうかは、互いに関連する次の二つの考察にかかっている。一つめは、離れたところに位置する対象の場合、その対象からの光が私たちにとどくには一定の時間がかかるということである。二つめは、なんであれ対象を知覚するためには、その対象からの光が私たちに作用する必要がある、ということだ。

たとえば、星のなかには、あまりにも遠く離れているせいで、そこから光が地球（あるいは私たちの眼）にとどくまえに、その星自体が消滅してしまっているものもある。しかし、光が眼に到達したときに、私たちはその星についての視覚経験をもつのである。したがって、この経験は時間差が生じている事例である。そこでは、経験に対応して世界のなかにあるべき唯一の対象がもはや存在しないのに、ある特定の感覚的性質をもつ何かが主体に感覚的に現われているのである。現象原理をふまえると、以上のことが含意するのは、その「星」がもっているようにみえる性質がなんであれ、当の性質を実際にもった、主体によって気づかれている何かが存在しなければならない、ということである。もはやこの星自体が存在しないのだから、主体が気づいているものは星の代理となるもの、つまりセンスデータであると考える新たな理由が与えられるのである。

時間差論法を展開する別の方法は、太陽光が私たちにとどくまでに8分ほどの時間がかかるという事実に基づいている（Russell 1948: 204）。たとえば、時点 t において太陽光が感覚器官に作用するならば、時点 t ではなく t の8分前に

おける太陽についての経験を私たちはもつ。したがって、この経験は時間差が生じている事例である。そこでは、経験に対応して世界のなかにあるべき唯一の対象がもっていた性質は変化してしまっているにもかかわらず（たまたま類似している場合はさておき）、ある特定の感覚的性質をもつ何かが主体に感覚的に現われている。現象原理をふまえると、以上のことが含意するのは、「太陽」がもっているようにみえる性質がなんであれ、当の性質を実際にもった、主体によって気づかれている何かが存在しなければならない、ということである。太陽自体の性質は変化しているのだから、ここで存在しなければならない何かとは太陽の代理になるもの、つまりセンスデータであるに違いない。

そして、時間差論法に完全な一般性が備わるのは、視覚経験のどんな事例においても、光が対象から私たちの眼にとどいて、それを視覚システムが処理するまでには一定の時間がかかるということに着目するときである（Russell 1927: 155）。たいていの場合はほんのわずかな時間差しか生じないので、対象が消滅したり、あるいはその性質を変える時間はないだろう。しかし、そういったことが起きているという**可能性**は考えることができる。そしてこのように考えると、対象が消滅・変化している場合でも自分がもつ経験は何も変わらないことがわかる。したがって、時間差論法がめざす結論は、**あらゆる**視覚経験の事例で時間差が実際に生じていること、そしてそれゆえに**どの**事例においても私たちが気づいているのはセンスデータである、ということである。

2.4 センスデータ説の定式化

センスデータ説が提案する視覚経験の分析は以下のとおりである（ここでは視覚経験が、知覚・幻覚・錯覚かどうかに関しては中立的であることを思い出しておこう）。

性質 F を見ているときのような経験★1 を主体 S がもつのは、F をもつセンスデータ D を S が感覚するとき、かつそのときにかぎる。

この分析では、まだ、ある特定の性質を見ているときのような経験を主体がもつための必要十分条件しか与えられていない。上記の心的エピソードが、当の性質の**真正な知覚**を構成するためには、あるいは対象 O の知覚を構成するためには、さらに他の条件も満たされなければならない。その条件については第 7 章で論じることにする。

　現に存在する**対象**（＝センスデータ）に向かう特定の**作用**（＝感覚すること）を含むものとして知覚を分析する点を考慮にいれる場合、センスデータ説はしばしば**作用‐対象説**と呼ばれる。

　この説を明確にするためには、センスデータが何であるかと、感覚作用という関係が何であるかの両方について述べなくてはならない。

　センスデータの本性は、典型的には、私たちが気づいている非物理的な対象として定義される。そしてその定義により、センスデータはそれぞれの主体にとって私秘的なものである。これに加えて、その古典的な考えによれば、「センスデータは感覚的性質と一般に呼ばれるものを実際にもっている。例えば、それは形・色・音量・多種多様な〈感じ〉をもっている。［しかし］**それ自体では志向性をもたない**」（Robinson 1994: 2, 強調引用者）。この主張によれば、知覚経験をもつとき、私たちはセンスデータを「世界についての」ものとみなす習慣と癖をもっているが、それ自体の本性としては「世界についての」ものではない。センスデータ自体では「感覚的性質だけをもち、自分自身をこえて指示することなどない」（Robinson 1994: 2）。つまり、標準的なセンスデータ説は、現象原理と共通要素原理の両方を受け入れるが、表象原理は拒否するのである。その理由はあとで考察する。

　「感覚する」という関係について述べておこう。その自然な理解では、「感覚する」とはセンスデータを**見る**というような、知覚に似た関係となる。もしこのように理解すべきであれば、ギルバート・ライル（Ryle 1990: 204-205）が指摘するように、悪循環を抱え込んでしまう。D を感覚することが D を知覚するということであって、そして（センスデータ説が示唆するように）D は D*を感覚することによって知覚されるというならば、私たちは考察の出発点に舞い戻っ

ただけになってしまう。それゆえ、感覚するという関係は、知覚的ではない仕方で理解しなければならない。しかしそう述べたところで、この関係のさらなる分析がすぐに手に入るわけではない。感覚するという関係は、基礎的なものとみなされ、分析されないままであることが多い。このことは必ずしも問題ではない。ウィトゲンシュタインが述べるように、「説明はどこかで終わりを迎えるのである」（Wittgenstein 1953: §1）。

　以上が、知覚の存在論的構造に関するセンスデータ説の見解である。ではその現象学的な側面はどうであろうか。これを適切に議論するために、少々紙幅を割いて、重要な理論的用語を導入しよう。

　心的状態や心的出来事の意識的側面についての哲学的理論では、しばしば**現象的性格**（*phenomenal character*）という概念が使われる。経験の意識的側面についての理論を与えることは、経験の現象的性格についての理論を与えることである。問題なのは、現象的性格が何であるかについて意見が一致していない点である。ある有力な解釈によると、現象的性格を定義する特徴とは、**経験**が**もつ性質**である。たとえば、バーンの提案によれば、まず「経験 e の現象的性格とは e がもつ**性質**であって、厳密に言えば、e を体験することがどのようなことであるのかに基づいて e のタイプを決める**性質**である」（Byrne 2002: 9）と定めなければならない。しかし論者のなかには、経験が現象的性格をもつことに同意する一方で、それが経験の性質であるという主張を拒否する者もいる。というのも、そのような論者にとって、現象的性格を定義する特徴は、**知覚あるいは内観をしているときに私たちが気づくもの**とみなされるからである。そして、知覚や内観をする場合に、私たちが**経験の性質に気づく**ようになると想定する理由など何もないと論じられる（e.g. Tye 2000）。

　そこで、**現象的性格**と**現前的性格**（*presentational* character）を区別することによって、ここで問題となっている事柄をはっきりさせることにしよう。バーンの定義にしたがって、現象的性格は、経験をすることがどのようなことであるのかに基づいて当の経験のタイプをきめる、**経験の性質**とみなされる。現前的性格は、知覚あるいは内観しているときに、何であれ私たちが気づくように

なるものとみなされる。今後みていくように、現象的性格が経験の性質であることを**否定する**者が主張したいことはどれも、現象的性格と現前的性格という区別によってうまく取り込むことができる。彼らが現象的性格について述べることを現前的性格に関する主張とみなし、そのうえで現象的性格として適切に当てはまるものを他に特定すればよいのである。

　これがどのようにうまくいくのかを理解するために、知覚の場合に私たちが直接気づいているとセンスデータ説論者が述べるものが何であるのかを考察しよう。その説によると、私たちが直接気づいているのはセンスデータとその感覚的性質である。それゆえ、この立場にしたがうならば、経験の現前的性格を構成するのは、主体によって気づかれているセンスデータがもつ感覚的性質となる。

　たとえこの感覚的性質がセンスデータの性質であり、センスデータによって経験が構成されるとしても、だからといってこういった性質が経験自体の性質であると想定するならば、合成の誤謬を犯していることになる[*2]。したがって、感覚的性質は、センスデータから構成される経験の**現象的**性格と同一視すべきではない。しかし、そのような経験は次の性質をもつ。それは経験をもつとはどのようなことであるのかに基づいて当の経験のタイプをきめる性質である。つまり、それは**センスデータ（あるいは、その集合）D を感覚している**という、経験がもつ性質である。それゆえ、センスデータ説論者は、この性質を経験の現象的性格と同一視できるのである。

2.5　センスデータ説と二つの帽子

現象学の帽子

　これまでにみてきたように、センスデータ説をおもに動機づけているのは現象学的考察であるが、とりわけ、それは次のような考えに基づいている。すなわち、ある経験をもつことがどのようなことであるのかを正当に扱うためには、それを特徴づける性質をもった対象に気づいていることが、その経験に実際に

含まれていなければならない、という考えである。しかし、センスデータの本性が質素である——感覚的性質しかもたない対象である——せいで、この説は「実際の」経験がもつ現象学を適切に捉えることが困難である、と論じられてきた。ストローソンは以下のように述べている。

> 哲学的な訓練を受けていない人が窓の外をぼんやりと眺めているとしよう。私たちは彼にこう依頼する。「いまあなたがもっている視覚経験を述べてみてください」……この質問の本当の意図など気にかけずに、彼は次のように答えるかもしれない。「黒くて細いニレの枝の隙間に洩れる赤い夕日が見える。まだら模様の鹿があちこちにあつまって、青々と茂る草を食べているのが見える」等々。　　　　　　　　　　　　　　(Strawson 1979: 43)

しかしながら、センスデータを支持する論証において提示された考察を受け入れるならば、ニレの木も鹿も草も存在しなかったとしても、主体はまさにこの種の経験をもつことができる。それゆえ、私たちは上記の人物に対して、**知覚された対象（とみなされるもの）の存在**にコミットすることなく自分の経験がどのようなものであるのかを説明するよう求める。もしセンスデータ説が正しければ、彼は、経験の直接的対象がもつ感覚的性質について述べることによって、それを説明できるはずだ。しかしストローソンが指摘するように、常識的な人は「光と色、そして視野におけるそれらの配列パターンについて語りだすことはない。というのも、そのように語ることは、自分が実際に享受した経験の性格を改ざんすることになると理解しているからである」(Strawson 1979: 43)。この主体は視野上の色の配列によって経験を記述しつくすこともできたが、ストローソンによると、そうすれば自分の経験の性格を**ねじ曲げる**ことになる。つまり、その経験をもつことがどのようなことであるのかを適切に捉えることに失敗してしまうのである。

センスデータ説にとってより特有の現象学的問題は、**奥行き**の経験にかかわっている。ここでの反論は、奥行きが視覚経験の現象学的特徴であることを前提と

している。厳密に言うならば、奥行きとは感覚的性質の一つである。この前提を受け入れるならば、センスデータ説論者には三つの選択肢があるように思われる。一つめは、奥行きはセンスデータがもつ独自の種類の感覚的性質であると主張することである（この選択肢をロビンソンは「その場しのぎのでっちあげ」とみなす［Robinson 1994: 206］）。二つめは、センスデータ説が間違っていると認めることである。三つめは、センスデータが実際に三次元的なものであり、実際に知覚主体から離れたところにあると受け入れることである（Jackson 1977: 102）。センスデータ論者のなかには（たとえば、ロビンソン［Robinson 1994: 206-207］のように）、バークリのよく知られた次の主張を認めて、この反論の前提を拒否する者もいる。「**距離**自体は……見ることができない。距離は端点を眼にまっすぐ向けた直線であるから、それは眼底に、ただ一点しか投影しない。その一点は、距離が長かろうと短かろうと、まったく不変である」（Berkeley 1910: 13）。このように答えることで、厳密に言うと、奥行きに気づくことは視覚経験の現象的な本性の一部ではなく、その経験に自然に伴う認知状態の結果とみなされる。

認識論の帽子

　その主な動機が現象学的考察であることから予想できるとおり、センスデータ説は認識論の帽子をうまくかぶれないせいで批判されている。

　センスデータ説の典型的な主張は、センスデータを感覚すること「によって」外界の対象を知覚する、というものである。実在論的な立場のセンスデータ説は、物理的世界が心とは独立であることを認める。したがって、一般的にこの立場は**間接実在論**と呼ばれる。「間接的」であるのは、経験の「直接的」な対象がセンスデータであるからだ。物体は「間接的に」のみ経験の対象となる。

　このような考えから次の反論が導かれる。私たちが直接的に気づいているのはセンスデータだけであり、それを**とおしてのみ**外界に気づいていると主張するならば、私たちは外界から自分を切り離す「ヴェールに覆われている」ことになってしまう。それゆえ、ジョナサン・ベネットはこの考えを「知覚のヴェール説」（Bennett 1971: 69）と呼ぶ。

ここで注意が必要である。この反論には勝手な想像を喚起させるところがある。ここから思い描いてしまうのは、心が世界に向けて放つある種の認知的な「光線」が、センスデータによって「遮断されている」というイメージである。しかし実在論的な立場をとるセンスデータ説論者のほとんどが、知覚しているときに気づいているものが外的対象でありうることを否定しない。彼らが主張するのは、そのような対象に気づくことがセンスデータによって**媒介されている**、ということだけである。ダンシーが述べるように、センスデータ説から「外界の対象に気づくことができないということは帰結しない。それは対象に気づくことがどういうことであるのかを主張しているだけである」（Dancy 1985: 165）。

　以上のことがどのようにうまくいくのかを理解するために、対象を見ることとその表面を見ることの関係について考えてみよう。ジャクソン（Jackson 1977）とムーア（Moore 1942）の両者によると、私たちが「直接的に」見ているのは物体でなく、その表面だけである。私たちは表面を見ることによって対象を見る。一見したところ、これはまともな主張である。この主張をモデルにして、センスデータと対象の関係を考えてみると、それが知覚のヴェールを含意するかどうかはもはや明らかではない。対象の表面が対象自体を覆い隠すなどと考える人はいない。むしろその表面が、対象自体の気づきを「促す」か、あるいは「媒介する」のである。まさしくこれこそがセンスデータに気づくことと対象（の表面）に気づくことの関係である、とセンスデータ説論者は考えている（Jackson 1994 を参照）。

　センスデータ説は、外界の対象に気づきえないという反論を適切に退けることができるかもしれない。しかしたとえそうだとしても、ある重要な認識論的問いが残されている。この説にしたがうならば、どのようにして私たちは知覚をとおして外界についての知識を獲得できるのだろうか。

　センスデータ説は、認識論に関しては**基礎づけ主義的**な理論にこれまで結びつけられてきた。基礎づけ主義の出発点は、経験的知識の多くが他の信念と結ぶ関係によって正当化されるという見解である。たとえば、〈ロンドンの人口はニュージーランドよりも多い〉という信念を正当化するのは、数に関する背景的

な信念のほかに、〈ロンドンの人口は750万人である〉という信念と、〈ニュージランドの人口は400万人である〉という信念である。しかし、ロンドンのほうが人口が多いという信念は**条件付き**でしか正当化されない。その信念が正当化されているのは、人口についての関連する信念が正当化されているときにかぎる。しかしそのような信念を正当化するのは何であろうか。たとえば、それは最新の人口調査等々についての信念といった、また別の信念ということになる。

しかし以上のことから悪循環に陥る危険性が示される。どの信念も、それが正当化されるのは**別の**信念が正当化されているときだけであり、その別の信念が正当化されるのは**また別の**信念が正当化されているときだけであるならば、自分の信念が（条件付きではなく）現に正当化されていると主張できる立場には決して辿りつけないかのようにみえる。

これを回避するために、基礎づけ主義者は、どの経験的信念の正当化もある**基礎的信念**（条件付きではない特別な仕方で正当化された信念）に基づいていると主張する。

そういった基礎的な信念とは何であろうか。ルイスによれば、「経験主義者たちのほとんどが同意するのは、知覚的ではない総合的知識も、結局は知覚的な知識に依存している、という点である。それゆえ、彼らは知覚の本性に根本問題を見いだすのである」（Lewis 1952: 170）。基礎づけ主義の基礎とは、感覚経験に関する信念である。なぜそうなのか。その理由は次のとおりである。「ドアを知覚している場合も、壁に巧妙に描かれたドアの絵によって、そう思い込まされているだけかもしれない。しかしその現前を目の当たりにしたという私の経験は疑いようのない事実である……与えられているのは、改訂不可能な現前的要素である。批判ないし懐疑可能な要素は解釈のなかにある」（Lewis 1952: 170）。

上記の主張は、現象学に基づいて現象原理を擁護するプライスの主張とよく似ている。ルイスによれば、多くの信念は疑うことができる一方で、懐疑不可能ないし改訂不可能なコアな信念が存在する[*3]。この後者の信念が私たち自身の経験についての信念を特徴づける。こうして、当該の信念は正当化され、そ

れゆえ認識論的基礎として利用できることが説明されるのである。

　古典的な基礎づけ主義をとるセンスデータ説によれば、外界についての信念は私たち自身の経験についての信念から推論され、**正当化される**。

　しかし上記のように主張すると、センスデータ説は十分な認識論を提供することが根本的にできなくなると、多くの哲学者が論じてきた。センスデータが〔経験にとって〕必要不可欠であることを示そうとする論証そのものによって、この懸念が際立つのである。錯覚・幻覚論法の第二段階によって明確になるように、知覚から区別不可能な錯覚・幻覚の場合に気づかれているセンスデータは、知覚の場合に気づかれているものとまったく同じものである。

　これをふまえると、特定の種類の経験が真正な知覚ではない状況でも生じうるという考えにセンスデータ説がコミットしていることがわかるだろう。その帰結として、経験についての信念から世界についての信念へ演繹的に移行できなくなる。幻覚に陥っている可能性を考慮すれば、その特定の種の経験をもつことが、何であれ世界に関することを**含意する**わけではない。帰納法に訴えても問題がある。帰納法的正当化では、この種の経験を世界のあり方についての信頼できる標識とみなすことが正当化される。このように想定するのは、二つの出来事——世界が何らかのあり方をしていることと、ある種の経験をもつこと——が、規則的に伴って生じるとまえもって認めているからである。しかしセンスデータ説では、帰納法によって世界についての信念を正当化する見込みはない。というのも、経験から独立に世界に至る道筋を私たちがもたない以上、ある種の経験が世界のあり方と対応していることを立証できないからである。

　ここで、純粋なセンスデータ説は**仮説的推論**（*abduction*）に関心を向けるかもしれない。つまり、センスデータが外界に対応しているという信念は、私たちに与えられている証拠についての最良の説明として正当化されると考えるのである。この文脈における「証拠」とは、さまざまな感覚と時間の経過をとおして経験が高度に組織化され予測可能であることだ。すると、この証拠についての「最良の説明」とは、高度に組織化され予測可能である外的実在に、経験が信頼できる仕方で対応していると主張することである。

2.5 センスデータ説と二つの帽子   33

　以上の説明がどのようにうまくいくのかを理解するために、霧箱のなかにあるアルファ粒子の飛跡を観察する科学者を想像しよう（現在その粒子の存在は立証されている）。最初のうちは、科学者は霧箱のなかにある飛跡だけを見ているとする。しかしその科学者は注意深く実験をしたのちに、飛跡が現われることと霧箱のなかに何らかの物質があることが信頼できる仕方で対応していることに気づく。こうして、彼女はその物質がただ何らかの粒子を放出しているだけであるという仮説を立て、その粒子をアルファ粒子と命名する。この仮説をしばらく用いて慣れ親しんだのちに、彼女は霧箱の飛跡を媒介せずに直接的にアルファ粒子について考え述べるようになる。それどころか、もはや知覚的に注意を向けていないという点で、その飛跡を実際には「見ている」わけではないというところまで至るかもしれない。より基礎的な仕方で飛跡に気づくことによって、彼女はアルファ粒子に直接注意を向けることができる（アルファ粒子を「見ている」と言ってもよいかもしれない）。まさしくこういうことが、仮説的推論に基づくアプローチにおいて視覚経験のセンスデータが担う役割となるのだろう。

　しかし、外界が存在するという信念が「証拠」を説明するために定式化される「理論」であると考えることは、もっともらしくないと懸念する者がいる。そこにはセンスデータ説論者も含まれる。たとえば、プライスによれば、「［外界が存在するという理論］は、説明のためのでっちあげではない。私たちは別の根拠から物理的世界に関する考え方をすでに獲得している」（Price 1932: 89）。同様に、アームストロングはこう述べている。「私たちは物体の存在を仮説の身分にまで格下げするつもりが本当にあるのだろうか。物理的世界が存在するという確信は、何らかの理論を肯定することで間接的に獲得されるどんな確信よりもはるかに強力である」（Armstrong 1961: 30）。さらに、プライスによれば、それは結局のところ「最良の説明」ではない。彼によると、別の仮説は「無数に」存在し、そのほんとどが当該の説明「よりずっと単純である」（Price 1932: 89）＊4。

　ライルによると、センスデータ説が抱える認識論的な困難は、経験的信念の正

当化にかかわる問題よりも根深い。彼は次のような疑いをかける。センスデータ説を受け入れる場合、どのようにして、心とは独立に存在し、かつ経験的信念の内容に含まれるのものに関する概念を獲得できるようになるのか。この懸念は以下のアナロジーによって説明される。

> ひとりの囚人が窓のない独房のなかに監禁され、生まれたときからそこで孤独な状態にある。この囚人が外界から得ることができるものは壁の隙間から洩れる光のゆらめきと壁から伝わってくる物音だけである。しかし、観察された光のゆらめきや物音は、フットボールの試合や花壇や日食など、彼が実際には観察していない事物を知らせるようになる。あるいは、そう知らせているかのようにみえる。それでは、彼は光のゆらめきや物音などに組み込まれている暗号をいかにして習得するのであろうか。さらにまた、そもそも暗号自体が存在することをいかにしてわかるのだろうか。また、もし暗号化されているメッセージに含まれているのが光のゆらめきや物音の語彙ではなく、フットボールや天文学の語彙であるならば、なんらかの仕方で判読したそのメッセージをいかにして彼は解釈することができるのであろうか。　　　　　　　　　　　　　　　　　　　　　　　（Ryle 1990: 212）

　ライルによると、ここで懸念されているのは、経験が外界を指示しているという信念をいかにして**正当化する**のかではなく、その信念をそもそもどのようにして**手に入れる**ことができるのかである。

　次のように考える哲学者もいる。(a) センスデータを支持する論証に説得力があることを認める一方で、(b) いま列挙した認識論的考察にも説得力を感じる。しかしそれでも (c) 私たちは外界についての知識をもつことができることは認めたい。そして彼らによれば、こうした考察は、観念論と呼ばれる形而上学的テーゼを認める必要性を示している。観念論にしたがうと、結局のところ、外界は心から独立に存在するのではなく心に依存している。このように考えると、「物理的世界を人間の感覚経験に関する事実から論理的に生み出されるもの

とみなすことで、知覚によって直接気づくことのできる領域にそのような世界を含めること」（Foster 2000: 1）ができる。しかし観念論は知覚の理論ではなく、むしろ実在の本性に関する形而上学的理論であるので、これ以上は検討しない。

2.6 センスデータ説と表象原理

　すでに確認したように、もっとも単純なセンスデータ説論者は、視覚経験が表象的であるという原理を受け入れない。その見解を簡潔に述べると次のようになる。私たちの経験は世界に関わっているとみなすのは自然なことである。しかし、これは知覚ではなく純粋に認知的な理由による。つまり、経験と世界との関わりは、経験自体がもつ特徴ではなく、経験を**解釈**する仕方の問題である。しかし古典的なセンスデータ説が直面する困難によって、この理論の誤りが示されていると述べる哲学者もいる。

　経験から世界についての信念にどのように至るのかという問いを考えてみよう。センスデータ説では経験自体は表象的ではないので、経験的知識は経験から世界へのある種の**推論**の帰結とならざるをえないことは確認した。また、すでにみてきたように、そういった推論の前提となる考えをどうやって獲得するのかについて適切な説明を与えることも難しい。それどころか、その最良の説明では、心に依存しない安定した外界が存在するという私たちの確信が、（私たちがもつ感覚経験をもっともうまく説明するために）巧妙に用意された仮説のようなものとみなされることになるように思われる。

　さらに、経験がもっている世界に関する側面を、知覚に関わる現象そのものではなく視覚経験の単なる認知的な**結果**とみなすと、視覚経験をもつときに実際に生じていることについて現象学的に適切な記述を提供できるかどうか疑わしい。プライスが述べるように、「あらかじめ証拠に興味をもったり検討したりすることもなく、まったく何の合理的な過程も介さずに、私たちはAに気づいていることからBを考えることへただ一飛びに移るだけである」（Price 1932:

140-141)。

　以上の問題を回避するために、現象原理と共通要素原理にくわえて表象原理を受け入れることは魅力的かもしれない。〔表象原理を受け入れて〕視覚経験のなかには表象的な要素もあると考えるならば、世界について何かしらを私たちに伝えることは、経験がもつ本性の一部となる。この場合、世界についての理論を〔あらためて〕構築し認める必要はない。ある意味で、視覚経験が世界の存在についての主張をはっきりと示すことになるのである。

2.7　センサリーコア説

　古典的なセンスデータ説に表象原理をつけくわえる一つの方法は、視覚経験が現象的な要素と表象的な要素の**両方**をもつとみなすことである。現象的な要素はセンスデータに直接気づいていることを含んでいる。それにくわえて、表象的な要素は世界について何かしらを私たちに伝える。

　このような修正をくわえる場合には、これまでみてきたような古典的なセンスデータ説の半分は正しいと考えられている。古典的な立場の正しさとは、現象原理を満たすためには心的対象に気づいていなければならないと考えていた点である。同様にセンスデータ自体は表象的ではないとすることも正しかった。他方で、間違っていたのは、視覚経験がさまざまな種類のセンスデータを感覚する作用でしかないと考えていた点である。こうした考えに基づいてセンスデータ説は視覚経験を包括的に説明できると自負していたが、実際は、視覚経験の「センサリーコア」〔本質となる感覚的要素〕についての説明しか与えていなかったのである。

　プライスはこの種の理論の主唱者である[*5]。彼の主張によると、ピンク色をしたネズミの幻覚に陥っている事例を検討する場合、その状況の正しい分析とは次のとおりである。幻覚に陥っている人は「ピンク色のセンスデータを見知っている」だけではなく、「ネズミが存在していると思い込んでいる（take for granted）」（Price 1932: 147）。この二つの心的状態は「一挙に……同時に生

起する。『心に現前する』二つの様式はまったく異なるが、さらに分析をつづけないかぎり両者は区別できない（Price 1932: 141）。

　二つの構成要素を認めるセンスデータ説によると、通常の視覚経験をもつとき、主体は（i）センスデータを感覚したり見知るだけではなく、（ii）それに対応する物体が存在すると「思い込んでいる」。視覚経験を完全に説明するためには、何かが存在していると「思い込んでいる」という概念をさらに説明しなければならない。これを検討する際、プライスは次のことを明確にする。「思い込まれているのは、しかじかのこと、つまり、ある物体がいまここに存在し、しかじかの種類の表面をして、緑色である等々が成り立っていることである。要するに、思い込まれているのは、**命題の集合**である」（Price 1932: 166）。

　この感覚的ではない構成要素は表象的なものであり、次の二つの特徴をもっている。一つは、世界のあり方を主体が表象することである。そのあり方は適切な「命題の集合」によって特定される。そしてもう一つは、世界は表象されているとおりにあると主体が思い込むことである。

　したがって、センサリーコア説は中立的な視覚経験について以下のような分析を提案する。

　　主体SがFをもつ性質を見ているときのような経験をもつのは、次のとき、かつそのときにかぎる。

　　・SがFをもつセンスデータDを感覚し、かつ
　　・Fという性質が例化されていることを表象する（かつ、そう思い込んでいる）。

通常のセンスデータ説と同様にセンサリーコア説も次のように主張するだろう。経験の現前的性格はDの感覚的性質によって与えられ、それゆえ経験の現象的性格とは、Dを**感覚している**という性質となる。

2.8 パーセプト説

すでに指摘したとおり、「光・色・それらの視野上の配列パターン」だけに焦点を合わせるセンスデータ説は、視覚経験の豊かな現象学を適切に捉えられるのかと批判されてきた。この反論に対して、センサリーコア説に基づいたアプローチは「認知的な特徴だけで経験が様変わりすることを認めること」（Robinson 1994: 206）で対処する。ロビンソンによると、「この考え方を受け入れるならば、［たとえば］奥行きは根本的には現象的ではないが、経験に基づくものとして記述できる。それはレーダー操作員がくだす判断のようなものではなく、経験それ自体にもっと深く組み込まれている。他方で、奥行きが実際には現象的ではないのは、バークリが挙げたような理由により、それが経験のうちには質的に与えられていないからである」（Robinson 1994: 207）。

以上の試みは、古典的なセンスデータ説によって見込まれていた以上に多くの性質が際立ったものとして体験されるという事実を扱おうとするものであった。しかしファースは、この試みを現象学的に欠陥があるものとして批判している。

> 知覚の場合、私たちは物体をある意味で**意識**し、それと同時に別の意味で「センスデータ」と伝統的に呼ばれてきたものを意識しているのではない。これは明白な現象学的事実である。つまり、知覚は二つの要素からなる状態ではない。物体を意識している**以上**、センスデータ説がいうような特別な仕方でセンスデータを意識することはできないように思われる。
> （Firth 1965: 223）

本質的には、ファースの論点は次のとおりである。センスデータ説の主張では、センスデータの性質だけが感覚できるのであって、その他のものは関連する認知的特徴によって与えられることになってしまう。しかし堅さや冷たさと

いうような性質は知覚に属する性質である。それは文字通り**感覚され**うる。

さらに、ファースによれば、奥行きを現象学的に現前する付加的な性質とみなすことで、「次のことを認める第一歩が踏みだされる。すなわち、知覚の場合、私たちは**多くの**性質と関係を意識しており、そしてそれらは伝統的にセンスデータに帰属されてきた少数の性質と同じ現象学的身分をもつ」(Firth 1965: 220-221)。以上のことを説明するために、古典的なセンスデータ説に表象原理をくわえる〔センサリーコア説とは〕別の理論が展開される。彼はそれをパーセプト説と呼ぶ。

パーセプト説は次の考えを拒否する点でセンサリーコア説とは異なる。すなわち、センスデータを感覚することで色・形のような「感覚的性質」に知覚的に気づく一方で、(おそらく)奥行き・ぎこちなさ・卑劣さ・狡猾さのような他の性質に知覚的に気づくことは、解釈という**まったく異なる**プロセスによる、という考えである。ファースによると、そういったさまざまな性質を**同じ仕方で**私たちは意識しているのである。

彼が正しければ、次の二つの選択肢がある。すなわち、古典的なセンスデータ説における形・色についての気づきかたと同じ仕方で、上記のような性質の**すべて**に私たちが気づいているか、**あるいは**何らかの別の仕方でそういった性質に気づいているかのどちらかである。

第一の選択肢によれば、ぎこちなさ・卑劣さ・狡猾さのような性質に気づくためには、そういった性質を**実際に**もつ対象に気づいている必要がある。しかし、ロビンソンが指摘するように、心的対象は額面通りにぎこちなかったり、卑劣であったり、狡猾で**あるわけがない**(Robinson 1994: 29)。そのため第二の選択肢を取るしかない。つまり、私たちはセンスデータに気づくことでそういった性質に気づくのであり、かつ同じ仕方ですべての性質に気づくようになるならば、そういった性質に気づくのは、当の性質を実際にもつ何かに気づくことによるのでは**ない**。

むしろファースの見解は、あらゆる種類の性質が〔これまでみてきたセンスデータ説とは〕**異なる**仕方で気づかれている、というものにみえる。彼によれば、心

的対象はぎこちなさ・卑劣さ・狡猾さのような性質を実際にもっているのではなく、そういった性質をもっているものとして**自分自身を表象する**のである。センスデータは**実際には**ぎこちなかったり、卑劣であったり、狡猾であったりするわけではない。それはぎこちなかったり、卑劣であったり、狡猾であるものとして**自分自身を表象する**だけである。同様に、心的対象は心に依存しないものとして自分自身を表象するので、ファースはそれを「見せかけの物体」と呼ぶ（Firth 1965: 222）＊6。

こうして、パーセプト説は視覚経験を以下のように分析する。

> 主体 S が性質 F を見ているときのような経験をもつのは次のとき、かつそのときにかぎる。
>
> - S はセンスデータ D を感覚し、
> - そしてその D は、F という性質が例化されていると表象する。

要するにパーセプト説によれば、伝統的に考えられてきたセンスデータとは異なり、感覚的性質と表象的性質の両方をもつ心的対象が視覚経験のなかにはある。しかし通常の経験では、センスデータ自体の感覚的性質に気づくことはまったくない。心的対象によって**表象される**ものに気づくことで、私たちの注意は完全に世界に向けられる。

知覚的還元――知覚において私たちが「実際に見ている」ものに注意を向けること――をおこなうことで、センスデータが実際にもっている性質に気づくようになる、ということをたしかにファースは認めてはいる。しかし彼によれば、知覚的還元が可能であっても、はじめから私たちがセンスデータに気づいていることにはならない。むしろ知覚的還元には「［見せかけの物体についての］知覚的な意識状態から、センスデータに気づいている状態に切り替える効果がある」（Firth 1949: 237）。

これまでに確認してきた三つの理論――古典的センスデータ説・センサリー

コア説・パーセプト説——の関係をはっきりさせるために、よく知られている次の事例を考察しよう。主体は傾けた円いコインを知覚している。ある意味では、そのコインが知覚者に対して提示するのは楕円である——たとえば、そのシルエットは楕円となる——にもかかわらず、それには注意を向けずに、彼は当のコインを円いとみなすかもしれない。このような経験に対する説明は、三つの理論のそれぞれで決定的に異なる。

　古典的なセンスデータ説論者によれば、当該の経験をもつ主体は、楕円のセンスデータを感覚することによって楕円さに意識的に気づく。楕円さに主体が注意を向けていないのは、この経験を根拠にしてコインが円いと解釈するというような事例に当の主体が慣れ親しんでいるせいである。しかしその経験がもつ現象学に注目するならば、主体は楕円さに意識的に気づくのである。

　センサリーコア説論者によれば、（楕円のセンスデータを感覚することによって）主体は楕円さにある意味で意識的に気づいているが、別の意味では円さに意識的に気づいている（なぜなら、主体はコインを円いものとして表象しており、かつこの表象が正しいと思い込んでいるからである）。

　パーセプト説論者によれば、主体が意識的に気づくのは円さだけである。なぜなら、心的対象は実際には楕円であっても自分自身を円いものとして表象するからである。そして、その心的対象の実際のあり方よりも、そのように自分自身を表象することこそが、経験がもつ現象学を決定する。しかし知覚的還元をおこなうことで、主体は心的対象がもつ楕円さに気づくようになる。

2.9　センサリーコア説、パーセプト説、二つの帽子

認識論の帽子

　センサリーコア説とパーセプト説のどちらも表象的な要素を導入することで、純粋なセンスデータ説が抱えているいくつかの認識論的問題を回避しようとする。この表象的な要素は経験的信念の基礎とみなされる。

　しかし私たちが気づくのは、センスデータが（感覚的に）もつ性質と（より認

知的な仕方で）表象される性質の**両方**であると認めるならば、すぐにセンサリーコア説はジレンマに陥る。この説では、表象的な要素が何らかの仕方で感覚的な要素に（認識論的に適切な仕方で）基礎づけられることを認めるか、あるいはその表象的な要素が〔感覚的な要素から〕独立であると主張するかのどちらかである。

　第一の選択肢を採用して、表象的な要素が感覚的な要素に基礎づけられると主張するならば、純粋なセンスデータ説と比べて認識論に関して大幅な進歩をもたらすことはできないように思われる。他方で、二つの要素は独立であるという後者を採用するならば、次のどちらかを認めなくてはならない。一つは、解釈的な要素が現象的な要素と**同時**ではあるが**独立**に生じる、というものである。もう一つは、非認識的な何らかの仕方で現象的な要素が、解釈的な要素を因果的にあるいは習慣的に引き起こす、というものである。いずれにせよセンサリーコア説は、どのようにして、そしてなぜ感覚することと思い込むことがいつも（あるいは少なくとも通常は）互いに「適切に対応する」のかについて何らかの説明を与えなくてはならない。さらに、この説は次の直観と矛盾するように思われる。すなわち、私たちが知覚に基づいて世界についての信念を形成するのは、ものごとが（現象学的に）そのように**みえる**からだ、という直観である。

　もちろん、パーセプト説は第二の選択肢をとる。しかし、この説は実質的に、通常の知覚の場合には現象的要素こそが表象的要素であると主張するので、センサリーコア説と同じ一連の反論をうけることはない。パーセプト説によれば、知覚に基づいて対象が青いという信念を形成するのは、その経験が対象を青いものとして**表象する**からである＊7。

　したがってパーセプト説は他の二つの説よりも**認識論的**には優れていることになるが、そのかわりに**現象学的**には不利な立場となるだろう。

現象学の帽子

　これまでみてきたとおり、パーセプト説によれば、ふだんの知覚で私たちが気づいている性質（現前的性格の構成要素）は、実際のところ、心とは独立の対

象だけが（通常）もつことができる性質である。たとえば、それはぎこちなさ・卑劣さ・狡猾さといった性質である。それゆえ、この説にしたがうと、知覚しているときに私たちが気づいている性質はセンスデータ D がもつ感覚的性質ではなく、例化されているものとして D が**表象する**性質である。こうして、もはや経験の現象的性格は **F である何かを感覚している**という性質ではなく、**性質 F を表象する何かを感覚している**という性質となる。

　このことを明確にすると、パーセプト説が現象原理を**拒否**していることがよくわかる。この原理を思いだしておこう。

　　（P）ある特定の感覚的性質をもつ何かが主体に感覚的に現われているならば、当の性質を実際にもった、主体によって気づかれている何かが存在する。

　これまでみてきたとおり、パーセプト説論者によれば、〔他の〕センスデータ説論者が認める以上の感覚的性質（ものごとがもっているように感覚的に現われる性質）がある。現象原理の前件は成り立つが、しかしその後件は偽となる多くの事例があることを、パーセプト説論者はきっと認めるだろう。このことを理解するために、（ここでは）ぎこちなさという感覚的性質をもつ何かが主体に感覚的に現われている、という事例を考えてみよう。このような事例では、当の性質を**実際に**もった、主体によって気づかれている何かが存在することをパーセプト説論者は認めない。むしろ主体によって気づかれている何かが存在し、その何かは当の性質をもつものとして**自分自身を表象している**ということになる。したがって、たとえ心的対象にコミットしつづけても、パーセプト説は現象原理を受け入れ**ない**。

　しかし、現象原理を支持する強い動機があったことを思いだしてみよう。経験が現にあるとおりのあり方をするためには、私たちが感覚的に気づいている性質が実際に**存在する**必要がある。経験が現にあるとおりのあり方をするための唯一の方法は、私たちが意識的に関係する性質が現に例化されていることである。パーセプト説はこれを認めることができない。

さらに言及すべき現象学的な論点は、パーセプト説を支持する主要な論証が次の現象学的主張に依存していることである。すなわち、私たちは経験のなかに含まれている感覚的要素と解釈的な要素を実際には区別できない、という主張である。この主張は、多くの哲学者がそのような区別をおこなってきたことと矛盾するように思われる。実際、C. I. ルイスは、純粋に感覚的な要素と解釈的な要素の区別が、「もっとも由緒正しい普遍的な哲学的な洞察の一つ」（Lewis 1929: 38）とみなしている。

2.10　心的対象についての形而上学的反論

本章の結びとして、古典的センスデータ説・センサリーコア説・パーセプト説が共有する特徴（私秘的な心的対象の仮定）への反論を考察しよう。

現代哲学の情勢では、センスデータが非物理的であると考えられている点だけで、その存在に強い疑念を抱く十分な理由となる。しかし非物理的であることだけではなく、それが非常に奇妙な仕方で存在することも問題視される。バーンズ（Barns 1965: 143-152）は次のように多くの的確な問いを投げかけている。まばたきを挟んでも同じセンスデータが存続するのか、あるいはそのたびに新しいセンスデータに取って代わられるのか。近づいたり遠のいたりすると、センスデータの大きさは変化するのか、あるいは動くまえより小さいか大きい新しいセンスデータに取って代わられるのか。あるセンスデータが視野を横切って動くとき、センスデータ全体（＝視野）が変化するのか、あるいはその構成要素としてのさまざまなセンスデータ同士の位置関係が変化するのか。もしセンスデータが本当に存在するならば、以上の問いに答える必要がでてくる。

もちろん、センスデータ説論者はこれらの問いの答えをたやすく取り決めることができる。しかしバーンズが懸念するのは、特定の答えを選ぶ根拠がまったくないようにみえることである。「このような問いに答えることは取るに足らないと言えるかもしれない」点を彼は認める。「私はそれに同意したいと思うが、しかしその理解可能な唯一の理由は、［センスデータ］の存在がまったくのでっ

ちあげであるせいで、そこにどんな性質も思いどおりに帰属させられるからである」(Barns 1965: 150)。つまり、上記の形而上学的問いを何らかの原理に基づいて探求できないことが、問題となっている形而上学的領域が実際には存在していないことを示している、と考えられているのである。

チザム (Chisholm 1942: 368) が指摘するように、ギルバート・ライルが最初に提起した「まだら模様の雌鶏問題」という反論のなかでは、別の形而上学的な懸念が明らかにされている。まだら模様の雌鶏を知覚するとき、正確な数はわからないが、その雌鶏はきわめて多くの斑点をもっていることを見るだろう。その雌鶏は現に存在する対象であるので、(存在するものは確定的であるという形而上学的原理をふまえると) 確定的な数の斑点をもっていなければならない。しかしその雌鶏についての**知覚**は斑点の数に関しては未確定的である。

この未確定性がつくりだす困難は次のとおりである。私たちが知覚においてセンスデータに直接気づいており、しかもそれに未確定的に気づいているならば、本性上、センスデータは未確定的なものでなければならない、ということが含意されているようにみえる。このことは、上記の形而上学的原理に反すると論じることができる。

この反論への応答として、何かを感覚することはその何かがもつ特徴のすべてに気づくことを含意しない、とセンスデータ説論者は取り決めるかもしれない (Robinson 1994: 193)。しかしこれではまったく問題の解決にはならないようにみえる。センスデータがもつ特徴に気づくことに失敗する可能性を認めることは、私たちが気づけない特徴をセンスデータがもちうると主張することではない。まだら模様の雌鶏はまさにそのような事例にみえる。たとえ雌鶏の斑点を数えようとしても、私にはできないかもしれない。センスデータが斑点の数について確定的であるならば、それは私が気づくことのできないセンスデータの特徴でなければならい。アームストロングが述べるように、このことから、「知覚がもつ現象学を適切に扱うために特別に要求された対象が、いまや知覚的な気づきのまったく外部にある特徴をもつようになるという奇妙な帰結が導かれるのである」(Armstrong 1968: 220-221)。

> **問 題**
> - センスデータを支持する論証はどれくらい説得力があるか。その弱点はどこにあるか。
> - 視覚経験がもつ現象学をよりよく説明しているのは三つの説のうちどれか。そして、その理由は何か。
> - 心的対象についての形而上学的反論はどれくらい説得力があるのか。この反論によって、そのような対象を知覚理論から排除せざるをえないのか。

読書案内

　センスデータ説についてさらに読み進める場合、『知覚』（*Perception*）という表題をもつ次の三冊が最も重要である。プライスの著書（Price 1932）は、センサリーコア説のかたちをとって心的対象を擁護する初期の研究書である。ジャクソンの著書（Jackson 1977）はセンスデータ説を擁護し、諸々のセンスデータ説への認識論的反論（第6章）に取り組んでいる。私の見解では、ロビンソンの著書（Robinson 1994）が、現代の哲学においてセンスデータの存在を擁護する名著である。ロビンソンは最終的に（そしてためらいがちに）反実在論の立場をとるセンスデータ説を支持するが、その本の大半は、知覚がセンスデータを含むという主張を支持する議論が占めており、形而上学的な問いに対する立場を定めていない。

　以上の本にくわえて、R. J. Swartz (ed.) , *Perceiving, sensing and Knowing* (1965) は有益な論文を所収している。そのなかにあるファースの論文（Firth, "Sense Data and Percept theory"）はパーセプト説を擁護し、バーンズの論文（Barns, "The Myth of Sense Data"）は心的対象に関する形而上学的反論の古典としてよく引用されている。

注

* 1 たとえ脳活動が知覚の場合と完全に同じではなくても、何らかの脳活動があることは確信できる。そして何らかの脳活動が生じていることが（幻覚の場合のように）センスデータの存在とそれに気づくための十分条件であるならば、（知覚している際に生じる）他の種類の脳活動でも同様に十分である。

* 2 合成の誤謬が生じるのは、O の構成要素がもつ性質から O がもつ性質を想定するときである。たとえば、原子が肉眼では見えないという性質をもつことから、原子から成るものはどれも肉眼では見えないという性質をもつと考えるのは明らかな誤りである。

* 3 何かが懐疑不可能であるというのは、その何かを疑うことができないと述べることである。何かが改訂不可能であるというのは、その何かを訂正できないと述べることである。しかし、基礎づけ主義者が探求しているものが、この二つの考えのどちらかであるという確信が私にはない。その理由を理解するために、何かを疑うこと・訂正することが不可能であるかもしれない理由が、それぞれ二種類あることに注目しよう。何かが懐疑不可能であるのは、その何かが偽でありうるが、私たちにはその何かを疑うことが認知的に不可能であるからか、あるいは単にその何かが偽ではありえない（つまり、不可謬である）からである。何かが改訂不可能であるのは、その何かが偽でありうるが、私よりもその何かの真偽を知ることのできるより適切な立場にあなたがいるからか（それゆえ、たとえあなたが間違っていたとしても、私よりは真偽を知るのによい立場にいることが保証されているからか）、あるいは単にその何かが偽になることはない（つまり、不可謬である）からである。認識論の目的に適うのは、二つめの意味での懐疑不可能性・改訂不可能性であるようにみえる。このことが示唆するのは、〔認識論にとって〕本当に重要なのは不可謬性（つまり、偽であることができない）という概念だということである。

* 4 〔より単純な仮説の〕例として言及されるのは、私たちがもつ経験のいっさいが神によって引き起こされる、という仮説である。この仮説およびその他のさまざまな仮説が、外界が存在するという仮説よりも単純であるかどうかについては、読者の判断に委ねる。

* 5 この考えはトマス・リードにも関連している。リードによれば、「それ自体で捉えると、感覚は外的対象の観念もその信念も含意しない。感覚が前提とするのは、感覚主体とその主体が作用を受ける仕方である。それ以上のものは何も前提とされない。［リードが特殊な意味で使っている］知覚が意味するのは、外的な何かについての直接的な確信や信念である。その外的な何かは、知覚する精神とも知覚作用とも異なる。本性上きわめて異なるものは区別されるべきである。しかし、私たちがもつ性向によって、知覚と感覚は常に一体となっている。互いに異なるどの知覚もそれぞれ固有の感覚と連合している」(Thomas Reid 2002: XVI)。

* 6 パーセプトが自分自身をたとえば卑劣であるものとして表象するかどうか、あるいはパーセプトが物体を卑劣なものであると表象するのかどうかについては議論があるかもしれない。しかしファースは厳密な意味での物体から、見せかけの物体（＝センスデータ）を区別しようと努めている。これをふまえると、見かけだけの物体が本来の自分とは異なるものとして、つまり物理的なものとして現われないかぎり、どの程度それが見かけだけ物理的であるのかが明確ではなくなる。こういうわけで、〔自分自身を表象するという意味での〕再帰的な表象内容を訴えることによって、ファースの主張をもっともうまく理解できるようになる。

* 7 もちろん、（ファースが示唆していると思われるように）、心的対象がぎこちないもの・卑劣なもの・狭猾なものとして自分自身を表象するとパーセプト説論者が主張するならば、そこから認識論上の反論が提起される。たとえば心的対象が自分自身を狭猾なものとして伝えるという事実によって、いったいどうして世界のなかに存在する何かが狭猾であると信じることが正当化されるのだろうか。

訳注

★ 1 「性質 F を見ているときのような経験 (visual experience as of ...)」という表現は、真正な知覚・錯覚・幻覚というカテゴリーにかかわらず、なんであれ、F についての経験を指示する。そのうえ、「性質 F を見ているときのような経験を主体 S がもつ」とする場合でも、その S が F についての概念をもっていることは含意されない。

第3章
副詞説

> **あらまし**
> 　副詞説は共通要素原理を保持するが、現象原理と表象原理は拒否する。そして、主体にとって経験がどのようなものであるのかを説明するために感覚作用の**対象**ではなく、感覚の**仕方**に訴える。
> 　まず心の哲学で論じられているクオリア説と結びつけるかたちで、副詞説の定式化について詳細に検討する。次に副詞説への反論について考察する。

　　　　共通要素原理　　☑
　　　　現象原理　　　　☒
　　　　表象原理　　　　☒

　赤い三角形を見ているとしよう。センスデータ説によれば、赤い三角形を見ることには、赤さと三角形性をもつセンスデータを感覚することが含まれる。これまでみてきたように、この説がコミットする心的対象は、認識論的にも形而上学的にも問題含みであると論じられてきた。
　こうした懸念から次のように考える者があらわれた。（共通要素原理との組み合わせによるとはいえ）心的対象へのコミットメントを生み出すのは現象原理であるので、この原理に何らかの誤りがあるにちがいない。ここで現象原理を思

いだしておこう。

　（P）ある特定の感覚的性質をもつ何かが主体に感覚的に現われているならば、当の性質を実際にもった、主体によって気づかれている何かが存在する。

バーンズによれば、この原理は誤った推論に基づいている。「ピンク色をした何かが私に見えていることは、その何かがピンク色であることか、あるいはピンク色をした他の何かが存在するという結論を支持する正当な根拠にはならない」（Barns 1965: 153）。心的対象を支持する論証を検討する際にロビンソンも指摘しているように、私たちの言語には、「……のようにみえる」（seem, appear, look）という表現がある。これを用いて、たとえばピンク色ではない象がピンク色であるようにみえる、と述べても問題はない（Robinson 1994: 40）。

　この種の反論は、ある対象の存在にコミットするように思われる言明を、そのようなコミットメントを取り除く再解釈の方法を示すことで強化されうる。この路線でのきわめて有力なアプローチは、対象の存在にコミットしていると思われる文を副詞的に翻訳できるという点に着目する。そしてそこから代替案となる知覚理論もつくりだされる。

　この点を説明するために次のことに注目しよう。日本語の日常的な文の多くで、形容詞によって修飾された目的語は主語との関係をもつ。たとえば、

1　ルーシーは重い鞄を持っていた。
2　ジョンは大きな帽子をかぶっていた。

このどちらの文も、主語（ルーシー／ジョン）は目的語（重い鞄／大きな帽子）とある関係（持っていること／かぶっていること）にたっている。
　どちらの文も真であるならば、私たちは〔目的語が指示する〕対象の存在にコミットしているように思われる。というのも、「ルーシーが重い鞄を持ってい

る」という文が**真**であるならば、ルーシーが持っているその重い鞄が存在していなければならないからである。

しかし、以下の文も表面上似たような構造をもっている。

3　デイブはエネルギッシュな演技を披露した。
4　ジョンは朗らかな笑顔を浮かべた。

3と4の文でも、主語と目的語は先ほどと同じ関係に立っているように思われる。これをふまえると、もしこの二つの文が真であるならば、〔鞄や帽子のような物体と同じように存在する〕奇妙な対象（演技と笑顔）の存在にコミットしなければならないと考えられるかもしれない。その対象はどちらも形容詞的に修飾され、披露すること・浮かべることという関係性をもちうる。

しかし、そう考える必要はない。3と4の文が**主語-形容詞-名詞-述語**の形式をもっていても、そのどちらもそれぞれの意味を変えることなく、**主語-副詞-述語**の形式に翻訳できるのである。

この翻訳は三段階の手続きを踏む。まず主語は、そのままにしておく。次に、もとの文では目的語であった名詞を動詞に書き換える（たとえば、3、4の場合、「演技」を「演技した」にし、「笑顔」を「笑った」にする）。最後に、その名詞を修飾していた形容詞を、動詞を修飾する副詞に書き換える。たとえば、「エネルギッシュな」を「エネルギッシュに」にして、「朗らかな」を「朗らかに」にする。こうして3と4の文は以下のように翻訳される。

3_{翻訳}　デイブはエネルギッシュに演技した。
4_{翻訳}　ジョンは朗らかに笑った。

ここで重要なのは、3_{翻訳}と4_{翻訳}のどちらも有意味であり、直観的には翻訳するまえの3と4の文と同じ意味をもつことである。

今度は1と2の文を同じ手順で翻訳してみよう。三段階の翻訳手続きを踏めば、以下の文が得られる。

$1_{翻訳}$　ルーシーは重く鞄する。
$2_{翻訳}$　ジョンは大きく帽子する。

$3_{翻訳}$ と $4_{翻訳}$ とは異なり、$1_{翻訳}$ と $2_{翻訳}$ は日本語として有意味な文ではないので、1と2の文と同じ意味をもちえない。

ここから次のことがわかる。**主語**-**形容詞**-**名詞**-**述語**の形式をもつ文のなかには、有意味性を失うことなく、またその意味を変えずに**主語**-**副詞**-**述語**の形式に翻訳できるものもある一方で、1と2のような文ではそれができない、ということである。

このように翻訳ができない場合、私たちは**実際**に、もとの文において指示される対象に存在論的にコミットしていることになる。

しかし、翻訳が**できる**場合は、そこで指示される対象に**実際**には存在論的にコミットしていない。それは単にゆるい言葉遣いでしかない。3と4のような文で私たちが実際にコミットしているのは、形容詞によって修飾されうる演技や笑顔のような対象ではなく、むしろ演技をするという出来事や笑うという出来事である。それらは副詞によって修飾されうる。

こうした点をふまえて、心的対象へのコミットメントを暗黙のうちに含んでいると考えられてきた以下のような文をみてみよう。

5　ポールはピンク色のセンスデータをみた。
6　ジュリーは三角形の残像をみた。

この二つの言明をそれぞれ翻訳してみると以下のようになる。

$5_{翻訳}$　ポールはピンク色に感覚した。

6_翻訳　ジュリーは三角形的に残像（＝感覚）した。

心的対象に反対する者は、5_翻訳 と 6_翻訳 がもとの文と同じ意味をもつと主張する。そしてこのことから、結局のところ最初の印象とは異なり、5と6の文において私たちは、怪しげな心的対象に実際にはコミットしていないと論じられる。むしろ当該の二つの文において私たちがコミットしているのは、ある仕方で主体が感覚しているということであり、3と4の場合と同様に出来事なのである。

3.1　副詞説

以上の考察は、心的対象を措定しない知覚理論の可能性を示すものとみなされてきた。**副詞説的な**知覚理論によれば、視覚経験とはセンスデータを感覚するという出来事ではなく、**特定の仕方で**感覚するという出来事である。

知覚理論としての副詞説は誤解を招きやすいものである。上記の翻訳に依拠した論証では、副詞説が実質のある知覚理論ではなく、言葉を使った巧妙なごまかしであるようにみえるかもしれない。副詞説の擁護者を自認するコーンマンが述べるように、「〔センスデータがもたらす〕問題を生じさせないように人工的な用語を単に考案するだけでは、その問題を解決も解消もしない」（Cornman 1971: 188）。しかしこれからみていくように、副詞説は人工的な用語以上のものを提案する。

ここでは人工的に思われる点には目をつぶろう。重要なのは、それぞれの翻訳にもち込まれる副詞はふつう使われないとはいえ、その基礎となる考えは、実際にはとてもなじみ深いということだ。赤い三角形を見る〔という例の〕かわりに、陽炎の向こうに木を見ているところを想像してみよう。このような場合では、私たちはぼやけた木を見ているのではなく（木はぼやけたものにはならない）、むしろその木を**ぼやけて**見ているのである。私たちが見ている対象は変化していない。私たちがその対象を見る**仕方**が変化しているのである。

以上の洞察がさまざまな場面で副詞説の核となる。たとえば、赤い対象を**見るとき**、副詞説論者によれば、私は赤い心的対象を感覚しているのではなく、**物的対象をある特定の仕方で**（赤く）感覚しているのである。初期の副詞説論者のデュカスが述べるように、「青を感覚することは**青く感覚することである**……つまり、青を感覚するとは、『感覚する』と呼ばれる作用に分類されるような活動の一種である」（Ducasse 1942: 232-233）。

　ところで、副詞説論者は共通要素原理を受け入れるという点ではセンスデータ説論者に同意する。共通要素原理とは以下のものであった。

　　（C）現象学的に区別不可能な知覚・幻覚・錯覚は共通の基礎的な心的状態をもつ。

　副詞説によれば、水に半分浸かった棒を見るとき、主体は折れ曲がった棒を感覚するのではなく、まっすぐの棒を**曲折的**に感覚する。あるいは、デュカスの例で考えるならば、赤色の照明のもとで白い対象をみているせいで、赤い対象をみていると錯覚している場合、ここでもその主体は赤く感覚している。しかしこの場合、**白い対象が赤く感覚されている**のである。

　赤い対象の幻覚に陥っている場合も赤く感覚していることを伴うが、幻覚の場合、感覚されているものは**何もない**。それでも主体は何らかの仕方で（つまり、赤く）感覚してはいるが、そうすることで感覚されている**対象は存在しない**のである。

　副詞説によると、〔知覚経験をもつことが〕**私にとってどのようなものであるのかは**、（対象が存在すらしないかもしれない以上）感覚される対象にかかわる事柄ではなく、むしろ私が感覚する**仕方**にかかわる事柄である。

　こうした理由から、副詞説は現象原理を**拒否**する。ここで退けられる現象原理とは以下のとおりであった。

　　（P）ある特定の感覚的性質をもつ何かが主体に感覚的に現われているなら

ば、当の性質を実際にもった、主体によって気づかれている何かが存在する。

　これまでみてきたように、錯覚と幻覚のどちらの場合でも、当の性質を実際にもった、主体によって気づかれている何かが**存在**していなくても、赤さという感覚的性質をもつ何かが主体に感覚的に現われうる。折れ曲がった棒の錯覚の場合に主体が気づいているのは、まっすぐで折れ曲がっていない対象だけである。そして赤い何かの幻覚に陥っている場合では、主体が気づいている対象などまったく**ない**。

　むしろ、何かが折れ曲がっているかのように、あるいは何かが赤色であるかのように主体に**感覚的**に**現われている**ことは、どちらも、感覚する**何か**によってではなく感覚する**仕方**によって説明される。つまり、ここでは、主体は**曲折的**にあるいは**赤く**感覚するのである。真正な知覚・幻覚・錯覚いずれの場合でも、主体はただ体験としては何らかの特色をもつ状態にあるだけなのである。

　したがって、副詞説では視覚経験は以下のように分析される。

　　主体 S が性質 F をみているときのような経験をもつのは、S が F 的に感覚するとき、かつそのときにかぎる。

　センスデータ説と同様に、これは視覚経験という**中立的な**カテゴリーの分析である。感覚するというエピソードが性質 F の**知覚**とみなされるためには、他の基準も満たさなければならない。この点については第 7 章で取りあげる。

3.2　副詞説と形而上学

　「ジョーンズは赤く感覚する」といった副詞説的に解釈された言明を考えてみよう。この言明を分析する方法としてはまず次の二つが考えられる。
　一つめの方法は、このような言明を、副詞的修飾句によって表現される本性をもつ出来事の存在にコミットするものとして分析することである。その分析

によれば、「ジョーンズは感覚する」は、ジョーンズが主体となる感覚するという出来事の存在にコミットし、「赤く」は**赤く**あるという性質（その性質が何であれ）を当の出来事に帰属させる *¹。

もう一つの方法では、「ジョーンズは赤く感覚する」は主語-述語形式の言明として扱われる。この分析によれば、「ジョーンズ」は主体を指示し、「赤く感覚する」が述語である。この述語は**赤く感覚する**という性質を主体ジョーンズに帰属させる役割をもつ。

もちろん、これらの分析はそれぞれさまざまな形而上学的コミットメントをもたらす。それゆえ、どちらか一方を支持する議論には形而上学的な考察が含まれる場合がある *²。しかし本章の目的を達成するためには、こういった分析をめぐる議論に寄り道したくない。むしろ、より広い形而上学的な争点に注目しよう。

少なくとも一部の副詞説論者は、この説によって心的対象だけではなく、より広くいっさいの**二元論的**な形而上学に対するコミットメントが回避されると考えていた。副詞説がめざしていたのは、物的一元論をとる形而上学と矛盾しないことである。しかし、つい最近になって、副詞説は心の哲学から提起された**クオリア説**（*qualia theory*）と密接に結びつけられるようになっている（Crane 2000）。クオリア説自体はある種の二元論にコミットすると論じられてきたものである（e.g. Chalmers 1996）。それゆえ、この点については少しだけ検討しておこう。

「ジョーンズは赤いセンスデータを感覚している」というセンスデータ説の言明をふたたび考えてみよう。これまでみてきたように、この言明は、感覚的性質（現象的ないし感覚的な赤さ）を心的対象に帰属させると同時に、ジョーンズがその心的対象に対して感覚するという関係にあると述べている。このようにして、センスデータ説は、ジョーンズにとって経験がなぜそのようであるのかを説明する。つまり、ジョーンズが赤さを経験するのは、現象的な赤さを例化するセンスデータに彼が気づいているからである。

以上のことをふまえると、副詞説的に読みかえられた言明「ジョーンズは赤

く感覚する」の自然な解釈では、感覚的な出来事が選びだされると同時に、「赤く」という語によって表される性質が当の出来事に帰属させられることになる。このようにセンスデータ説とまったく同じ仕方で考えるならば、ここで示された性質もまた現象的あるいは質的な性質とするのがもっとも自然な解釈である。つまり、その性質はジョーンズにとって経験がなぜそのようであるのかを説明する性質となる。こうした自然な解釈によれば、クオリア説論者と同様に、副詞説論者も「経験において感覚される性質が経験それ自体のあり方であると考える」（Crane 2000: 177）。

　クレインの引用からもわかるように、クオリア説論者によれば、経験において感覚される性質（本書の用語では、経験がもつ**現前的性格**の構成要素）は経験の性質であり、つまり**クオリア**である*3。さらに、この性質こそが、ある経験をもつことがどのようなことであるのかに基づいて当の経験のタイプを決めるものでもある。それゆえ、クオリア説では、現象的性格と現前的性格が一致しているのである。

　しかし、副詞説的な出来事分析を支持するジェームズ・コーンマンによれば、「赤く」のような語が「このような質的性質を出来事に帰属させる機能」をもつとは考えられない。彼によると、そういった語は「個々の出来事をより精密に特定する機能」をもつ（Cornman 1971: 271）。別のところで、彼は次のように主張していたと伝えられている。「『赤く』は種的ではない性質を出来事に帰属させないし、出来事が生起する仕方を構成する性質も帰属させない……　むしろ、『赤く』はジョンが感覚することを**内的に分類する**ためにしか使われない」（Elugardo 1982: 36）

　以上の制限をつけるかぎりで、コーンマンは〔かつての〕マイケル・タイのような副詞説論者に賛同する。タイは、副詞説的な言明を主語-述語形式をもつ言明として分析するほうを選ぶ。彼によれば、「『赤く感覚している』という述語が……　実際に意味するのは、『赤という質的性格をもって感覚している』ということである。ここでの『赤』には、比較的ふつうの原因を含意するような記述が隠されている」（Tye 1984: 204-205）。

要するに、コーンマンとタイによれば、「赤く」や「赤という質的性格」といった語は、還元不可能な特別な現象的性質を主体や出来事に帰属させるものではなく、むしろ「トピック中立的なもの」（Smart 1959）としてとらえるべきである。つまり、「自分の感覚についてギリシャ人農夫が語っていることは、二元論的な形而上学と物的一元論をとる形而上学のどちらに対しても中立的である」（Smart 1959: 150）という意味で理解すべきである。そのためスマートによれば、感覚することが「赤という質的性格」をもっているとか、「赤く感覚すること」であると述べる場合、そこでは次のようなことだけが意味されている。すなわち、赤く感覚することは、赤い対象（光など）が視覚的に提示される場合にふつう生じるような感覚するという出来事である。ここで「赤い」とは通常の意味で使われている。

このようにして、副詞説論者は、本書において**現象的性格**と呼んできたものを経験がもつことを認めるだろう（現象的性格とはある経験をもつことがどのようなことであるのかに基づいて当の経験のタイプを決める性質である）。たとえば、副詞説論者によると、赤い対象についての知覚をもつことがどのようなことであるのかに基づいて当の経験のタイプを決める性質とは、**赤く感覚するという出来事である**という性質である。そして、もちろんこの性質は、赤い対象（光など）が視覚的に提示される場合にふつう生起するような感覚的出来事であるという性質として理解される＊4。

副詞説的な言明をこのように解釈する動機は、脳内の出来事と感覚的出来事を同一視する物的一元論にあり、この立場にとって問題となる性質を感覚的出来事に帰属させないようにすることである。このように解釈すれば、赤い対象が視覚的に提示される場合にふつう生じるような感覚するという出来事は、脳内の出来事と同一視できる。このようにして、センスデータ説に反対し、物的一元論をとる形而上学と両立する代替案を提出しようとした副詞説論者もいた。

しかしたとえ副詞説がクオリアの存在にコミットしない仕方で解釈できるとしても、つぎの点には注意しなければならない。すなわち、副詞説はクオリア説の中心的な考えがもつ可能性を強調するために実際に役立つ、ということで

ある。それは作用 - 対象の形式のような、何かと何かの関係という形式をもたない視覚経験の理論を展開する見込みである。

3.3 複数性質問題

つぎに副詞説への反論をいくつか検討しよう。これまで論じてきたのは、「ジョーンズは赤く感覚する」という単純な形式をもつ副詞説的な言明であった。しかしジャクソンは以下のように指摘する。

> 私たちが残像について語る際、その趣旨はあるイメージが赤であるとか、四角であるとか、そういったことだけではない。そこには、あるイメージが赤であり、**かつ**四角であり、**かつ**…… である、ということも含まれる。副詞説［の問題］は残像が複数の性質をもつという点にある。この問題を複数性質問題と呼ぶ。　　　　　　　　　　　　　（Jackson 1975: 129）

副詞説に基づいて、次の言明を分析してみよう。ジョーンズは赤くて四角い残像を経験している（ジョーンズは赤くて四角いセンスデータを感覚している）。これをどのように分析したらいいのか。

F 的に、かつ G 的に感覚すること（Sensing F-ly and G-ly）
もっとも明快な分析では単純に次のように述べられる。赤くて四角いセンスデータを感覚することは、赤くかつ四角く感覚することである。こうして以下の連言的な分析原理があたえられる。

> 「X は F、G、等々の性質をもつセンスデータを感覚する」は、「X は F 的にかつ G 的にかつ等々の仕方で感覚する」と分析されうる。

したがって、「ジョーンズは赤くて四角い残像を経験している」は、「ジョーンズは赤くかつ四角く経験している」と分析されることになる。

この分析の利点は、「私は赤くて四角い残像をみる」が「私は赤い残像をみる」と「私は四角い残像をみる」を含意することを説明できることである。〔しかし〕以下の問題が生じる。

次の二つの残像経験には顕著な違いがある。

7　赤くて四角い残像と緑で円い残像を同時にみていること。
8　赤くて円い残像と緑で四角い残像を同時にみていること。

連言的な分析原理にしたがって、上記の経験を副詞説的に翻訳すれば以下のようになる。

7 翻訳　赤くかつ四角にかつ緑にかつ円く感覚すること。
8 翻訳　赤くかつ円くかつ緑にかつ四角く感覚すること。

この二つの翻訳は同値である。したがって、連言的な定式化は上記の二つの経験の違いを説明できないように思われる。

この点については、以下の二つの文とそれぞれに対応するように思われる翻訳を検討すればはっきりする。

9　ジョーンズは赤くて円い残像と緑で四角い残像をみる。
9 翻訳　ジョーンズは赤くかつ円くかつ緑にかつ四角く感覚する。

10　ジョーンズは赤くて四角い残像をみる。
10 翻訳　ジョーンズは赤くかつ四角く感覚する。

9$_{翻訳}$は10$_{翻訳}$を含意するが、9は10を含意しない。含意関係がうまく引き継げていない以上、上記の二つの翻訳は実際には失敗していることになる。

F的にG的に感覚すること（Sensing F-ly G-ly）

複数性質問題に対する別の対処法は、以下の文がもつ曖昧さによって示唆される。

11　デイヴは見事に派手に歌った。

以上の文は、どちらの副詞も動詞を修飾する連言として解釈することができる（デイヴは見事に歌い、かつ派手に歌った）。

しかし別の解釈では、「見事に」が動詞ではなく副詞を修飾しているとみなす（歌うこと自体ではなく、デイヴの歌声の音量こそが見事なのである）。

この考えでは、副詞説的な分析原理は（どちらの副詞も動詞を修飾する）連言的なものである必要はなく、むしろ累積的なものである。つまり、最初に現れる副詞は後続する副詞を修飾する。したがって、分析原理は以下のようになる。

「XはF、G、等々の性質をもつセンスデータを感覚する」は、「XはF的にG的に等々の仕方で感覚する」と分析されうる。

それゆえ、ジョーンズが赤くて四角い残像をみたと述べる場合は以下のように分析すべきである。

ジョーンズは赤く四角く感覚した。

この両方の副詞が「感覚した」を修飾しているとみなすのではなく（つまり、感覚の仕方であるとみなすのではなく）、一方の副詞は動詞を修飾するが、他方の副詞はそのもう一方の副詞を修飾するとみなされるのである。

以上のことから第一の問題が生じる。すなわち、どのようにして、動詞を修飾する副詞と、副詞自体を修飾する副詞を恣意的ではない仕方で決めるのだろうか。この問いに対して、決まった仕方で答えるための原理的な根拠はないように思われる。

たとえこの問題に答えられたとしても、別の問題に直面する。「四角く」が「感覚すること」を修飾し、「赤く」は「四角く」を修飾すると決めたとしてみよう。すると、「ジョーンズは赤く感覚した」と「ジョーンズは赤く四角く感覚した」において、「赤く」が意味するものは**異なる**。しかし「ジョーンズは赤い残像をみた」と「ジョーンズは赤くて四角い残像をみた」において、「赤い」が意味するのは**同じ**である。このことから、またも副詞的分析では、もとの文と同値になる翻訳をつくり損ねていることになる。

この点を理解するための別の方法は含意関係をみることである。「ジョーンズは赤くて四角い残像をみた」が**含意する**ことは、ジョーンズは赤い残像をみたということである。しかし「ジョーンズは赤く四角く感覚する」は、ジョーンズが赤く感覚する、**ということを含意しない**。これを理解するために、(累積的分析においては)「デイヴは見事に派手に歌った」は、デイブが見事に歌ったことを含意しないことに注目しよう。彼の歌声は見事に派手であったかもしれないが、それ以外は平凡であったかもしれない。

FG 的に感覚すること (Sensing FG-ly)

ジャクソンによれば、複数性質問題の解決をはかる最後の手段は以下のとおりである。

> 「X は F、G、等々のセンスデータを感覚する」は、「X は FG (等々) 的に感覚する」と分析されうる。

ここで「FG 的に」によって名指されるのは、**単純な (基礎的) 感覚モード**であり、意味論的な構成要素を組み合わせてつくられる複合的で派生的な感覚モー

3.3 複数性質問題

ドではない。

それゆえ、「ジョーンズは赤くて四角い残像をみた」という主張は、むしろ「ジョーンズは赤-四角く感覚した」と分析すべきである。

この提案に対するジャクソンの反論は以下のとおりである。

> この考えによると、赤くて四角い残像をみる場合と、赤くて円い残像をみる場合で、両者に共通の特徴に気づくならば、その主体は明らかな誤りを犯している［と解釈しなければならない］。赤く四角い残像をみる場合は、赤-四角く感覚しており、赤くて円い残像をみる場合は、赤-円く感覚をしている。両者はまったく異なる。しかし、両者に共通の特徴を見いだすことは明らかな間違いなどではなく、明白な真実を捉えているようにみえる。
> (Jackson 1975: 133)

さらに問題になるのは、残像が別の性質（たとえば、曖昧さや明瞭さ）も同様にもつということである。しかし、赤くて四角い曖昧な残像をみるならば、それは赤-四角-曖昧に感覚していると分析されるので、赤-四角く感覚することは、残念ながら基礎的な感覚モードではない。

ジャクソンによれば、基礎的レベルの副詞説的な分析が n 個の構成素をもつならば（つまり、F_1-F_2-……-F_n 的に感覚するならば）、n + 1 個目の構成素をさらに示すことができるので、副詞説論者は「基礎的な感覚モードの事例を一つも示すことができず、それゆえ、分析を完成させることができない」(Jackson 1975: 133)。

FG 的な仕方で感覚をすること（Sensing of-an-F-G-ly）

しかし、タイ (Tye 1975) はセラーズ (Sellars 1975) にならって、ジャクソンが大事な点を見過ごしていることを批判する。タイとセラーズによれば、副詞説的に正しい解釈は、以下の 12 から 13 のように文法的な組み替えをおこなうことで達成される。

12　ジョンは赤い四角の感覚をもつ。
　　（John has a sensation of a red square）
13　ジョンは赤い-四角い感覚をもつ。
　　（John has an of-a-red-square sensation）

13における「赤い-四角い of-a-red-square」という句が名詞「感覚 sensation」を修飾する形容詞句の働きをしていることに注目しよう。すると、以下の14あるいは15のように副詞説的な組み替えができる。

14　ジョンは赤い-四角く感覚する。
　　（John senses of-a-red-square-ly）
15　ジョンは赤い-四角い仕方で感覚する。
　　（John senses in an of-a-red-square manner）

さらにタイによれば、このアプローチでは、「それぞれの感覚する仕方は、『対応する』物理的対象同士の類似や差異に体系的に一致している。つまり、通常の場合は感覚の原因が互いに似たり異なったりするものとして考えられる」（Tye 1975 :139）。したがって、「赤い-四角い仕方で」という句のなかに現れる「赤」や「四角」という語の意味は、それらが通常の物体に適用された場合にもつ意味「から派生し、またそれと類比的である」（Tye 1975: 140）。それゆえ、感覚同士に成り立つようにみえる関係は、物体同士に成り立つ関係に対応している。つまり、赤くて円い**対象**と赤くて四角い対象の類似性こそが、赤く円く**感覚すること**と赤く四角く**感覚すること**の類似性を説明するのである。したがって、この分析によれば、副詞説では基礎的な感覚様態を示すことができないというジャクソンの主張に対して、「赤」や「四角」を**実際の構成要素**とみなす方法を提示することで反論したことになる*5。

3.4 両立不可能な性質に基づく反論

しかし、さらなる反論は次の事実に注目する。**対象**について考えてみよう。その場合、対象はある性質とその補集合に属する性質（つまり、それと正反対の性質）を同時には例化できない。たとえば、ある対象が赤という性質と赤ではない性質（たとえば、青）を同時にもつことはできない。あるいは熱さと冷たさや、大きいと小さい等々も同様である。

行為の場合も同じだろう。「任意の時点で主体はF的にかつ非F的に行為することは不可能である。私は気軽に下手くそに歌うことはできるが、同じ時点で上手にかつ下手に歌うことはできない。私はすばやく走ることができるが、すばやくかつゆっくりと走ることはできない、等々」（Jackson 1977: 69）。

しかし、感覚することに関しては、同じ時点でF的にかつ非F的に感覚できることは明らかであるように思われる。つまり「私は赤い残像と緑の残像を同時にみることもできる」（Jackson 1977: 69）。

このことをどのように説明できるのだろうか。ジャクソンによれば、「任意の時点でF的にかつ非F的に行為することはできない。唯一もっともらしい回答は、AについてはF的に行為し、Bについては非F的に行為しうると説明することである。たとえば、協奏曲を聴いているときに、弦楽器のパートは楽しく聴くことができ、ピアノのパートは不満げに聴くことができる」（Jackson 1977: 69）。

たしかに、知覚の場合もこのように理解できるかもしれない（［たとえば］ビリヤードの突き玉に関しては白く感覚しているが、的玉に関しては赤く感覚している）。だが、幻覚の場合はどのように理解すればよいのだろうか。この場合、F的に感覚されることを適切にする物体は存在しないのである。もしこのような対象が幻覚を説明するために必要であるならば、「［それは］作用‐対象説［センスデータ説］が提案する心的対象しかないだろう」（Jackson 1977: 69）。

タイによれば、以上の問題は、同じ時点に存続する複数の**異なる**感覚作用が

存在することを認めることで解決できる。この応答によって、同一の人物が同時に二つの視覚的な感覚作用の主体になりうるかどうかという疑念をもたらすが、タイによると、それは主体が二ヵ所同時に殴られること、あるいは同時に二つの痛みを感じることと同様に変なことではない。彼によれば、「結局のところ、視覚的な感覚をもつことは……（主体が意識的に為すものであるよりも）適切な刺激が与えられると主体に生じる何かである」（Tye 1984:207）*6。

3.5 副詞説と二つの帽子

現象学の帽子

副詞説はもともとセンスデータ説への反論として提示されていた。にもかかわらず、センスデータ説と同様に現象学を適切に捉えきれないという問題に直面すると考える人がいるかもしれない。たとえば、光・色・その配列についてのセンスデータ的な語りでは、主体にとってその経験をもつことがどのようなことであるのかを捉えられないのならば、〔それを副詞的に翻訳して〕光的に・色的に・配列的に感覚することについて語ることでも、その経験をもつことがどのようなことであるのか捉えられないように思われる。

しかしこの反論は、副詞説的な翻訳に訴える理論の眼目を見落としている。このような翻訳ができることを副詞説が強調する理由は、センスデータによって語られるものはどれも、そのような対象にコミットしないで語ることができる、ということを示すためである。センスデータ説論者とは異なり、副詞説論者は、どの経験の現象学も単純に捉えうるという主張を引き受ける必要はない。

副詞説がより複雑な経験の現象学をどのように扱うべきなのかを検討するために、（第2章でとりあげた）次の例を考えてみよう。黒くて細いニレの枝の隙間から赤い夕陽を見ていること、まだら模様の鹿の一群が青々と茂る芝生を食べているのを見ていること、等々といったストローソンが提示した例を、タイのアプローチではどのように扱うべきなのか。

タイは、この事例を以下の14_ストローソン や 15_ストローソン のように捉えて翻訳

することになるだろう。

14ₛₜᵣₐwₛₒₙ 主体 S は、黒い-かつ-細い-ニレの-枝の-隙間-から-赤い-夕陽-かつ-まだら模様の-鹿-の-群れが-青々と-茂る-芝生-を食べている- 的に感覚する。(Subject S senses of-the-red-light-of-the-setting-sun-filtering-through-the-black-and-thickly-clustered-branches-of-the-elms-and-the-dappled-deer-grazing-in-groups-on-the-vivid-green-grass-ly.)

15ₛₜᵣₐwₛₒₙ 主体 S は、黒い-かつ-細い-ニレ-の-枝-の-隙間-から-赤い-夕陽-かつ-まだら模様-の-鹿-の-群れ-が-青々と-茂る-芝生-を食べている仕方で感覚する。(Subject S senses in an of-the-red-light-of-the-setting-sun-filtering-through-the-black-and-thickly-clustered-branches-of-the-elms-and-the-dappled-deer-grazing-in-groups-on-the-vivid-green-grass manner.)

　以上の翻訳は、主体 S にとって当該の経験をもつとはどのようなことであるのかをとても正確に報告しているようにみえる。そして、主体が知覚していようと幻覚に陥っていようと真でありうる報告だという点にも注目してほしい。
　しかしこの種の翻訳が成功していても、（これから確認する）クオリアについての解釈が提示されないかぎり、上記の翻訳はトピック中立的な仕方で理解されるという点に注意しなければならない。言い換えると、当該の言明は、黒くて細いニレの枝の隙間から射す夕陽の赤い光と、青々と茂る芝生を食べているまだら模様の鹿の群れによってふつう引き起こされるような仕方で、主体が感覚しているという主張として理解されるべきである。この点をはっきりさせると、当の心的状態が現にあるような現象学をもっていることに対してタイのアプローチは実際に説明を与えているのか、それともこのアプローチはそうした現象学があることを単に認めているだけなのか、ということが問題になるだろう。
　とりわけ思い起こしてほしいのは、センスデータ説論者がつぎの点を強調し

ていたことである。すなわち、上記の経験がもつ現象学を適切に扱うためには、どうして赤さや青々とした緑さに気づくのかを説明しなくてはならない（共通要素原理を前提にするので、もちろんこの経験は赤い光や青々と茂る芝生などが存在しなくても生じる）。そこで、センスデータ説論者は現象原理に訴える。すなわち、赤さや青々とした緑さに私たちが気づくのは、そういった性質を例化している対象に気づいているからだと答えるのである。これに代わる説明を副詞説論者はあたえることができるのだろうか。夕陽（等々）の赤い光によってふつう引き起こされるような感覚がそういった光なしにも生じうるとすれば、赤さや青々した緑の感覚的な現われを説明するものは何でだろうか。（少なくともクオリア説論者ではない）副詞説論者は、その説明をあたえることができないように思われる。そのかわりとして、夕陽（等々）の赤い光によって引き起こされるような感覚が現にあるような現象学をもつということが、そのような感覚についての根拠なく受け入れざるをえない事実と主張しなければならないように思われる。

　副詞説のクオリア的な解釈を副詞説論者が**実際**に提示する場合、当然、クオリア説に対する反論が副詞説に提起されるだろう。たとえば、視覚経験は**透明**（*transparent* or *diaphonous*）であるという反論が提起される。クオリア説論者によれば、私たちが内観をするときに気づいているのは、**私たちの経験**についての性質である。しかし経験が透明であるという主張によれば、それは誤りである。経験が透明であるということは、経験を内観することによって見出されるものが、経験自体の性質ではなく経験の対象がもつ性質であるということである。ハーマンによれば以下のとおりである。

　　あなたが木を見るとき、いかなる特徴も、あなたの経験の内在的特徴として経験することはない。木を眺めて、視覚経験の内在的特徴に注意を向けようとしてみるとよい。そのときに注意を向けることができるのは、「ここから見た」木の関係的特徴を含む、提示された木の特徴だけに違いない。

（Harman 1990: 39）

これは現象学的な観察であるとみなされる。この観察によれば、視覚経験を内観するときに私たちが見いだすものは、外界の対象がもつ特徴だけである。もし経験が透明であるということが正しいならば、内観によって私たちが気づくものを**経験**の性質とみなす理論にとって、この観察は現象学的な問題として提起される。

こういった懸念のほかに、バッチバロフによれば、どの種類の副詞説も「知覚的意識についてのもっとも自明で本質的でもある現象学的事実をうまく説明することができない……　つまり、知覚意識の志向性、知覚意識が対象に向けられていることを説明できていないのである」（Butchvarov 1980: 272）。この点を説明するために、彼は次のことに注意を向ける。すなわち、副詞説に従えば、知覚が成功している場合も「それが意識的な経験となるのは、そこに含まれる感覚するという状態のおかげである」（Butchvarov 1980: 273）、ということだ。そして副詞説では、感覚するという状態そのものはそれ自体では対象に向けられていないことも指摘される。彼によれば、以上のことから「［感覚的な状態］を対象に向かうようにするものが、その状態を意識的な経験にするものではないことになる。［しかしこのことは］知覚の志向性についてのテーゼの眼目に反する」（Butchvarov 1980: 273）。

認識論の帽子

一見したところ、認識論的な面では副詞説はセンスデータ説よりも優位であるように思われる。その理由は、副詞説では外界にある実在の対象とのかかわりを「邪魔する」媒介的な気づきの対象がないからである。

すでに確認したように、センスデータ説によれば、外界の対象について真正な経験をもつとき、私たちは**別**の対象（センスデータ）に気づくことによって、そういった外界の対象に間接的に気づいている。

他方で、副詞説論者はこのように主張する必要はない。副詞説に従えば、世界のなかにある対象についての経験をもつとき、ある特定の仕方で感覚することで私たちは**当の対象そのもの**に気づいているのである。それゆえ、副詞説は

物的対象に**直接的**に気づくことを認めうるので、**直接**実在論という呼び名を要求する。

しかしこの主張には異議が唱えられてきた。先ほどの現象学的反論に続けて、バッチバロフは次のように論じる。すなわち、対象「x が、ある仕方で S が感覚することに因果的に関連するというだけで、S が x についての意識をもつようには思えない。このことは、空気中の一酸化炭素が S の頭痛に因果的に関連することによって、S が一酸化炭素についての意識をもつとみなすのと同様にもっともらしくない」（Butchvarov 1980: 273）、ということである。言い換えると、バッチバロフによれば、たとえ対象によって適切に引き起こされた最良の事例においても、ある仕方で S が感覚することは、当の対象について**意識を**もつことにはなりえない。以上のことから、副詞説が、外界についての気づきを「直接的なもの」にしうる理論なのかどうかは疑わしい。

さらなる懸念は次のとおりである。経験的知識がどのように正当化されるのかという認識論的な問いに関して、副詞説がセンスデータ説よりも有利な立場にいるかは定かではない。

純粋なセンスデータ説と同様に、純粋な副詞説は表象原理を拒否する。つまり、純粋な副詞説によれば、視覚経験は、ある適切な種類の仕方で感覚する**以上の何ものでもない**。古典的なセンスデータ説と同様に、どのようにして、こうした経験（世界と相関することなく生じうる経験）をもつことで世界についての何ごとかを**知る**ことになるのかを理解するのは難しい。基礎づけ主義的な認識論を手放さない場合、私たち自身の感覚状態についての正当化された信念から世界についての信念にどのように**移行する**のかということは、センスデータ説だけではなく副詞説でも問題になる。

センスデータ説の場合と同じように、表象原理を認めることで別種の副詞説も展開できるだろう。この点については、読者のための練習問題にしておこう。

問題

- さまざまな要素が含まれた光景を見ている際にふつう私たちが享受するような豊かな視覚経験について、その経験をもつとはどのようなことであるのかを副詞説論者はうまく説明できるのか。
- 副詞説的見解に表象原理を加えることで、どのような種類の「混合的な」知覚理論が考えられるのか。この点については、ヒントを得るためにセンサリーコア説とパーセプト説を振り返って考えてみよう。
- 認識論の帽子をうまくかぶることに関して、副詞説はセンスデータ説よりよい立場にあるのか。混合的な理論はよりうまくいくのか。

読書案内

本章で展開した副詞説に対する反論の重要な要素のほとんどは、フランク・ジャクソンが Metaphilosophy に掲載した "On Adverbial Analysis of Visual Experience"（Jackson 1975）のなかで提示されている。この論文に対する副詞説側からの反論としては、マイケル・タイの "The Adverbial Theory: A Defence of Sellars against Jackson"（Tye 1975）とウィルフレッド・セラーズの "The Adverbial Theory of the Objects of Sensation"（Sellars 1975）が挙げられる。

The Philosophical Review に掲載された論文 "The Adverbial Approach to Visual Experience"（Tye 1984）で、タイは、副詞説的な言明の主語-述語分析と出来事分析についての有用な議論を提示している。

パナヨット・バッチバロフの論文 "Adverbial Theories of Consciousness"（Buchvarov 1980）では、副詞説に対して、現象学に基づくさまざまな反論が提示されている。

ティム・クレインの論文 "Origin of Qualia"（Crane 2000）は、副詞説とクオリア説の関連を論じている。

ウィルフレッド・セラーズの古典的な論文『経験論と心の哲学』（Sellers 1956）

はセンスデータ説に対する反論と、適切な認識論を構築する複雑かつ詳細な試みがなされている（すでにみてきたように、セラーズは副詞説をとっているが、この論文では副詞説自体は論じられてはいない）。ポール・コーツは著作 *The Metaphysics of Perception*（Coates 2007）のなかで、セラーズから着想をえた知覚の副詞説を擁護している。

より最近の論文でも、ユライア・クリーゲルの "Intentional Inexistence and Phenomenal Intentionality"（Kriegel 2007）や "The Dispensability of [Merely] Intentional Objects"（Kriegel 2008）と、アラン・トーマスの "An Adverbial Theory of Consciousness"（Thomas 2003）が副詞説を擁護している。

注

＊1　さらに踏み込んだ出来事の分析はデイヴィドソンのもの（Davidson 1980）が有名である。それによれば、「感覚していること」と「ジョーンズがもっていること」の両方が、なまの出来事個体を述語づける。出来事についての形而上学的分析は他にもあるが、本論で論じなければならないものではない。それゆえ、ここでは出来事分析のもっとも単純な理解を堅持しよう。

＊2　タイ（Tye 1984）によれば、主語 - 述語分析は出来事分析よりも望ましい。というのも、彼によると、出来事分析はセンスデータ説論者が直面する形而上学的問題に類似した問題を抱えるからである。たとえば、タイは、出来事分析が次の状況を説明できないのではないかと疑う。「私は遠くにいる虎を見ており、その虎は（確定的ではないが）多数の縞をもっているように私にはみえる。どれくらい多くの数の感覚を私はもっているのだろうか。それぞれの表面の縞ごとに感覚をもつのだろうか。だが私が気づいているかぎりでは、表面の縞の数は確定的ではない」（Tye 1984: 208-209）。しかしながら、出来事の副詞説論者は、私が未確定的な-数の-縞的な仕方で感覚している、と答えることができるように思える。

＊3　「クオリア（Qualia）」は複数形であり、その単数形はクオーレイ（quale）である。

＊4　この種の副詞説において経験の**現前的**性格とは何であるか。これは扱いにくい

問いである。以前に指摘したとおり、副詞説論者は、知覚の場合、**赤**性質を赤く感覚し、錯覚の場合は**白**を赤く感覚し、幻覚の場合、**何もないところ**で赤く感覚している、と主張できる。おそらく現前的性格は感覚される**何か**と同一視できる。そうすると、(現前的性格が赤さという外的性質を含む) 知覚の事例には適切な帰結をもたらす一方で、錯覚の場合は奇妙な結論に至る。つまり、白いものを赤いものとして誤知覚する場合、私たちが直接的に気づいているのは、白さであることになる。だが、こうした考えは完全に間違っているように思われる。それゆえ、(共通要素原理を受け入れることをふまえた場合) 最小限の幻覚事例から推定して、厳密に言えば、赤く感覚するという副詞的な経験は現前的性格をもたないと主張しなければならないかもしれない。これもまた奇妙な結論であるように思われる。

＊5 たんに副詞的な翻訳を行うだけでなく、積極的に副詞説を構築しようする場合、こういった考察はどのような影響を及ぼすのだろうか。タイが指摘するとおり、副詞的な語をトピック中立的に解釈する者は、これらの考察が論点を取り損ねていると考える傾向にある。その論点は、緑の-三角形-の傍らの-赤い-四角的というような複雑な語でさえも、このような感覚エピソードの通常の原因を指し示している、ということである。しかし以上の考察は副詞説のクオリア解釈にさらなる争点をもたらす。というのも、経験をその構成素である複数のクオリアに分解すると、どうして赤のクオーレイは四角のクオーレイと一緒に分解され、緑のクオーレイは三角形のクオーレイと一緒に分解されることになるのかという問いが提起されるからである。

＊6 感覚作用が受動的かどうかについては大きく意見がわかれることに注意しよう。たとえば、アルヴァ・ノエの『知覚のなかの行為』(Noë 2004 : 1) では次の基礎的な考えを支持する大掛かりな議論を提示している。すなわち「知覚することはある種の行為である。知覚は私たちのなかに、あるいは私たちのうちに生じる何かではない。それは私たちの為すことである」。

第4章
信念獲得説

> **あらまし**
>
> 信念獲得説（信念論として知られてもいる）は、視覚経験が信念の獲得にすぎないと論じる。ここでは、この主張を説明し吟味したのちに、いくつかの批判的考察をとりあげることにする。
>
> そこには以下の四つの反論が含まれる。知覚は信念が獲得されないときにも生じうる。この理論では、動物や子どもが知覚者になることを許容できない。新しい概念を獲得する私たちの能力を説明できない。盲視と呼ばれる現象によって反証される。

共通要素原理	☑
現象原理	☒
表象原理	☑

　センスデータ説と副詞説に対する代替的なアプローチは、以下のような事実に注目する。知覚経験に関していえば、進化論的な観点からみて**重要**なのは、その経験が与える世界についての情報の本性である。アームストロングが述べるように、「知覚の生物学的な機能は、自分の身体と物理的環境の現時点での状態に関する情報を当の生物に与えることであり、その情報は、その生物の生命活動を手助けするものである」（Armstrong 1968: 209）。

言い換えると、私たちが知覚的システムをもつまさにその理由は、私たちがうまく生きていかなければならない環境についての知識を獲得するためである（さしあたり、生物〔自身の〕の身体状態の知覚については無視する）*1。

非常に影響力のある**知識**の哲学的理論によると、x ということを知ることには、少なくともその一部分として、x ということを信じることと x が事実であること（すなわち、真であること）が含まれている *2。

> これが知覚の本性を理解するためのもっとも重要な手がかりである。そこから以下の見解が導かれる。すなわち、知覚とは、生物の身体やその環境の現時点の状態に関する真あるいは偽の信念を獲得することに他ならない。……真正な知覚とは真なる信念を獲得することであり、感覚的錯覚とは偽なる信念を獲得することである。　　　　　　　　　　（Armstrong 1968: 209）

この引用が示しているように、信念獲得説の支持者は共通要素原理を**受け入れる**（アームストロングは、もっと前の著作で、真正な事例と真正でない事例のあいだの類似点を「錯覚論法が正当に要請する類似点」［Armstrong 1961: 83］と呼ぶ）。これを前提にして、信念獲得説論者は、現象学的に区別不可能な視覚経験は基礎的な心的状態を共有していると考える。

信念獲得説が表象原理を受け入れるのか拒絶するのかはおもしろい問いである。ある意味では、知覚するという出来事は信念を獲得するという出来事であり、その**出来事**は志向性を所有しない。しかしながら、獲得されるものは志向性をたしかに所有する。それなので、ある明確な意味で、信念獲得説において知覚は志向的であるとみなすことが**できる**。アームストロングが述べるように、「知覚の志向性は獲得された信念の志向性に還元される」（Armstrong 1968: 211）ということにすぎないのである。

現象原理についてはどうだろうか。その原理は以下のようなものであった。

(P) ある特定の感覚的性質をもつ何かが主体に感覚的に現われているならば、

当の性質を実際にもった、主体によって気づかれている何かが存在する。

もし私たちが、現象原理の前件が良いケース（真正な知覚経験）と悪いケース（幻覚）*3 の両方において満たされうるということを受け入れるのならば（つまり、錯覚や幻覚の場合にある特定の可感的性質をもつ何かが感覚的に現われていることを受け入れるのならば）、そのときには、知覚は信念の獲得に他ならないという主張は現象原理の拒否を含意するようにみえる。幻覚とは、特定の可感的性質をもつ何かが感覚的に現われているにもかかわらず、実際にはその何かが存在しないような事例となる。そのような場合、センスデータ説の擁護者が措定した「直接的に把握される非物理的対象というものは、単に、私は何かを見ているという私の信念によって生み出された幻影なのである」（Armstrong 1961: 84）。

4.1 信念の獲得としての知覚

知覚と錯覚（さらには幻覚も）が信念の獲得を含むというアームストロングの主張と、知覚と幻覚が区別不可能な場合には同じ心的状態が生じるという主張を共に考慮に入れよう。そうすると、視覚経験という中立的なカテゴリーに関する信念獲得説の分析の第一歩は以下のようになる。

> 主体Sが性質Fを見ているときのような視覚経験をもつのは、あるものがFであるという信念をSが獲得するとき、かつそのときにかぎる*4。

上のアームストロングからの引用に示されているように、もしこの信念が真であるならば、そのことによって、その主体はあるものがFであるのを見ていることになる。もしその信念が偽であるならば、その主体は錯覚（あるいは幻覚）に陥っていることになる。

この理論を扱ううえで重要なのは、知覚とは信じることだと主張しているのではないということをはっきりさせておくことである。むしろ、この理論の鍵

となるのは、知覚とは信念を**獲得することである**という主張だ。ふつう、主体がある信念をもつということは、**現に生じている心的出来事**（そのときに主体の心のなかで生じている何か）があるということを含意しない。たとえあること（たとえば、犬は哺乳類である、など）を実際には考えていないときでさえ、たとえば何か別のことを考えているときや眠っているときですら、私たちはそのことを信じ続けている。しかし、何かを知覚することは現に生じている心的現象である。そういうわけで次のことに気づくのが重要である。すなわち、この分析は、知覚とは信じること（それは意識的ではない傾向的状態かもしれない）であると述べているのではなく、**信念を獲得する**ことだと述べているのである。特定の信念を獲得することは**ある特定の時点において**生じる何かである。したがって、それが現に生じている心的現象であるというのはもっともらしい。

しかしながら、このように明確にされたとしても、この説は明白な問題に直面する（これが、上の分析が「第一歩」だと私が述べた理由である）。目を閉じている**あなた**に猫がマットのうえにいると私が**伝えた**としよう。あなたは私を信用し、それゆえ猫がマットの上にいるという**信念**を獲得する。しかし、あなたはマットの上にいる猫を**見ていない**。このことは、知覚が信念の獲得であるというシンプルな主張に補強が必要であることを示している。

アームストロング自身はこの点について多くを述べていない。彼は「**感覚器官**（*senses*）**によって**」という条件を上の分析に付け加えてはどうかと考えているが、しかし、もちろんこれでは問題は解決されない。私が猫はマットの上にいると伝えるとき、あなたはその信念を感覚器官によって獲得する——あなたは私が話しているのを**聞く**。だがやはり、このことはあなたがマットの上の猫を**見ている**ということを意味しない。

しかしながら、ピッチャーはこの問題をより掘り下げて論じている（Pitcher 1971）。彼がまず試みるのは、知覚に関連する信念はその信念に**関連する感覚器官の使用**を通じて獲得されたものであると述べることによって、知覚を構成する信念獲得のエピソードをそうではないものから区別することである。しかしながら、彼はさらに次のことを指摘している。ある対象が冷たい、硬い、尖っ

ているといった信念を、その対象を目にあてることによって形成することができるが、その場合、その信念は目を用いて獲得されることになる。だが、その対象が冷たい、硬い、尖っているというのを**見ている**わけではない。

そこで彼は、視覚経験であるための条件を、**視覚の標準的な用法**での目の使用というものに変更してはどうかと考える。この条件は、ある性質を触覚的に**感じとる**ために目を使うことを、標準的でない目の使用として除外するだろう。しかし、以下のような事例を想像してみよう。私は防音仕様の透明な壁でできた部屋に閉じ込められており、私に猫がマットの上にいると伝えるために、誰かが標識を掲げた。このとき、猫がマットの上にいるという信念は標準的な視覚的な仕方で目を使うことによって獲得されるだろうが、その信念の獲得は、〔当の標識を見ることによって〕知った内容〔猫がマットの上にいるということ〕を私が見ているということを含意しない。

この点に対する応答としてピッチャーは、自分の分析をさらに洗練させて、獲得された信念のなかでも知覚を構成しうるような**種類**に条件をつける（Pitcher 1971）。すなわち、獲得された信念が**知覚的**信念でなければならないという条件を追加するのである。ここでの知覚的信念とは、事物がどのように**見えている**かを特定するすべての命題の豊富さ（richness）に正確に対応するような豊かさを備えた信念（より正確には、信念の集合）のことである。

4.2　信念獲得説と二つの帽子

認識論の帽子

この章のはじめに述べたように、信念獲得説は認識論の帽子をうまくかぶることができるように設計されている。この立場には鍵となる二つの特徴があり、それらの特徴がこの立場を認識論的に好ましいものにしている。

最初の利点は以下のようなものである。知覚の直接の対象である心的対象を廃止したので、世界から私たちを隔てるような知覚のヴェールは存在しないと主張できる（ただし、すでにみたように、同じことは副詞説でも言える）。だが、第

2 章で見たように、センスデータ説に対するこの「反論」の力は、いくぶん大げさである。

　また信念獲得説は、少なくとも基礎づけ主義的なヴァージョンのセンスデータ説や副詞説に対して、別の潜在的な利点をもつ。それは、この説においては知覚において獲得された信念がすでに世界についてのものだという点である。そのため、どのようにして経験から、あるいは経験についての信念から正当化可能な仕方で世界についての信念に**移行する**のかという問いは生じない。だがもちろん、経験的な信念は正当化されるものであるということを認め、さらに、それらの信念が知覚の場面で獲得される信念のいくつかと同一である、あるいは、それらによって正当化されると考えるならば、知覚を通じて獲得された信念がどのように正当化されるのかという問いは残ることになる。

　認識論は、このような役割を果たしうる多くの正当化についての理論を提供してくれる。たとえば、信念獲得説論者は正当化の整合説を支持しうるだろう。第 2 章で見た基礎づけ論者とは違って、整合説論者は、経験的信念の正当化が**特別**で**無条件的**な仕方で正当化されるような基礎的信念に依存していることを否定する。そのかわりに彼らは、**すべての信念が同じ仕方で**、つまり、他の諸信念との関係によって正当化されると主張する。より詳細に述べると、整合説的な信念獲得説は、知覚を通じて獲得される信念は以下の二つの条件が成立する限りにおいて正当化されるだろうと主張する。(1) ある信念が、その信念を要素として含む信念集合に属する別の諸信念と整合的であるか、あるいは、適切な推論的関係にある。(2) その信念集合がそれ自体整合的である。

　しかしアームストロングは、整合説とは重要な点で異なっている正当化理論に訴える。彼はそれを「温度計」説と呼ぶ。

　　「p」が真であり、A が p と信じているが、彼の信念がいかなる理由によっても支持されていない状況を想定しよう。［……何がそのような信念を正当化するのだろうか。］　私の考えでは、Bap ［A が p と信じる］という事態と「p」を真にするような事態のあいだにある**法則的結合** (*law-like connection*)

がなければならず、その法則的結合は、Bap が成立するときには p も成立していなければならないようなものである。　　　（Armstrong 1973: 166）

温度計のアナロジーは以下のように効いてくる。温度計が適切に働く限り、周囲の温度と温度計の示す値のあいだには法則的結合がある。同様に、私たちの信念形成メカニズム（私たちの知覚的メカニズム）が正しく働く限り、外的環境のあり方とそのあり方についての信念との間には法則的結合があるだろう。「理由によって支持されていない真なる信念が、温度計が実際の温度に結びつくのと同様の仕方で、そうであると信じられている状況に結びついているのならば、私たちは非推論的な知識をもっている」（Armstrong 1973: 166）

アームストロングの見解によると、私たちの信念と環境のあいだに法則的結合があるのならば、私たちの信念は正当化されることになるのだ。

ここで、信念と環境の間に法則的な結びつきがあるかどうかをどのようにして**知る**ことができるのかが気にかかるかもしれない。しかし、アームストロングによると、このことを**知る**必要はない。そのような結合が事実として成立しているだけでよいのである（言い換えると、それは形而上学的な条件であり、認識論的な条件ではない）。

まさにこの特徴によって、温度計説は正当化の整合説や基礎づけ主義とかなり異なったものになっている。つまり、温度計説によると、信念と事実のあいだに法則的な関係が成立していることに主体が**気づく**必要はないのである。そのかわりに温度計説は、主体にとって「認知的にアクセス可能」でない要素によって信念が正当化されることを許容する。このため、そのような理論は（基礎づけ主義や整合説のような**内在主義**的理論との対比で）正当化の**外在主義**的理論として知られている。外在主義的理論によると、主体が信念をもつことを正当化する要素は、主体が信念をもつ理由として機能する必要はない——その主体は別の（内的にアクセス可能な）**理由**のためにその信念をもつのかもしれないし、知覚の信念獲得説においてそうであるように、その信念をもつことが〔因果的に〕引き起こされているだけかもしれない。それにもかかわらず、その信念を

もつことは正当化されるであろう。

　だが、信念獲得説の批判者は、この説を支持することでこれまでに考察してきた別の理論を上回る大きな認識論的進歩を得られるという主張に疑いの目を向ける。たとえば、もし信念獲得説論者が整合説を支持するならば、すべての認識論の仕事は獲得された信念が他の諸信念に対してもつ関係によって果たされていることになる。また、もしも信念獲得説論者がアームストロングのように正当化の外在主義的理論を支持したならば、そのときにはふたたび、すべての認識論の仕事は、一定の信念が私たちの認識範囲の外側にあるものによって正当化されうる、という主張によって果たされていることになる。

　センスデータ説や副詞説がこれらの正当化理論を支持できない理由はないように見える。そうすると、信念獲得説がもつと思われているすべての認識論的利点をこれらの理論ももつことができることになるであろう。もしそれらの説の支持者たちがそのような正当化理論を実際には支持していないとすれば、その理由は、私たちの知覚経験の感覚的側面によって経験的信念が正当化されるという考えを保持したいからである。そしてもちろん、これからみていくように、この感覚的側面こそまさに信念獲得説が見すごしているように思われる知覚経験の特徴なのである。

現象学の帽子

　信念獲得説が抱えている直観的にもっとも難のある側面は、視覚経験をもつことがどのようなことかに関する説明にある。あなたは、信念獲得説にとっての経験の現前的性格や現象的性格とは何であるかについて、私がまだ何も述べていないということに気づくかもしれない。正直に言うと、私にはそれらの性格が信念獲得説に当てはまるのかどうかよくわからない。信念獲得説論者は視覚経験を信念獲得のエピソードと同一視する。そして、彼らは信念獲得のエピソードが現象的性格をもつことを否定するのではないかと私は思っている。けれども、これに関しては私が誤っているかもしれない。

　だが、信念獲得説において、ある経験を享受することがそのようなことであ

る何かがなければならないのはどうしてか、という問いを立てることはできる。しかし、信念獲得説はこの点を説明するために必要とされる特徴をもっている。まず、少なくともピッチャー流の信念獲得説では、知覚の場面において私たちは、厳密に言えば一つの信念ではなく、豊かで詳細な信念の一群を獲得しているのである。経験の豊かさや詳細さは、私たちが獲得する信念の豊富さや詳細さに反映されている。

　さらに、私たちは世界についての信念を獲得するだけではなく、**経験**についての信念も獲得する。猫を知覚するとき、〈マットの上に猫がいる〉という信念が獲得されるだけではなく、〈**私はマットの上に猫がいるのを見ている**〉という信念も獲得されている。自分はマットの上の猫を見ていると**あなたが信じている**と想定しよう。それはどのようなことであるかを尋ねられたならばあなたは何と答えるだろうか。おそらくあなたは、マットの上の猫を見ているようだと答えるだろう。

　これが答えになっているかは明らかではない。おそらく**あなたは**、自分がマットの上の猫を見ていると「単に」信じているということが、マットの上の猫を**実際**に見ることのようだと言うだろう。けれども、そうなるのはマットの上の猫を**実際**に見ることがそのようなことである何かがすでにあるからではないのか。何かを見ているという信念に単に訴えるだけで全てが説明できるかどうかは明らかでない。

　この論点を推し進める別の方法は、哲学的ゾンビ（Chalmers 1996）の考えに訴えることである。ゾンビは物理的には完全に私たちとそっくりだが、意識経験を欠いている。この文脈では、問題は以下のようなものである。視覚経験をもつということにとって信念を獲得することがすべてであるならば、生物は意識的であることなしに信念獲得説論者が描くような仕方で信念を獲得できてしまうのではないか。別の言い方をすると、ゾンビは、信念獲得説によって視覚経験とみなされているものをもってしまうのではないか。

4.3 信念獲得なしの知覚

　これらの現象学的懸念が表しているのは、根本的な直観に基づく信念獲得説への異議だと私には思える。それはつまり、信念獲得説が何かをとり逃しているという異議である。

　信念獲得説が何かを取り逃しているようにみえる一つの点は、何かがあるあり方をしていると**経験する**にもかかわらず、そのようなあり方をしていると信じない状況があると思われることだ。もし経験が信念の獲得**以上のものではな**いならば、この種の分離が生じる余地はないように思われる。

　錯視はその実例の一つである。図 4.1 は有名なミュラー・リヤーの錯視図形である。

　左の線分は右の線分よりも長いように見えるが、私たちはそれが錯覚だと知っているため、左の線分が右の線分よりも長いと**信じる**には至らない。むしろ、両方の線分は同じ長さだと信じるようになるかもしれない。だが、それでも私たちは一方の線分が他方の線分よりも長いかのような経験をもつ。これは、線分の視覚経験と**その経験**をもとに形成した信念を区別する必要があり、それゆえ

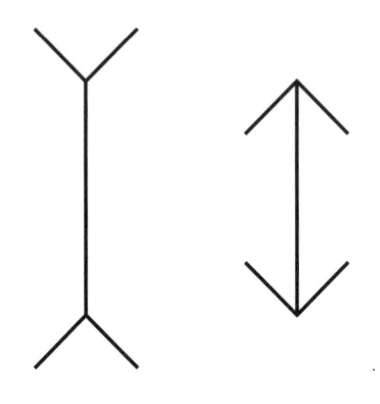

図 4.1

前者を後者に同化させることはできないということを示しているのではないか。

アームストロングとピッチャーはともにこの問題について考察し、同じような仕方で応答している。ピッチャーの応答のほうが詳細なので、その概略を示そう。

ピッチャーは三種類の事例を区別する（選択肢がそれで尽くされているとは言えないが、事例を区別する三つのポイントが提示されている）。

1 **最初の事例**：ものごとのあり方は見えているとおりだと信じている標準的な事例。

2 **中間事例**：「Qにはまるでuにxがあるように見えているけれども、なんらかの理由から、Qは実際にuにそのようなxがあると確信しているわけではない」（Pitcher 1971）。以下のような事例を想像してほしい。太陽が照りつけているときには、道路の上に水があるのを見ているのか〔それとも逃げ水なのか〕確信できないかもしれない。そのような場合、あなたは世界が見えているとおりであるかどうかに関する判断を差し控えている。

3 **最後の事例**：「Qにはまるでuにxがあるように見えているけれども、Qはuにxがあるという知覚的信念を［獲得］していない。逆に、彼はuにxはないという固い信念を獲得する。」最後の事例は水中の曲がった棒を見ることやミュラー・リヤーの錯視のような光学的錯覚を含む。その棒は曲がっているように**みえる**（*seem*）し、線分は異なった長さに**見える**（*look*）けれども、私たちはそのように信じてはいない。

ピッチャーとアームストロングは、これらの問題事例を一般的に次のように扱っている。最初の事例は通常のものである。私たちはただちにuにxがある

という信念を獲得する。だが、中間事例では、通常の事例と同じプロセスが働いているにもかかわらず、私たちはuにxがあると（最初の事例のように）そのまま信じるわけではない。なぜなら、ものごとのあり方は、私たちがもつ別の信念と対立するからである。だがそれでも、それらの事例で私たちはuにxがあると信じる強い**傾向**（*inclination*）を獲得する。

　最後の事例でも働いているプロセスは同じだが、そのような文脈において感覚器官が欺くことを主体はよく知っているので、uにxがあると信じる傾向は完全に抑え込まれる。たとえ彼女がその錯覚のことを非常によく知っており、単にuにxがあると信じないだけではなく実際にその逆——uにxはない——を信じたとしても、それでも「抑え込まれた信じる傾向」が働いていると言うことができる。なぜなら、もし彼女がその種の錯覚について**知らなかった**ならば、彼女はuにxがあると**信じていた**であろうからである。

　もし、信念獲得説論者が「信じる傾向」という語によって本当に傾向について語っているのならば、そのときには、ジムに行く傾向をもつことが**実際に**ジムに行くことと（残念ながら）同じではないように、信じる傾向をもつことは信じることでは**ない**。このことを踏まえると、なぜマットの上の猫を見ていると信じる**傾向**があることが、マットの上の猫についてのものであるかのような視覚経験をもつことにとって十分であるべきなのかをみてとるのは難しい。

　たしかにアームストロングは［状況が適切に異なっていたならば信念をもったであろうという］抽象的な事実の基礎として、その潜在性の具体的な乗り物となる何かが脳内にあると考えている。その何かとは、脳の全体的な機能的組織化のおかげで、抑制的に働く（それ自身神経的に実現される）信念がない場合には、適切な信念状態を生み出すことのできる神経過程や神経構造のことである。しかし、たとえそのような神経に関わる何かが存在しているとしても、それに訴えることは困難を調停する助けにはならない。なぜなら、その内在的性質は完全に物理的であり、その唯一の心理学的意義はある種の信念を形成する**潜在性**にあるので、その神経に関わる何かは主

体に経験を生じさせないだろうし、他に何か内観的にアクセス可能なものを生むこともないからである。　　　　　　　　　　（Foster 2000: 107）

　しかし、さまざまなところで、アームストロングは信じる傾向を異なる仕方で定義している。たとえば、*Perception and Physical World* において、彼はそれを「矛盾する別の信念によって、信念の地位から引きずりおろされた思考」（Armstrong 1961: 86）と定義している。この定義によって、「信じる傾向」という言葉が実際には信念を形成する傾向性（disposition）の名前ではなく、特定の心的状態の名前であるという可能性が浮上してくる。この場合の心的状態は、思考や信念に**似たもの**ではあるが、矛盾する信念があることによって機能的役割が制限されることになる。

　信念獲得説について以下のように論じられることもある。この立場は信念と区別される視覚経験を否定することになるので、何かがわかる（notice）ことはそれについての信念を形成することだという理解のうえで、私たちは**わかる**ものだけを**見る**ということを含意してしまう。そして、私たちは実際にわかっているものよりも多くのものを見ることが**できる**という事実によって、信念獲得説は否定される。たとえば、フレッド・ドレツキによれば、私たちがテキストのページを読むときには、（読む能力を説明するためには）個々の文字すべてを見る必要があるにもかかわらず、それらすべての文字について信念を形成しているわけではない（Dretske 1969）。もしこれが正しいのだとすると、見ることには信念における個々の文字の概念化に先立つレベルがあるということが示される。しかしながら、「信念」という語にあまりに多くのものを読み込むことには慎重になる必要がある。もし単に最低限レベルの弁別と同定に関して語っているならば、たしかに私たちはそれらの文字（の大部分）を**実際**に弁別している。このことを理解するためには、以下のことに注意するとよい。つまり、もし私たちが文字を同定するのに失敗していたのなら、私たちはその語を読みそこなっていただろうし、その文を理解できなかっただろう（Goldman 1976: 151）。

4.4 知覚、信念、概念能力

　信念獲得説に従うと、幼児や動物のように概念的に洗練されていない生物は知覚経験を享受しえないという望ましくない帰結が導かれる、と論じられることもある。以下の論証について考えてみよう。

> 1. **前提**：幼児と動物は視覚経験をもつ。
> 2. **理論言明**：視覚経験は信念の獲得に他ならない。
> 3. **前提**：信念をもつことは概念をもつことを含む。
> 4. **前提**：幼児と動物は概念をもたない。
> 5. 2、3、4 から：幼児と動物は視覚経験をもたない。

　明らかに 1 と 5 は矛盾するので、前提のどれかを放棄しなければならない。そこで、前提 1 を拒否する哲学者がいるかもしれない。ピッチャーが述べていることは、この路線を示唆しているように思われる。たとえば、彼は次の必要条件を挙げている。

> u に x があるという（知覚的）信念を知覚主体 Q が獲得できるということは、Q が x の概念をもつということである。そのため私は、一歳の子どもは目の前にデジタルコンピュータがあるという（知覚的）信念を獲得することができないと考える。なぜなら、彼はその概念をもたないからである。もしこれが正しいのだとすると、一歳の子どもにとって目の前にデジタルコンピュータがあるように見えるということはありえない、ということが帰結する。そして、この帰結は実際に正しいと私は考える。（Pitcher 1971: 94）

　しかしピッチャーは次のように言うこともできた。子どもは概念を欠いているのだからまさにその経験をもつことはできなかっただろうが、子どもがコン

4.4 知覚、信念、概念能力

ピューターを見ているときにはそれとは**異**なった経験をもつという可能性が残されている。この解釈は前提 1 の拒否を含意しない。

前提 1 を保持しつつ、信念獲得説を保持したいならば、前提 3 か前提 4 のどちらかを拒否する必要があると思われる。

ダニエル・デネットは前提 3 の拒否と整合的だとみなしうる信念の理論を擁護している。彼は次のことを強く主張している。ある主体が信念をもつためには、「その行動が志向的戦略によって大規模に、そして信頼できる仕方で予測可能なシステムである必要がある」(Dennet 1981: 59)。志向的戦略とは、その行動が予測の対象となるシステムを合理的な行為者として扱い、どんな信念や欲求をその行為者がもつべきかを彼の目的や世界のなかの位置を踏まえたうえで明らかにし、それらの信念のもとでその欲求を満たすように彼が行為するだろうと予測する、というものである。もしこの戦略がうまくいくならば、デネットの見解では、そのシステムは本当に信念をもつ主体だということになる。この戦略によって、ある主体が概念をもっていると仮定することなしに、その主体が信念をもつことを許容できることになる（あるいは、少なくとも、ある主体が概念を所有しているかどうかという問いに**先行**して、ある主体が信念をもつかどうかという問いを立てることができることになる）。

アームストロングは別の選択肢をとり、前提 4 を拒否する。そのために彼は、推論的信念と非推論的信念の区別を通じて知覚の媒介的形式と直接的形式を区別する。非推論的な信念は対象の「視覚的性質」(Armstrong 1968: 234) について形成されるものである。アームストロングが述べるように、これはかなり小さなグループであり、形や色や大きさなどのような視覚に特徴的な性質を含む。

> 私たちはある視覚的性質をもつものが目の前にあることを直接的に見てとる。そして、自動的で瞬間的な推論によって、猫の頭や一枚の紙が目の前にあるというさらなる信念が獲得される。目によって直接的に知覚されうるのはものの視覚的な性質だけである。　　　　　　(Armstrong 1968: 235)

もし視覚的性質に関わる概念が直接的な経験を作り上げる基本的な概念であるならば、幼児がそれらの基本的な概念をもつ限り、彼らは大人と同じ**直接的な経験**をもつことができるだろう。違いがあるとすれば、その経験を基盤に自動的に引き出される**推論的信念**だろう（この違いは概念的な洗練度の違いによる）。

幼児はそのような基本的概念をもっているのだろうか。概念をもつために何が必要かを論じるとき、アームストロングは以下のことを示唆している。

> もし子どもが青いブロックに手を伸ばす一方で、緑のブロックには決して手を伸ばさないならば、その行動が表しているのは、青と緑のブロックに色の違いがあるという真なる信念であり、その信念は目で獲得したものだということになるのではないか。そうすると、たとえ非常に原初的な形式だとしても、その子どもは青や緑の概念を所有していると言うことができるのではないのか。　　　　　　　　　　　　　　（Armstrong 1968: 246）

> 信念は概念を含む。特定の対象が赤いという信念を獲得することは赤概念を所有していることを含意する。そして、その赤概念の所有は、少なくともある種の状況において、赤いものと赤くないものを区別する知覚者の一般的な能力を含意する。　　　　　　　　　　　　（Armstrong 1968: 339）

言語は、四角のものを四角ではないものと別様に扱うことのできる一つの**方法**であるが、唯一の方法だというわけではない。一般的な行動能力は別の可能性を与える。四角のものを四角ではないものとは別の仕方で扱う能力は、少なくとも、**何らかの種類の概念所有を構成する**と述べることができるだろう（たとえその概念所有の意味が、私たちのような言語使用者のものほど豊かではなくとも）*5。

さらに、概念所有をこのレベルで考えると、幼い子どもだけでなく動物も概念をもてることになる（それゆえ信念、そして視覚経験ももつことができる）。たとえば、ハトが四角形だけを選んでつつくよう訓練するスキナー流のオペラン

ト条件付けを想像してみよう（たとえば、ハトは四角形をつついたときには食物が与えられ、別の形をつついたときには電気ショックを受ける）。もし行動によって示されたそのような弁別能力が関連する概念の所有にとって十分だとみなされるのなら、ハトは周囲にあるものの四角さについての信念を獲得しており、したがって視覚経験をもつ、と言うことができるだろう。

4.5　新しい概念の獲得

　ドレツキはこの点に関わる異議を唱えている。「もしある人がx性をもつものを知らないがゆえにxを見ることができないのならば、そのような不幸なひとはどうやってその無知を解消することができるのか」（Dretske 1969: 37）。ここには二つの批判が含まれている。
　ゴールドマンは第一の批判に関して、以下のように明確に述べている。「もし人々が経験的な概念をもたずに生まれ、初期の知覚経験を通じてだんだんとそれを形成していくのだとすれば、知覚の本質が最初から信念の獲得にあるということはありえない」（Goldman 1976: 152）。
　つまり、ここには悪循環が潜んでいるのである。知覚が信念の獲得を含み、そして信念が概念から構成されるとしてみよう。しかしその一方で、知覚それ自体が概念の源泉であるならば、知覚経験をもつために所有する必要がある概念はそもそもどのように獲得されるのだろうか。
　第二の批判はそれほど直接的ではない。四角形とそうでない形を上から区別できるようハトを訓練している場面を考えてみよう（つまり、ハトに**四角形**の概念を学ばせようとしている）。このことが可能であるために、ハトは四角形とそうでない形の違いを知覚できなければならないのではないか。ハトがそれらの概念をあらかじめもっていないとすると、どのようにしてそのことが可能になるのだろうか。
　より形式的に言うと、ここでの懸念は以下のとおりである。知覚が信念の集合を獲得することに他ならないと想定しよう。このとき、どのように視覚経験

を個別化できるのだろうか（つまり、どの視覚経験が互いに同じであり、互いに異なっているかがどのように決まるのだろうか）。視覚経験は信念の獲得に他ならないので、以下のような個別化の原理が自然に導かれる。

　　二つの視覚経験が同一であるのは、獲得される信念の集合が同一の場合である。

　しかし、もし私たちの獲得しうる信念が自分の所有している概念によって制限されるならば、新しい概念を獲得する能力に関する問題が生じてくる。赤という一般的な色概念をすでに所有している幼児に、ピラーボックスレッドとチェリーレッドという二つの特定の色合いの赤を区別する方法を教えようとしている場面を考えよう。言い換えると、ピラーボックスレッドの概念とチェリーレッドの概念を子どもに教えようとしている場面である。この区別を教える一つのわかりやすい方法は、その子にピラーボックスレッドとチェリーレッドのサンプルを見せて、どちらがどちらであるかを教えることである。
　その子はまだそれらの概念をもっていないと想定されており、どちらの色合いも赤の一種である。したがって、ある色を表す項を含むその色合いに関する信念をその子が獲得するときは（つまり、その子が〈その対象はxである〉という信念を獲得するときは）、その項は同じ赤という一般概念（その子が現に所有していると認められている概念）で占められることになる。
　しかしその場合、その子がそれらの色合いを見て獲得した信念の集合は同じだということになる。したがって、信念獲得説の自然な帰結である個別化の原理によれば、それらの知覚経験は同じだということになる。もしもそうだとすると、異なる色合いを区別する仕方を学ぶための基盤としてそれらの知覚経験を用いることは、どのようにして可能なのだろうか。
　ここでの問題は、概念学習を始めるためには、たとえ信念のレベルで二つの色合いを区別していなくとも、それらの色合いを知覚的に区別できなければならないということである。知覚を信念獲得とみなす理論は、二つのレベルが同

じであると述べているので、そのままではこの問題を説明できないように思われる。

　循環を避ける一つの方法は、基本的な視覚的性質について、私たちは非常に多くの（実際のところ、基本的な視覚的性質と同じほど多くの）概念を**生得的に**（生まれたときから）もっていると述べることである。要するに、もし幼児が異なる色を区別できるというのが正しいのであれば、たとえまだその弁別能力が特定の種類の外的な行動に**結び付いて**いなくとも、ある意味で幼児はすでにそれらの概念をもっていると言うことができるかもしれない。

4.6　盲視

　信念獲得説には、これまで見てきたような哲学的批判に加えて、経験科学の知見に基づいた批判も向けられている。

　たとえば、視覚心理学者の間でよく知られる**盲視**という病理学的現象は、近年の知覚の哲学に非常に多くの影響を与えてきた。典型的な盲視患者は、網膜からの入力を「マップする」脳のV1領域（一次視覚野）に損傷を受けている。そして、V1の局所的な損傷は、視野の一部にしばしば**スコトーマ**（盲点）を引き起こす。ある刺激が盲点に提示されても、私たちの予想通り、その人はそれが見えないと言う。しかしながら、1970年代にラリー・ワイスクランツとその同僚は、盲点に対応する領域に刺激が提示されているかどうか、あるいは、その刺激の向きや運動の方向について**推測**するよう指示すると、偶然とは思えない確率で見事にそれを言い当てる患者がいることを発見した。XとOのどちらが提示されているかを推測するよう求められたとき、なんとまぐれ当たりを超える成績を出す患者さえ出てきた。このことからわかるのは、ある患者が盲点に対応する領域に関して意識的経験を欠いているにもかかわらず、その領域からの情報は、条件さえ揃えば復元されうるような仕方で主体に伝わっているということである。

　盲視患者が自分の目を使って盲点に対応する環境に関する信念を獲得しうる

ということは、信念獲得説にとって問題である。つまり、目を使って視野の関連する領域に関する信念を獲得することは、視野のその部分に対応する視覚経験をもつためには実際には十分ではないということが示唆されるのである。

問 題

- 私たちは自分がわかるものより多くのものを見ることができるか。あるいは、実際に何かを見るために、なんらかの仕方でそれに認知的に気づくことは必要だろうか。
- 〔動物や幼児のような〕概念的に未成熟な知覚者の問題に対して信念獲得説論者が出した解決案は、どの程度もっともらしいだろうか。
- 知覚には信念の獲得以上のものは何もないのだろうか。

読書案内

デイヴィッド・アームストロングは *Perception and the Physical World* (Armstrong 1961) と『心の唯物論』(1968) で信念獲得説を展開している。ピッチャーは著作 *A Theory of Perception* (Pitcher 1971) のなかのとくに第 2 章で、その説をアームストロングの議論と関連させた仕方で発展させている。

アーヴィン・ゴールドマンの論文 "Appearing as Irreducible in Perception" (Goldman 1971) は、信念獲得説に対する非常に優れておりなおかつ読みやすい批判的議論である。そして、フレッド・ドレツキの著作 *Seeing and Knowing* (Dretske 1969) (とくに第 1 章の 1 節と 2 節) には、知覚を理論化する際には、より基本的で非認知的なレベルの知覚を考慮に入れなければならないという主張に対する詳細な論証がある。

注

* 1　本章の導入部分で認識論的考察が突出していることからわかるかもしれないが、信念獲得説は、現象学の帽子よりも認識論の帽子をうまくかぶることに集中している。だが、これからみていくように、そのことによって信念獲得説は深刻な批判にさらされてきた。

* 2　「少なくともその一部分として」という限定を付けたのは、その非常に影響力のある知識の理論によれば、たとえ真なる信念が知識にとって**必要**だとしても**十分**ではなく、ある種の正当化条件もまた必要だからである。

* 3　私がこれを条件文として述べる理由は、「直接的に把握される非物理的対象というものは、単に、私は何かを見ているという私の信念によって生み出された幻影なのである」(Armstrong 1961: 84) というアームストロングの主張を、悪いケースにおいて現象原理の前件が満たされることを**拒否する**ものとみなしうるからである。だが、ここではそれについては論じない。なぜなら、信念獲得説は共通要素原理を受け入れると想定しているのに、この解釈では共通要素原理を捨てることになってしまうからである。この解釈の可能性については第6章でより詳細に論じる。

* 4　ピッチャーは「獲得」という語に懸念を表明する (Pitcher 1971)。なぜならその語は、以前はもっていなかった何かを手に入れるということを含意するからだ。私たちは変化しない風景を知覚し続けることができる（私は時点 t1 においてテーブルのうえのカップを見ており、時点 t2 においても引き続きそれを見ている、など）が、そのとき、t2 においてテーブルの上にカップがあるという信念を**獲得する**というのはおかしな感じがする。なぜなら、t1 にそのカップを知覚することによって、私たちはすでにそのことを信じているからである。この含意を避けるために、ピッチャーは「因果的に受け取る」という言い回しを好む。というのも、たとえある信念をすでにもっているとしても、それを因果的に受け取り続けることは可能だからである。だがここでは、この点をはっきりさせたうえで、「獲得」という語をそのまま使うことにする。

* 5　ある概念を所有することはある種の技能をもつことに深く関わっている、という考えは、近年擁護されつつある。たとえば、グレゴリー・マカロックは、「私た

ちが実際にもっている経験 - 情報伝達（experience-informing）概念をもつということは……、私たちのそばにあるものの周りを動いたり、それに対処したりする能力によって構成されている」と論じる（McCulloch 1995: 140）。また、アルヴァ・ノエも、ある対象の現われが運動によってどのように変化するかに関するさまざまな暗黙的予期をもつことが、概念をもつということの一部を構成すると論じる（Noë 2004: 77）。さらに彼は、この種の技能は「明らかに、言語をもたない動物や幼児も所有しうるような種類の技能なのである」と主張する（Noë 2004: 183-184）。

第 5 章
志向説

> **あらまし**
>
> 　知覚の志向説は表象原理を受け入れて、視覚経験をある種の命題的態度だとみなす。つまり、視覚経験をもつ主体は志向的内容に対して知覚するという態度をとっていると考えるのである。
>
> 　この章では、**表象説**（*representationalism*）を含むさまざまな種類の志向説について論じる。表象説とは、視覚経験の現象学はその内容によって決定されると主張する理論である。さらに、とりわけ知覚**内容**の本性に焦点を合わせて、志向説論者にとって重要な多くの係争点について論じる。

共通要素原理　☑
現象原理　　　☒
表象原理　　　☑

すでに論じたように、表象原理とは以下のとおりである。

(R) すべての視覚経験は表象的である。

前章でみたように、信念もまた表象的である。つまり、それは世界に関する事柄を私たちに伝える。哲学における標準的な分析では、信念は**命題的態度**と

して扱われる。

　この見解では、信念をもつとは、ある内容（命題）に対して主体が信じるという関係に立つ（態度をとる）ことである。つまり、もしパリはフランスにあるということを私が信じているのなら、私は〈パリはフランスにある〉という命題内容に対して、信じるという態度をとっていることになる。

　前章では、視覚経験を信念の獲得に**還元**しようとする説を検討した。その説は結局多くの支持者を得ることはなかったが、それをヒントにして現在広く受け入れられている理論が導かれることとなった。それが**志向説**である。

　　私が「志向説」と呼ぶのは……知覚を信念に似たある種の命題的態度とみ
　　なす理論である。　　　　　　　　　　　　　　　（Crane 1998: 233）

　　知覚の志向説によれば、視覚経験は、何らかのあり方をしているものとし
　　て世界を表象する志向的内容をもつことになる。これは、経験を信念のよ
　　うな命題的態度に類したものとみなすことである。　（Martin 1994: 745）

　信念獲得説と同じく、志向説は知覚と信念のあいだの重要な類似性に着目する。しかし、信念獲得説とは異なり、知覚を信念の獲得に単純に**還元**しようと企てるわけではない。そうではなく、志向説は知覚的要素と概念的要素の間にはやはり区別があると考える。つまり、視覚経験が信念や信念獲得以上の何かであることを認めるのである。

　しかし志向説論者は、視覚経験が重要な点で信念と**類似している**と主張する。つまり、信念と同様に、視覚経験は**志向的**内容あるいは**表象**内容をもち、それらは世界を何らかのあり方をしているものとして表象するのである。さらに、志向説によれば、知覚するという態度は、その内容が真であることを含意しないという点で、信じるという態度と重要な仕方で類似している。バーンが述べるように、「知覚は信じるという事実的★1ではない（*non-factive*）態度と非常によく似た命題的態度を構成的に含んでいる。それは、**ケイケンする**（*exing*）（こ

の用語は経験するという動詞と対応するよう意図されている）という態度である」（Byrne 2009: 437）。すなわち、主体が知覚するときには、しかじかのことが成り立っていると信じているのではなく、しかじかのことが成り立っていると**ケイケンしている**のである。

5.1 さまざまな志向説

　志向説論者は、「すべての視覚経験は表象的である」という表象原理を受け入れる。

　さらに、志向説（少なくとも本章で扱うもの）は共通要素原理を受け入れ、次のように主張する。主体が悪いケース（幻覚）においてもつ視覚経験の表象内容は、それと区別不可能な良いケース（真正な知覚経験）の表象内容と同じである。それらの違いは、その内容が間違っているかどうかにある。しかじかのことが成り立っているという信念は、世界がどのようであるかについて語っている。しかし、そう信じているからといって、世界が**本当に**そのようなあり方をしているとは限らない。同様に、しかじかのことが成り立っていると**ケイケンする**ことは、世界がそのようなあり方をしていることを含意しない。知覚であろうと幻覚であろうと、主体が同じ志向的状態にあることは可能である

　これは志向説の基本的なテーゼである。とはいえ、この基本的な考えに基づいて展開される理論は数多くある。

　どの理論を選ぶかに際して鍵となるのは、経験の志向的要素と現象学の関係をどう捉えるかという点にある。ここでは三つの主要な立場を扱う。それらは**現象学優位の強い志向説、内容優位の強い志向説、弱い志向説**である。

　これら三つのアプローチが志向説に属するのは、そのどれもが表象原理を受け入れるからである。

　（R）すべての視覚経験は表象的である。

しかし、一つめと二つめの立場は、私がそれらに付けた名前からわかるように、いくぶん強い主張を受け入れる。ここでは、それを鏡映テーゼ（M）と呼ぶ。

(M) 現象学の変化⇔表象内容の変化

鏡映テーゼを文章の形で述べ直すと次のようになる。現象学（ある経験をもつことがそのようなことである何か）が変化するのは、経験の表象内容が変化するとき、かつそのときにかぎる。

鏡映テーゼは双条件的であるので、双方向から読まれることに注意してほしい。それぞれの読み方をLR（左から右への読み方）とRL（右から左への読み方）と呼ぼう。

(M) LR：現象学のいかなる変化も表象内容の変化を必然的に伴う。
(M) RL：表象内容のいかなる変化も現象学の変化を必然的に伴う。

現象学優位の強い志向説

その名からわかるように、このタイプの志向説は現象学を基礎的な概念とみなす。典型的な現象学優位の志向説によれば、視覚経験は現象学をもつことによって表象内容をもつ。この主張の根底にあるのは、もし経験をもつことがこのようなことであるような何かがあるのならば、それだけで経験は真偽が問えるようなものとなる、という考えである。今あなたがまさにもっている〔まさにこの本を読んでいるときの〕経験について考えてみよう。この場合、自分にとってこの経験がどのようなものであるかということだけに基づくならば、眼前に本が（あるいは、本らしきものが）あるとき、かつそのときにのみ、その経験は**正確だ**[★2]と考えるのがもっともらしいと思われる（Siewert 1998）。

この考えに基づいて、バーン（Byrne 2001）は以下のように主張している。彼は、現象学が異なる二つの連続的な経験（eとe*）をもつ理想化された主体を想像するように求める。現象学に違いがあるということは、時点tにおいて経

5.1 さまざまな志向説

験 e が e* に変化するならば、（理想化された）主体はその変化に気づくということである。その主体がものごとの変化に気づいたということから、**ものごとが主体にとってどのようにみえるのか**が変化した、言い換えれば、世界がどのように**表象されているか**が変化したということが帰結すると思われる。このことは、e と e* が世界を異なったものとして表象している、というように表現できる。言い換えると、それらは異なる内容をもっている。

　この議論から以下のような結論を導くことができる。もし経験の現象学が変化するならば、その内容もまた変化する。それゆえ、現象学が変化した経験が正確であるためには、世界がわずかでも異なっていなければならない。ここから鏡映テーゼの LR 読み（現象学の変化は表象内容の変化を生む）が得られる。

　もちろん、経験が現象学によって内容をもつならば、鏡映テーゼの RL 読みも同様に成立するように思われる。二つの経験の表象内容が異なっている場合、それらの経験は世界をたとえわずかでも異なったものとして提示していることになる。バーンによれば、ものごとが主体にどのようにみえるかが異なっていなければならないということだ。これはまさに、それらの経験の現象学が異なっていると述べることである。したがって、典型的な現象学優位のアプローチは、鏡映テーゼをどちらの方向でも受け入れることになる。

　現象学優位の強い志向説を支持する論者は、経験の現象的性格についてさまざまな理論を採用することができる。そのため、主体がある性質 F を見ているときのような経験をもつことに何が関わっているのかを的確に分析するのは難しい。とはいえ、基本的な考えは以下のようなものになる。主体が**性質 F の視覚経験をもつのは、その主体が性質 F を含む内容をもたらす現象的性格を備えた経験をもつとき**である。

　現象学優位のアプローチは経験の現象学を説明において優位だとみなすので、ある経験が内容をもつとはどういうことなのかを、現象学に訴えることによって説明できると考える。しかしそれでも、視覚経験の現象的特徴についての理論を与える必要はある。現象学優位の立場をとる典型的な論者は、第 3 章で扱ったようなクオリアに訴える説明を受け入れる。それによれば、経験は意識的に

アクセス可能な非表象的で内在的な性質（クオリア）をもち、それが経験の現象学を担う＊1。クオリア自体が何かを表象することはないが、ひとたびクオリアを伴う経験をもてば、私たちは当の現象学から内容を「読み取る」ことができる。クオリアそれ自体は表象的でないのに経験がどのようにして表象的でありうるのかは、このようにして説明される。

内容優位の強い志向説

　このタイプの志向説も表象原理と鏡映テーゼの両方を受け入れる。しかし、現象学優位の志向説とは異なり、**内容**をもっとも基礎的な概念とする。そのうえで、適切な種類の内容をもつということによって、ある状態が意識的であること、あるいは、現象学をもつことがどのようなことであるかを説明しようとする。この立場における標準的なアプローチは二通りある。

　一つのアプローチは**高階**の志向説である。それによれば、私たちは多くの一階の★3 感覚的表象（感覚器官によって与えられる世界についての表象）をもつが、それらはそのままでは意識的ではない。一階の感覚的表象が意識的になるのは、その主体が、その一階の状態についての適切な高階の状態をもつときである。このアプローチのさらなる特徴づけは論者によって異なっている。

　ライカン（Lycan 1996）によれば、高階の状態は一階の視覚経験に似たものである。一階の感覚的表象 R が意識的になるのは、内的な「スキャナー」が R についての高階の表象を生み出しているとき、かつそのときにかぎられる。（したがって、この立場は高階知覚［HOP（higher order perception）］説あるいは高階経験［HOE（higher order experience）］説と呼ばれる。）

　他方で、ローゼンタール（Rosenthal 1990）によれば、高階の状態は信念である。一階の感覚的表象 R が意識的になるのは、その主体が R についての高階の信念をもつとき、かつそのときにかぎられる。（したがって、この立場は高階信念［HOB（higher order belief）］説あるいは高階思考［HOT（higher order thought）］説と呼ばれる。）

　こうした考えに基づいて、高階の内容優位の志向説は視覚経験について以下

の分析を提案する。

　主体SがF性質を見ているときのような経験をもつのは、以下のときかつそのときにかぎられる。

- Sは一階の状態Rにあり、RはFが例化されていると表象する。かつ、
- Rはスキャンされている／Rは高階の信念の対象である。

　もう一つのアプローチは**一階の志向説**であり、現在ではこちらの方が人気がある。この立場は（混乱を招くことが多いのだが）**表象説**とも呼ばれる。

　典型的には、一階の内容優位の強い志向説論者（以降、**表象説論者**と呼ぶ）は、単に内容を抱くことが経験に現象学をもたらすのに**十分**だとは主張しない。標準的なアプローチによれば、一階の感覚的表象Rが意識的であるのは次の二つが成り立つとき、かつそのときにかぎられる。その表象が、(i) 適切な種類の内容をもっており、**かつ**、(ii) 適切な種類の機能的役割を果たしている。たとえばタイ（Tye 1995: §5.2）によれば、感覚的表象が意識的であるのはそれがPANIC（Poised, Abstract, Nonconceptual Intentional Content）という内容をもつときである。この見解では、**抽象的** *abstract*（特定の個物に言及しない）で**非概念的** *nonconceptual*（その内容を特定するために使われる概念の所有を必要としない）な内容が「適切な種類」の内容とされる〔(i)〕。機能的役割の「適切な種類」とは、その内容をもつ心的状態が認知的プロセスにとって**利用可能** *poised* であるというものだ〔(ii)〕。

　したがって、表象説によれば視覚経験の分析は以下のようになる。

　ある主体Sが性質Fをみているときのような経験をもつのは、次のときかつそのときにかぎられる。

- Sが一階の状態Rにあり、RはFが例化されていると表象し、Rは他の条件も満たしている。

高階の志向説と一階の志向説はどちらも内容によって意識を説明しようとするので、現象学優位の志向説論者が直面したのとは逆の問題に突き当たる。現象学優位の志向説論者は、ある経験が内容をもつとはどういうことかを現象学によって説明しようとするので、経験が現象学をもつとはどういうことかについての理論が必要となるのだった。他方で、内容優位の志向説論者は、経験が**現象学**をもつとはどういうことかを説明するために、ある状態がある種の内容をもつとはどういうことかについての理論を必要とする。このことは後でより詳細に論じる。

弱い志向説

弱い志向説論者は表象原理を受け入れるが、鏡映テーゼを拒否する。彼らは、すべての視覚経験が表象内容をもつことには同意するが、現象学の変化が必然的に表象内容の変化と一致しなければならない（逆も同様）という考えには反対する。そのため、弱い志向説は知覚状態の本性に関するさまざまな主張と両立可能である。

鏡映テーゼの LR によれば、現象学の変化は表象内容の変化を必然的に伴う。これに対する反論として、弱い志向説論者は、表象内容が変化していないにも関わらず現象学が異なっているようにみえる例を提示する。100 メートル離れたところから一本の木を見ているとしよう。この経験はその木が高さ h をもつと表象する。次に、その木に歩み寄っていくとしよう。弱い志向説論者によれば、50 メートル離れたところからその木を見ているときにも、視覚経験はその木が高さ h をもつと表象する。つまり、それらの経験は同じ表象内容をもつことになる。しかし、それらの経験は明らかに現象的に異なっている（Peacocke 1983 の例を改変した）。

別の例として、あなたが今いる部屋のなかを見てみよう。この経験はその部屋のレイアウトを表象する。次に、片目を閉じてみよう。片目で見ているときの経験は、〔先の経験とは〕現象的に微妙に異なったものとなる。しかし、弱い志向説論者によれば、その経験は部屋のレイアウトを同じものとして表象する

(Peacocke 1983)。また、黒い背景のもとで二つの赤い光点を見ており、一つの光点から別の光点に注意を移した場面を想像しよう。おそらく、一つめの光点に注意を向けているときの経験と別の光点に注意を向けているときの経験は現象的に異なっている。しかし、その二つの経験のあいだに表象的な違いがあるかどうかは明らかではない (Chalmers 2004)。

　表象内容が同じであるにもかかわらず現象学が異なっているとみなされる例として、最後に、**逆転スペクトル仮説**と呼ばれる思考実験に基づいたものをみてみよう。あなたが青いものに目を向けているときに意識に現われてくる色が、私が黄色いものに目を向けているときに意識に現われてくる色と同じであると想定しよう。次に、あなたと私が青い空を眺めている場面を考えよう。直観的には、私たちの経験は現象学的には異なっているが、（おそらく）同じ表象内容をもっている。

　鏡映テーゼの RL によれば、表象内容の変化は必然的に現象学の変化を伴う。これに対してネッド・ブロックは、手の込んだ逆転スペクトル事例を考案し反論している。あなたが（眠っているあいだに）別の惑星（逆転地球）に連れてこられたと想定しよう。その星では、対象の色が地球とは逆になっている。しかし、その違いに気づかないよう、あなたの目には色を逆転させるレンズが装着されている。そのため、目を覚まして黄色の空を見上げたとき、あなたは地球にいたころと同じように青の経験をもつ。同様に、赤い草を見るときには緑の経験をもつ。弱い志向説論者はここで以下のように主張する。時間がたつにつれて、あなたの経験の表象内容は新しい状況に適合するように変化していく。あなたが空を見るときにもつ（青）経験は、地球では〈空が青い〉という内容をもっていたのだが、この星で日々を過ごすうちに〈空が黄色い〉という内容をもつようになる。もしそうだとすれば、これは同じ現象学をもつ経験（地球と逆転地球での雲一つない空の経験）が表象内容について異なっている例となる (Block 1990)。

　図 5.1 は志向説に属するさまざまな知覚理論の構造を示したものである。

第 5 章 志向説

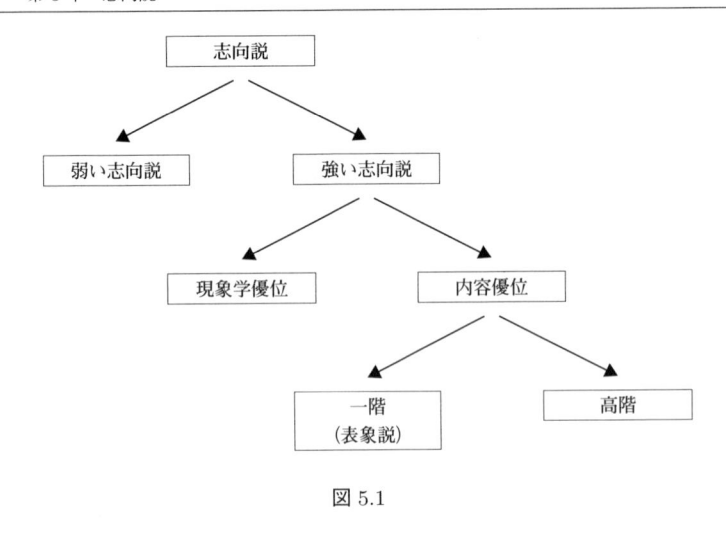

```
                    志向説
                   ╱    ╲
              弱い志向説   強い志向説
                        ╱     ╲
                  現象学優位   内容優位
                            ╱      ╲
                        一階       高階
                       (表象説)
```

図 5.1

5.2 知覚内容の理論

知覚の理論としてどの志向説を採用するかを論じただけでは、志向説に関する議論の半分しか終わっていない。残りの半分は、どの**知覚内容**の理論を採用するのかを決めることである。以下では、それを選択する際に鍵となるいくつかのポイントについて論じる。

内容の本性
命題や内容についてはさまざまな説があるが、ここでは影響力のある三つの立場について論じる。どの理論でも、知覚内容を言語的に特定することによって、その内容と同一視される命題が表現される。しかし、命題をどのようなものとして捉えるかはそれぞれ異なっている。

- **可能世界的内容**：内容の可能世界説によれば、内容を言語的に特定することによって（たとえば、「その猫は黒い」）、その命題が真になる可能世界と偽に

なる可能世界が分けられる。この説では、命題が真となる可能世界の集合が内容と同一視されることになる★4。
- **単称的（ラッセル的／ミル的）内容**：他の考えとして、単称的内容説というのもある。内容は単称名辞・述語・接続語などによって言語的に特定されるが、単称的内容説によれば、命題は単称名辞と述語の指示対象を構成要素として含むことになる。たとえば、「その猫は黒い」によって表現される命題はその猫自体と黒さという性質を構成要素としてもつ。
- **フレーゲ的内容**：フレーゲ的内容説の擁護者は、命題を構成するものは対象と性質そのものではなく、それらの**与えられ方**（mode of presentation）★5であると主張する。

これらの理論のうちどれを選ぶべきだろうか。手がかりとなるのは、この章で考察してきた表象説が共通要素原理を受け入れるということである。その点を踏まえて、知覚内容が**単称的**だとしたらどうなるかを考えてみよう。この場合、質的に区別不可能な二つの対象についての経験は異なる内容をもつことになるだろう。対象 a を黒いものとして経験する場合、その内容は〈a は黒い〉になる。また、（質的に同一の）対象 b を黒いものとして経験する場合、その内容は〈b は黒い〉になる。これらの内容は異なっているので、表象説論者はそれらの経験の現象的性格は異なっていると認めなければならないだろう。このことを踏まえて、コリン・マッギンは以下のように論じている。

> 経験の内容は経験の対象を指示する名辞を使うことによっては特定されない。そう考えないと、別個の対象が正確に同じようにみえうるということを否定せざるをえなくなってしまう。経験の内容を記述するときに、その経験の対象への単称的指示を用いるべきではない。
>
> （McGinn 1982: 39）＊2

また、特定の知覚事例に関する別の考察から、内容の理論はある意味で**現象**

学に適合するべきであると論じられることがある。この考察も、フレーゲ的内容理論が単称的内容理論よりも良いということを示す議論の拠り所となる。同一の白い表面を何度も見るという経験について考えてみよう。単称的内容説では、それらの経験すべてが**白さ**という性質を構成要素として含む内容をもつとみなすことになる。ここで、フレーゲ的内容説論者は以下のように論じるかもしれない。見ている人に気づかれないように照明をうまく操作することで、その表面がその時々で違う色に**見える**よう調整することができる。しかし、内容が性質それ自体から構成されると考えると、この変化を説明できなくなってしまう。したがって、それらの経験の内容はその表面がもつ性質のさまざまな**与えられ方**から構成されると考えなくてはならない。

　この議論に対する単称的内容説論者の自然な応答は、次のようなものである。表面が白に見えない場合には、私たちは錯覚に陥っている。つまり、その表面の色を**誤表象**しているのである。白い表面がピンクに見えるように照明が調整されている場面を考えてみよう。この場合、単称的内容説論者はその経験が白さから構成されているとは主張**しない**だろう。そう主張してしまうと現象学と適合しなくなるうえに、その表面は**実際**には白いので、その経験を真正なものとみなすことになってしまう。そのかわりに、単称的内容説論者は、その内容は**ピンクさ**を構成要素としてもつと主張するだろう。これは現象学とも適合するし、その経験が誤りを招くという直観にも合致する。

内在主義と外在主義 *3

　知覚内容の本性に関するさらに重要な問いは、視覚経験の内容が主体の脳・神経システム・身体の特性によってのみ決定されるのか、それとも主体をとりまく環境も内容を決定するうえで何らかの役割を果たしているのかというものである。

　　知覚内容の**内在主義者**によれば、ひとたび主体の物理的な内的状態が決定されれば、それによって視覚経験の内容も決定される。ここから導かれる

帰結は、物理的な状態が同じ二人の主体は、それぞれが属する物理的・社会的環境が違っていたとしても、同じ内容をもつ状態にあるということである。

他方で、知覚内容の**外在主義者**によれば、外界との関係も内容の決定に寄与している。したがって、二人の主体が物理的に同じ状態にあっても、彼らは異なる内容の経験をもつかもしれない。

タイラー・バージは、双子地球の思考実験を援用することによって知覚内容の外在主義を擁護している（Burge 2007b）が、その議論は以下のようなものである*4。二つの異なるもの——小さな影（O）と、それと同じ形・大きさの割れ目（C）——を想像してみよう。どちらの対象も非常に小さく、それらを区別できるかどうかは進化の上で有利にも不利にも働かないが、Oはどこにでもあるのに対しCにはなかなかお目にかかれない。

そのうえで、Oのある環境のもとで育ってきた主体Pを想像してみよう。バージによれば、「知覚表象は環境との定期的な接触を通じて形成され、その内容を獲得する。それが表象するのは、通常その表象の原因となり、当の表象が適用されるものである（「通常」を正確に特徴づけるのは難しいのだが）。」（Burge 2007b: 203）このことを踏まえると、PがOに直面するときに生じる知覚状態は真正なものとなるだろう。つまり、Oが目の前にあると表象することになる。しかしここで、P自身は気づいていないのだが、彼がCに直面する場面を想像してみよう。バージによれば、この事例は誤表象として扱われねばならない。つまり、PはCをOとして誤表象しているのである。

さらに、以下のような反事実的状況を想像してみよう。光学的法則が実際とは異なっており、Pの周囲の環境ではもはや見ることのできるOはない。しかし、もとの状況でPがOを見るすべての場面でCを見ていたと考え、Pの内的な来歴はもとの状況とまったく同じだと想定しよう。バージによれば、このような反事実的状況ではPの知覚状態を引き起こす通常の原因が変化している

ので、この場合の知覚状態はOではなくCを表象することになる。

　最後に、もとの状況でPがCを見ていた場面は、反事実的状況においても変わらないと想定しよう。彼らが同じ来歴をもっていることを踏まえると、もとの状況におけるPと反事実的状況におけるPに物理的な違いがあると想定する必要はない。さらに、それら二つの状況においてPが受け取っている光に違いがあると想定する必要もない。にもかかわらず、バージによれば、もとの状況ではPがCをOとして誤表象していたのに対し、反事実的な状況ではPはCをCとして**正しく**表象している。この場合、二つの状況に物理的な違いはないのに、それらの知覚内容が異なっている。つまり、知覚内容は環境のあり方によって部分的に決定されていることになる。

　この議論に内在主義者がどのように反論するのかをみるために、現象学優位の志向説について論じていたときに取り上げた主張を思い出してほしい。それは、ただ現象学をもつことだけによって経験が所有する真理条件があるというものだ。この主張を受け入れざるをえない場合、バージによって提案された知覚内容の特徴づけはきめが細かすぎるのであって、Pの経験はOとCを区別しないということになるかもしれない。ガブリエル・シーガルはこうした反論を展開しているが、彼によれば、Pの経験の内容は実際にはそれほど精緻ではなく、影でも割れ目でもありうる細くて暗い点が目の前にあることを表象するにすぎない（Segal 1989）。

　この問題にどう対処するかは、内容を帰属させるときに経験の原因や結果をどの程度重要視するかによって変わってくる。バージにならって、経験の対象が異なっているという点に注目するのであれば、それらに異なった内容を帰属させることになると思われる。他方でシーガルにならって、経験の対象が割れ目であろうが影であろうがPにとっては同じように見えており、そのためPはどちらの状況でも同じように**振る舞**うという点に着目するのであれば、それらの経験に共通の内容を帰属させることになると思われる。

概念的内容と非概念的内容

信念獲得説について論じたとき、その説には、洗練された概念的能力をもたない幼児や動物のような生物の知覚能力に関する問題があるということを確認した。さらに、知覚によって与えられる情報はきわめて豊かで詳細であり、概念化が可能なレベルをはるかに越えていると論じた（Dretske 1981）。これらの問題に対処するため、多くの志向説論者（表象説論者を含む）は知覚内容が信念内容のように本性上概念的であるということを**否定する**。すべての形式の表象内容が概念的であると主張しないなら、**非概念的**な形式の表象内容があるということになるだろう。そして、多くの論者がこれに賛成している。

この主張の要点は、主体をとりまく環境が特定のあり方をしていると表象する心的状態が数多くあるということだ。場合によっては、ある種の表象状態にあるためには、その内容を特定するために使われる概念をもっている必要がある。たとえば、**ミルク**や**チーズ**の概念をもっていないかぎり、チーズがミルクから作られると**信じる**ことはできない。そうであるならば、そのような状態は**概念的内容**をもつことになる。

非概念的内容の支持者によれば、世界が特定のあり方をしていると表象する〔信念とは〕別種の心的状態（たとえば、知覚）があり、**その内容を特定するために使われる概念をもたなくともそれらの状態にあることができる**。マーク・ロスコ★6の絵の経験はある特有の色合いをした黄色がそこにあると表象するが、私たちがその経験をもつときにその色合いについての概念をもっていなくてもよい。そのため、多くの志向説論者は知覚が志向的な状態だというだけではなく、**非概念的内容**という特別な種類の内容をもつ状態でもあると主張する。

より形式的に述べると、非概念的内容を支持する議論は次のように表現できるだろう。

1. 私たちは視覚経験を通じてきわめて豊かで詳細な情報を受け取る。
2. この豊かさは経験の表象内容に反映されねばならない。
3. この豊かさを捉えるためには、性質をきめ細かく分類することに

よって内容を特定する必要がある。
4. その分類は概念的な区分よりも細かい。
5. したがって（非概念的内容の標準的な定義から）、視覚経験の内容（の少なくとも一部）は非概念的でなければならない。

この議論は以下のような直観から始まる。眼前の光景をじっくり吟味したならば、その経験によって**どれほど**きめ細かな情報が与えられているかに気づくだろう〔1〕*5。そうだとすれば、経験に帰属される内容にこの豊かさを反映する必要がある〔2〕。どうすれば反映できるのだろうか。クリストファー・ピーコックのシナリオ的内容（Peacocke 1992: § 3.1）とタイの PANIC（Tye 1995: § 5.2; 2000: § 3.4）は、もっとも詳しく展開された非概念的内容の理論であるが、これらの理論は似たような仕方で非概念的内容を特定するところから始まる。

> 視野全体が格子状に小さく分割されているのを想像してみよう。それぞれの格子のなかには、その場所にある対象の表面がもつさまざまな特徴に対応するシンボルが整然と並んでいる（たとえば、距離・方向・規定的（determinate）な色★7・肌理、などなど）。　　　　　　　　　　　　（Tye 1995: 140）

> 起点［視覚の場合には視点のようなもの］からの方向と距離によって同定されるそれぞれの地点に対して、私たちはそこに表面があるかどうか、そして、もしあるならば、その表面がどのような肌理・色相・彩度・明度をもつかを特定する必要がある。　　　　　　　　　（Peacocke 1992: 63）

タイもピーコックも、最初に知覚者の視野に含まれるすべての区域をマッピングし、次に、その各区域について、そこで例化されているものとして経験が表象している表面上の諸性質を列挙することによって、経験の非概念的内容を定式化している。

5.2 知覚内容の理論

　以上のことを十全に行うためには、知覚において与えられているようにみえる豊かさを捉えなければならないので、性質のきめ細かい分類を用いる必要があるだろう〔3〕。では、どの程度きめ細かくなければならないのか。知覚的豊かさを根拠にして〔非概念的内容を推進する〕動機の特徴は、知覚内容を十全に説明するためには、視覚経験の豊かさを**主体の識別能力の及ぶ範囲**で捉えるべきだという発想である。

　私たちが非常に多くの色を識別できるということを踏まえると、経験を記述するために利用できる語や（より正確には）概念では、経験から得られる詳細な情報を特徴づけられないと思われる。たとえ色彩辞典にすべての色名——4000語（Tye 1995: 139）——が網羅されていたとしても、経験において識別可能な無数の色合いを捉えようとするときには、私たちの概念能力は悲しいくらいに不十分である。したがって、主体の識別能力を捉えるのに十分なほどきめ細かな性質の分類は、経験について思考するために使える概念能力をはるかに越えている〔4〕*6。

　ここまでの考察〔1～4〕から結論〔5〕を導くために、非概念的内容の定義に目を向けてみよう。「内容をもつ任意の状態 S に対して S が非概念的内容 P をもつのは以下のときである。つまり、主体 X が S にあることが、P を正準的な仕方で★8 特徴づける概念を X が所有しているということを含意しないときである」（Crane 1992: 143）。

　このように、非概念的内容は、その特徴づけのために必要とされる概念を主体がもたなくてもよい内容だと**定義されている**。したがって、視覚経験の豊かさを特徴づけるために必要とされる種類の内容は非概念的であるという結論がただちに導かれる。

　非概念的内容説の背後にあるさらなる動機は、動物も人間と似たような仕方で知覚しているようにみえることを説明できるというものである。非概念的内容を備えた経験をもつためにその内容を特徴づける概念をもつ必要がないならば、動物にも私たちと似た非概念的内容を備えた経験をもつ可能性があることになる（とはいえ、動物種ごとに弁別能力のレベルが異なるという点には注意が必要

である）。

　重要なことなのだが、ある心的状態の内容が概念的であるのか非概念的であるのかは、私たちがそれについての概念を偶然もっているかどうかによって決まるわけではない。それを決めるのはむしろ、概念をもつことがその状態にあるための**必要条件**であるかどうかである。**ある状態に備わる内容を特定するための概念を実際にもっていた**としても、その概念をもたなくともその状態にあることが可能であれば、その状態は依然として非概念的だということになるだろう。

5.3　どのようにして経験は内容を獲得するのか

　本章では、さまざまな種類の**知覚**の志向説と知覚**内容**の理論について考察してきた。これらの理論が二つの帽子〔現象学の帽子と認識論の帽子〕をうまくかぶることができるかどうかを確認する前に、論じておくべき問題がもう一つある。

　さまざまな知覚の志向説を検討した際に確認したが、現象学優位の志向説は、経験の内容が何であるかを示すのは経験の現象学であると主張する。つまり、経験の内容はその現象学から**読み取れる**のである。

　もちろん、内容優位の志向説はそのように主張することはできない。というのもこの説は、心的状態が現象学をもつことがどういうことなのかをその内容によって説明するからである。したがって、経験がある特定の現象学をもつことがどういうことなのかを説明するために、心的状態がある特定の内容をもつことがどういうことなのかについての理論が必要とされる。そのため、内容優位の理論を完成させるには、どのように経験が内容を**獲得する**のかという問いに取り組まねばならないのである。いったい何によって、ある経験は（それが現にもつ）特定の内容をもつようになるのだろうか。

　典型的な表象説では、ある種の還元的で自然主義的な内容理論が支持される。というのも、このアプローチは意識についての二段階の自然主義的説明を目指しているからである。すでにみたように、表象説は内容や表象によって意識を

説明する。意識を自然主義的に説明するためにはさらに、ある状態が特定の内容をもつようになるプロセスを自然主義の範囲内で説明しなければならないのである。

　自然主義的な内容理論は複数ある。たとえば、内容の「非対称的依存性」理論（Fodor 1992）、「成功意味論」（Whyte 1990）、「概念役割意味論」（Harman 1987）、さらに、それらをさまざまな仕方で組み合わせることが可能である。しかし、表象説論者の支持を集めているのは、内容の**目的意味論**である（たとえば、Dretske 1995: 15; Tye 1995: 153; and Lycan 1996: 75）[*7]。この理論には多くのヴァリエーションがあるが、心的状態への内容帰属を説明する際にその状態がどのような**生物学的機能**をもつかに着目することは共通している。

　とはいえ、表象説論者はどの内容理論も採用できる（ように思われる）。興味深いのは、どの理論が表象説ともっともよく噛み合うかということであろう。では、表象説論者が内容理論を選択するうえで重要となるのは、どのような論点なのだろうか。

　表象説の本質的な主張を踏まえると、以下のことがおそらくもっとも重要な論点となる。表象説論者は、ある経験をもつとはどのようなことであるかはその表象内容によって説明されると主張する。それゆえ、内容理論が十全なものであるためには、ある経験に帰属される内容がその経験の現象学と同じほど豊かで詳細でなければならない。さらに、鏡映テーゼから導かれる内容と現象学の**共変関係**を説明し予測できなければならない。鏡映テーゼとは、現象学の変化が表象内容の変化を必然的に伴うというものだった。これを踏まえたうえで、現象学が異なっている二つの経験 e と e* を考えてみよう。鏡映テーゼにしたがうなら、これらの経験の内容は異なっていなければならない。しかし、表象説論者は**内容**を基礎的な概念とみなすので、現象学の違いを内容の違いによって**説明**しなければならず、逆向きには説明できない。それゆえ、十全な内容理論からは、ある経験をもつことがどのようなことであるかが変化するとき、かつそのときにのみ、その経験の内容も変化するということが導けるはずである。これまでに列挙してきた内容理論がどれほどうまくこの特徴を説明できるかは、今

後の重要な研究課題である＊8。

5.4 表象説と二つの帽子

知覚の志向説には多くのヴァリエーションがあるが、ここではもっとも広く受け入れられている表象説がどれほどうまく現象学の帽子と認識論の帽子をかぶれるかを論じていく。

現象学の帽子

表象説の主要な動機づけは、クオリアやセンスデータを導入せずに幻覚や錯覚などの悪いケースにおける経験の現象学をうまく捉えることができるという点にある。

第3章で、経験の**透明性**に基づくクオリア説への反論について論じた。経験が透明だと述べることは、経験を内観することで見いだせるのは経験されている対象の性質だけであり、経験自体の性質はまったく見いだされないと述べることだった＊9。この現象学的主張はクオリア説に**反論する**ためだけではなく表象説を**擁護する**ためにも用いられるが、その内実は、透明性を説明できるのは表象説だけだというものである。その議論は以下のように進む（Tye 2000）。

経験の透明性とは、私たちが経験をもつときに気づくのは現前している**対象の**性質であるようにみえるという現象だ。このことは、視覚経験の**現前的性格**が対象の性質から構成されるという主張を支持する強い現象学的根拠となる。それゆえ、（クオリア説のように）知覚において私たちが気づく性質が**経験の性質**だと主張すると、視覚経験には決定的な誤りが含まれているとみなすことになる★9。こうした考えはもっともらしくないだろう。

もし経験の現前的性格が対象の性質から構成されているのなら、それは実際に私たちが**見ている**心から独立の対象がもつ性質から構成されていると考えられるかもしれない。しかしタイによれば、真正な知覚と区別不可能な幻覚がありうるため、こうした考えは間違っている。幻覚の場合、経験されるような心

から独立した対象がなくとも、私たちは当該の現前的性格を享受することができる。

　もし現前的性格が心から**独立**の対象がもつ性質によって構成されていないのならば、それは心に**依存**した対象（センスデータ）の性質によって構成されていると考えられるかもしれない。しかしタイによれば、「多くのおなじみの理由のため」（Tye 2000: 46）、この主張を受け入れることはできない。

　表象説論者はこの状況を打破することができる。現前的性格を構成する性質は対象の性質である。しかし、その性質は、対象によって**いまこの時点で例化されている**必要はない。むしろそれは、例化されているものとして経験が表象する性質なのである。このようにして、問題となっている性質を実際に担っている対象を導入することなく透明性という現象を取り込むことができる、と表象説論者は主張する。

　この見解では、経験の現前的性格は心から独立したごくふつうの性質によって構成される。経験の**現象的性格**――その経験をもつことがどのようなことであるかに基づいて当の経験のタイプを決める経験の性質――は、**その性質が例化されていると表象する**という経験の性質、あるいはしかじかの**表象内容**をもつという経験の性質なのである *10。

　したがって、表象説論者は現象原理を拒否する。その原理によれば、ある特定の感覚的性質をもつ何かが主体に感覚的に現われているならば、その主体によって気づかれている当の性質をまさしくもつ何かが存在する。表象説論者にとって、ある特定の感覚的性質をもつ何かが主体に感覚的に現われているということは、何かがその性質をもっていると経験が表象しているということに他ならない。そして、何かがその性質をもっていると経験が**表象**するために、その性質を**実際**にもった何かが存在している必要はない。

　透明性に対する応答としてクオリア説論者は、実のところ私たちは内観において経験の性質に気づきうることを示そうとするかもしれない。たとえばティム・クレインは、眼鏡を外して視界がぼやけたことに気づくとき、私たちは**対象そのものが実際にぼやけた**のだとは思わないと論じている。クレインによれ

ば、これは私たちが**経験の性質として**ぼやけ性に気づいているということを示している（Crane 2003）。

表象説論者はもちろんこれを否定し、ぼやけ性の経験がどういうものなのかを別の仕方で説明しなくてはならない。タイの戦略は、私たちがぼやけ性に気づいていることを**否定する**というものである。彼によれば、視界がぼやけている場合には、対象が実際にもっているはっきりとした輪郭を経験が表象しそこなっているにすぎない。つまり、そのような経験において私たちは対象の性質ではない何か（ぼやけ性）に気づいているのではなく、対象がもつ性質のうちの一つ（はっきりとした輪郭）に気づきそこなっているにすぎないのである（Tye 2003）。

現象学を内容によって説明する説――高階の志向説と一階の志向説（表象説）の両方――に対するもっとも重要な反論は、その説明のなかで機能主義的な考察が役割を果たしているかどうかを問題にしている。

すでにみたように、一階の内容優位の志向説（表象説）は、F 性についての経験の現象学を、主体が F 性を含む表象内容をもつ状態にあるということによって説明する。

しかし、以下の「アプリオリな疑い」（Kriegel 2002）について考えてみよう。主体が性質 F に意識的に気づくために性質 F の表象をもつだけで十分であるなら、性質 F は非意識的には表象されえないということになる。だが、この考えはもっともらしくないだろう。そうだとすると、F 性の非意識的な表象と意識的な表象を区別するような、表象とは**別**の何かがあるはずだと考えられる。

実際に内容優位の理論を個別に考察すると、この疑いは確信的なものになる。高階の志向説論者によれば、一階の表象が意識的であるためには、その表象がスキャンされているか、あるいは高階の信念の主題でなければならないのであった。また、一階の志向説論者によれば、表象状態が意識的であるためには、〔主体が表象状態にあるだけでなく〕その状態がある種の機能的役割を果たしていることも必要だった。

ここからわかるのは、どのような事例においても、主体が F 性を表象する状

態にあることだけでは、なぜ F 性が主体に感覚的に現われるのかを説明できないということである。そのため、なぜ付加的な要素——ある機能的な役割を果たすことや、内的なスキャナーによってスキャンされること、高階の信念の対象になることなど——が非意識的な状態を意識的な状態にするのかということが問題になる。

　この問題は次の問いによって先鋭化される。F 性が非意識的に表象されうるとすると、（それ自体では）**非意識的**な表象が特定の機能的役割を果たすことによって**意識的になる**のはなぜだろうか。この表象が意識的になることなくその機能的役割を果たしえないのはなぜなのか。もし果たしうるとすれば、内容優位の志向説は、ある視覚経験をもつとはこのようなことであるという何かがあるのはなぜなのか〔視覚経験に現象学が伴っているのはなぜなのか〕を説明できていないことになるかもしれない。

認識論の帽子

　概念主義的な志向説——視覚経験の内容は**概念的**だと考える立場——によれば、経験的信念は単に視覚経験の内容を受け入れることによって得られる。そのような立場では、視覚経験は因果的に経験的信念を基礎づけるだけでなく、**理由を与える**という仕方でも基礎づけると主張できることになる。

　さらに、そのような立場では遡行問題は生じない。遡行問題とは、ある信念を別の信念に訴えて正当化するとき、何がその別の信念を正当化するのが常に問題となるというものである（アームストロングが正当化の外在主義的な見解を採用したのは、この問題に対応するためであった）。概念主義的な志向説がこの問題を回避できるのは、次のような理由からである。「なぜあなたは P と信じるのか」という問いに「私は P と知覚しているからだ」と答えるとき、私たちはその信念を正当化するものとして別の信念ではなく**経験**に訴えている。そして、何が**経験**を正当化するのかという問いは奇妙に感じられる。経験は正当化されるようなものではなく、私たちがもつものであり、それ以上の何かではない。P と表象する経験をもつことによって P と信じることが十全に正当化されるなら

ば、一見したところ十全な認識論が得られるようにみえる。

　だが、経験的信念の正当化に関するこの説明には次のような批判が向けられてきた。Pが偽であるとき（たとえば、幻覚の場合）にも、Pという内容に対して**ケイケンする**という態度をとることができる。そのため、Pをケイケンするという視覚経験をもつことはPと信じることを十全に正当化するものではない。しかし、より深刻なのは、多くの志向説論者（少なくとも、**強い**志向説論者の大多数）は知覚内容について概念主義ではなく非概念主義を採用しているので、そもそも正当化に対するこのようなアプローチをとれないという問題である。

　非概念主義は、現象学をうまく説明できるという利点がある（と主張している）が、認識論的な対価を払わねばならない。この立場は、経験内容を受け入れることによって信念の内容が得られるという単純な説明を使えないのである。

　経験が信念を正当化するという考えを利用するために、非概念主義者は視覚経験の非概念的内容と信念の概念的内容の関係について、前者が後者の適切な認識論的根拠になっているということを示さなければならない。

　非概念主義者は、非概念的な知覚内容は信念内容に対する理由になっていると主張してきた。たとえば、（先述したピーコックのシナリオ的内容のように）もし非概念的内容が主体のまわりの空間がどのようになっているかを特定するのであれば、空間のレイアウトについてのある種の信念は、その内容と整合的ではなかったり、その内容に含意されたり、その内容を考慮すると真である確率が高くなったりするかもしれない、等々（Heck 2000）。

　また、視覚経験と信念は同じ**全体的**内容（*whole* contents）をもつと主張されることもあった。

> Pという知覚がPという信念を引き起こすとき、これら二つの状態の**全体的内容**は同じタイプのもの、つまりPである。……信念は知覚の内容を**概念化する**。それゆえ、知覚から信念への移行を全体的内容という観点から捉えることで、知覚がどのように信念内容となりうるような内容をもっているのかが説明されるのである。　　　　　　　　　　（Crane 1992: 155）

しかし、概念主義者はこのような応答によって説得されないだろう。たとえ知覚内容が信念内容に対する理由になるとしても、非概念的内容をもつ視覚経験は主体にとっての本当の**理由**——主体の観点から利用可能である理由——にはなりえないと彼らは主張するだろう。彼らにとって、そうした理由になるのは、概念的内容をもつものしかないのである。

ブリューワーが論じているように、「主体にとって外的な目的や要求からすれば、[ある非概念的内容をもつ状態]にあることは、[主体が]当該の判断を下したり信念をもったりすることの根拠になるかもしれない。だが、たとえそうだとしても、その状態にあることそれ自体は、主体が判断を下したり信念をもつことの理由にはなりえないのである」（Brewer 2005: 219）。

問　題

- ある経験をもつことがそのようである何かとは経験の表象内容に他ならないという主張は、どれほどもっともらしいのか。
- 非概念的内容の支持者は、知覚の認識論的役割に適切な説明を与えることができるのか。
- 自然主義的な内容理論は、鏡映テーゼが要求するような内容の共変関係をうまく予測できるのか。

読書案内

M. G. F. マーティンの "Perceptual Content"（Martin 1994）は、知覚の哲学における志向説の優れた手引きである。志向説が採用するかもしれないさまざまなアプローチのより専門的な概観としては、D. チャルマーズの "The Representational Character of Experience"（Chalmers 2004）がある。

経験の透明性については、G. ハーマンの「経験の内在的性質」（Harman 1990）を読むとよい。鏡映テーゼの擁護については、A. バーンの "Intentionalism

Defended"（Byrne 2002）を見よ。

高階の志向説についてはB. ライカンの *Consciousness and Experience*（Lycan 1996）とD. ローゼンタールの "A Theory of Consiousness"（Rosenthal 1990）を見よ。一階の志向説（表象説）については、F. ドレツキの "Experience as Representation"（Dretske 2003）とM. タイの *Ten problems of Consciousness*（Tye 1995）と *Consciousness, Color and Content*（Tye 2000）を見よ。

S. シーゲルによって書かれた The Stanford Encyclopedia of Philosophy の項目 "The Content of Perception"（http://plato.stanford.edu/entries/perception-contents）は、関連するさまざまな問題の優れたサーベイである。知覚内容が外在主義的であるか内在主義的であるかに関する議論については、G. シーガルの "Defence of a Reasonable Individualism"（Segal 1991）、M. デーヴィスの "Individualism and Perceptual Content"（Davies 1991）、T. バージの "Cartesial Error and the Objectivity of Perception"（Burge 2007b）がある。

T. クレインの "The Nonconceptual Content of Experience"（Crane 1992）は、非概念的内容をめぐる問題へのよい手引きである。リチャード・ヘックの "Nonconceptual Content and the 'Space of Reasons'"（Heck 2002）では、非概念的内容をもつ経験の認識論的役割について詳しく論じられている。

内容の自然主義的理論について考えたいならば、バリー・ロワーの "A Guide to Naturalizing Semanics"（Loewer 1997）から始めるとよいだろう。

注

* 1 とはいえ、クオリアには別の捉え方もあるということに注意しよう。また、クオリアについてのさまざまな理論がある（クオリアを物理的性質とみなす理論もあれば、非物理的性質とみなすものもある）。ジョナサン・シーアが編集した *Explaining Consciousness: The Hard Problem*（Shear 1997）は、クオリアに関するいくつかの理論についてよい概説を与えている。
* 2 この考察を踏まえてマッギンは、経験の内容は何かがそこに存在しているということを示すもの〔existential〕に制限されるべきだと主張した（McGinn 1982）。この考えに反対する論者は、経験は単に黒とピンクで彩色された本

がそこにあるということを示すだけでなく、**ある特定の**本が黒くてピンクであるということを示している、と主張する。そのため彼らは、区別不可能な複数の経験が内容**図式**（content *schema*）を共有していると考えることにより、マッギンの洞察を単称的内容説のなかに取り込もうとする。内容図式とは、経験の現象的性格を決定するものであり、また、文脈に応じて単称的内容を担うものでもある。たとえば、バージ（Burge 1991）は以下のように論じている。互いに区別不可能な知覚と幻覚に共通に含まれる視覚経験は〈あの対象は F である〉という形式の（〔それ自体では〕真理値をもたない）**直示的**内容をもっている。適切な状況──視覚経験に対応するような対象（たとえば、o）が存在している状況──で主体がこの視覚経験をもつときには、直示的要素が対応する個物を選び出し、その結果として単称的で真理値をもつ内容〈o は F である〉が得られる。幻覚の場合には、この直示的要素は何にも対応付けられないので、単称的内容は得られない（Soteriou 2000 も参照）。またタイは、幻覚が実際にもつ内容は**穴あき**（*gappy*）だとするヴァージョンを提案している（Tye 2009）。シェレンバーグは、フレーゲ的内容理論のもとで 穴あき内容説を展開している（Schellenberg 2011）。

* 3　「内在主義」と「外在主義」という語は哲学の多くの領域で使われている。したがって、**何についての**内在主義者／外在主義者であるのかを明確にしておかなければならない。とくにこの文脈では、知覚**内容**の外在主義／内在主義を、**現象学**についての内在主義／外在主義や、（前章で論じたような）**正当化**についての内在主義／外在主義から区別する必要がある。現象学についての内在主義によれば、ある人物とその物理的複製は同じ現象学をもつが、外在主義によれば脳や身体の外側にある要素も現象学を決定しうる〔そのため、物理的に同じでも現象学が同じだとは限らない〕。したがって、知覚内容の内在主義は現象学についての内在主義と自然に結びつくことになる。もしあなたが現象学についての内在主義者であり、そして、現象学が知覚内容を決めると考えるならば、知覚内容は主体の内的状態によって決定されると主張することになるだろう。他方で、自然主義的な内容理論の多くは外在主義をとるので、現象学についての外在主義は内容優位のアプローチと結びつくことが多い。つまり、環境の変化が内容の変化をもたらしうると考え、さらに内容が現象学を決定すると考えるなら、環境の変化は現象学の変化をもたらすと主張することになる。

* 4　ヒラリー・パトナムが "The Meaning of Meaning"（Putnam 1975）で提示したような古典的な双子地球論証では、自然種名は物理的環境から意味を獲得すると主張されている。そして、バージが「個体主義と心的なもの」

（Burge 2007a）で提示した論証では、社会的環境の特徴から意味を獲得する名辞もあると主張されている。
* 5 ここで注意すべきなのは、この直観は変化盲や不注意盲に関する最近の科学的研究の成果に基づいて批判されているという点である。これについては第8章で論じる。
* 6 近年この主張には批判が向けられている。ジョン・マクダウェルによれば、「当人のもつ概念の力を超えていると一般に考えられているような経験——仮定により適切な見本を与えてくれる経験——のただなかにあるひとは、この見本を活かした直示語が含まれる『あの色合い』といった句を発話することによって、当の経験と正確に同じきめの細かさをもつ概念を言語的に表現することができるのである」（McDowell 1994）。言い換えると、「赤」や「黄色」や「バーントシェンナ〔赤茶色の一種〕」のような概念を使って経験のきめ細かさを捉えることはできないが、概念主義にとって問題だとみなされている当のきめ細かさを直示的概念を使って捉えることが**できる**、ということである。つまり、私たちはそれを**その**色合いとして考えることができる。だが、この応答は以下のように批判されている。概念主義者は、経験をもちうるためにはその直示的概念をもっていなければならないと論じる必要があるようにみえるが、それでは順序が逆転しているのではないか。知覚者は〔まず〕ある特性を備えた経験をもち、そして、**それによって**その特性を直示できるようになるのではないか。もしそうだとすれば、知覚者が直示的概念をもつより**先**に経験がこの特性をもちうると認めなければならない。
* 7 この点に関心がある読者のために、表象説論者であるマイケル・タイのアプローチを概観することにしよう。彼は目的意味論アプローチを因果的共変の考えと結びつける。タイによれば、「経験は、最適条件のもとである特徴と因果的に相関する（あるいはトラッキングする）ことにより、その特徴を表象する」（Tye 2000: 64）。それゆえ、ある心的状態 M が F を表象するためには、M は最適条件のもとで F 性と相関していなければならない。では、どのような場合にある状況が最適だとみなされるのか。「進化を経てきた生物の場合、視覚が働く [最適な] 状況には視覚システムに関するさまざまな要素が含まれる。その要素は、それが働くよう設計されている外的環境のもとで実際に働くように設計されているものである」（Tye 2000: 138）。ここで、ある生物が環境 E で進化し、E において M は信頼できる仕方で F と共変してきたとしよう。さらに、その生物の感覚メカニズムは、それが進化してきた環境についての情報をその生物に与えるという理由のために、〔進化の過程で〕選択されたとしよう。タイの理論によれば、この場合 M は F を表象することになる。

＊8 少なくとも内容優位のアプローチをとる論者にとっては、内容についての形而上学的理論は心理意味論的（psychosemantic）理論と適切な仕方で結びつかねばならないという点も重要となる。おそらく、内容優位アプローチを採用する論者は単称内容説を採用することになるだろう。なぜなら、自然主義的な内容理論はどのように〔対象と性質の〕与えられ方から構成される内容を認めうるのかを理解するのは難しいからである。したがって、フレーゲ的内容説を採用する志向説論者は、現象学優位のアプローチをとることになると思われる。それゆえ（単称的内容が現象学をうまく捉えられないとする）上述の議論は、多くの点において、現象学優位のアプローチを支持する議論にもなる。

＊9 透明性という現象がクオリア説への批判となる限り、こうした批判は、視覚経験の現象学的な特徴を説明するためにクオリアを認めるさまざまな志向説（おそらく、弱い志向説や現象学優位の強い志向説）にもあてはまることになる。クオリアに訴えることに対するさらなる懸念は、クオリアを物的／物理的な科学的世界観と適合させるのが難しいという点である（Levine 1983; Chalmers 1996）。

＊10 タイは実際には、内観によって私たちは「経験**内容**のアスペクト」に気づくと主張している（Tye 1992）。もし経験が太平洋は青いと表象するのならば、**青さ**は経験内容の構成要素でありうるので、私たちはそれに気づくと言うことができる。このことゆえに、タイは経験の現象的性格と表象内容（つまりPANIC）とを**同一視**することを彼の公式見解としている。しかし、タイが「現象的性格」という語で意味しているのは、ここで私が「現前的性格」と呼んでいるものだということに注意しよう。本書で採用した用語法では、現象的性格は**経験**の性質であり、たとえ経験が内容をもつとしても、内容はその経験**の性質**ではない。タイが現象的性格をPANICと同一視することで言いたいことは、ここでは現前的性格についての主張として捉えられることになる。

訳注

★1 ある命題的態度が事実的であるとは、ある内容が実際に成立しているときにのみ、その内容に対して当の命題的態度をとることができるということである。〈目の前にあるリンゴが赤い〉という内容を考えよう。目の前にあるリンゴが実際に赤いときにのみ、その内容に対して事実的な命題的態度をとることができる。事実的な命題的態度としてしばしば言及されるのは、「Xと

いうことを知る」や「Xということを見る」などである。たしかに、実際に目の前にあるリンゴが赤くないときに、目の前にあるリンゴが赤いということを知ることはできないし、目の前にあるリンゴが赤いということを見ることはできないだろう。他方で、ある命題的態度が事実的でないとは、ある内容が実際に成立しているかどうかにかかわらず、その内容に対して当の命題的態度をとることができるということである。事実的でない命題的態度としてしばしば言及されるのは、「Xということを信じる」や「Xということを考える」などである。実際に目の前にあるリンゴが赤くなかったとしても、目の前にあるリンゴが赤いということを信じることは可能であろう。

★2 ある言明や信念の内容が世界のあり方にぴったり当てはまるときには、その言明や信念の内容は真であるとみなされる。ある経験が正確であるというのは、その経験の内容が世界のあり方にぴったり当てはまるということである。この点で、「正確である」という概念は「真である」という概念と類似している。経験について「真である」という言い方をしないのは、真偽が問いうるのは命題的な存在者のみだとみなされているのに対して、経験が命題的かどうかは議論の余地があるからである。

★3 一階の表象は高階の表象と対比される。高階の表象とは、ある主体の表象状態（信念など）についてその主体自身がもつ表象のことである。他方で、一階の表象とは、主体の表象状態以外の何かについての表象のことである。目の前にリンゴがあると私が信じている場合、その信念の内容は〈目の前にリンゴがある〉というものとなる。この内容のうちには主体自身の表象状態についての言及が含まれていないので、その信念は一階の信念である。他方で、目の前にリンゴがあると私が信じているということをも私が信じている場合、その信念の表象内容は〈私は目の前にリンゴがあると信じている〉というものとなる。この内容には信念についての言及が含まれる。信念は表象状態であるので、その内容には表象状態についての言及が含まれていることになる。したがって、その信念は高階の信念だということになる。

★4 可能世界内容説の基本的なアイデアは、Lewis の *On the Plurality of Worlds* (1986) や Stalnaker の *Inquiry* (1984) で展開されている。ただし、そこで主に論じられているのは、知覚の内容ではなく、信念のような非感覚的な心的状態がもつ内容である。

★5 野外で二人の人物（AとB）が別々の場所からある赤いリンゴを見ている

場面を考えよう。さらに、太陽の位置との関係で、A にとってそのリンゴは輝いて見え、B にとってそのリンゴはくすんで見えているとする。彼らが見ているリンゴは同一であり、そのリンゴは赤さという性質をもっている。しかし、そのリンゴが知覚経験においてどのような仕方で彼らに与えられているかは異なっている。つまり、A にはその赤いリンゴは〈輝いているものとして〉与えられており、B には〈くすんでいるものとして〉与えられている。この場合、そのリンゴの与えられ方は異なっていることになり、フレーゲ的内容説によると、彼らの知覚経験の内容は異なっているということになる。

★6 マーク・ロスコとはラトビア生まれのアメリカの画家である。多くの抽象画を描いた。

★7 規定的（determinate）とは、規定可能的（determinable）と対になる概念であり、性質どうしの関係を特徴づけるものである。X と Y がそれぞれ規定的・規定可能的という関係に立つ場合には、X をもつことは Y をもつ特定の仕方だということになる。たとえば、赤さをもつことは色をもつことの特定の仕方であり、青さをもつことも色をもつことの特定の仕方である。したがってこの場合、〈赤さをもつ〉と〈青さをもつ〉はどちらも規定的性質であり、〈色をもつ〉ことは規定可能的性質だということになる。さらに、スカーレットであることは赤さをもつことの特定の仕方である。したがって、〈スカーレットである〉は規定的性質であり、〈赤さをもつ〉は規定可能的性質となる。このことから、〈赤さをもつ〉は、〈スカーレットである〉と〈色をもつ〉のどちらと対照されるかに応じて、規定的性質とも規定可能的性質ともみなされうることがわかる。ただし、〈この特定の赤の色合いをもつ〉などといった、規定的ではあるが規定可能的ではないような性質もある。ここでタイが規定的な色と述べているのは、そうしたそれ以上規定されえないような色性質のことだと考えられる。

★8 クレインによれば、内容 X が概念 Y によって正準的な仕方で特徴づけられるためには、Y が X にとって本質的だとみなされるものに対応する概念でなければならない（Crane 1992: 142-143）。ある信念が〈赤いものがこの部屋にある〉という内容をもつとしよう。その内容は、赤さに対応するような特定の反射性質である〈R〉という概念によっても特徴づけられるかもしれない。とはいえ、〈赤いものがこの部屋にある〉という内容にとって本質的だとみなされるのは、〈赤さ〉という概念であり、〈R〉ではない。したがって、〈赤さ〉は当の内容を正準的に特徴づけるものであるが、〈R〉はそうで

はない。より詳しい説明としては、T. クレイン（2010）『心の哲学』（勁草書房）の 45 節を参照。

★9 ここでの誤りとは、対象の性質に気づいていると思われるすべての経験において、実際には経験の性質にしか気づいていないということである。この場合には、対象の性質に気づいているようにみえるというほぼすべての視覚経験がもつ特性は誤りを招くものだとみなされることになる。こうした意味で視覚経験が誤りを含むという見解を受け入れる理論は、錯誤説（error theory）と呼ばれる。

第6章
選言説

> **あらまし**
> 　知覚の選言説は共通要素原理を否定し、互いに区別不可能な複数の経験が別種のものでありうると論じる。本章ではまず、さまざまな種類の選言説を紹介する。
> 　次に、現象学的選言説に焦点を合わせる。そして、この選言説が素朴実在論（naive realism）や関係説（relationalism）と呼ばれる知覚の哲学的理論を擁護するために用いられることをみる。さらに、選言説において幻覚経験という悪いケースがどう扱われているか、錯覚がどう位置づけられるかについて論じる。

　　　　　共通要素原理　　❌
　　　　　現象原理　　　　❓
　　　　　表象原理　　　　❓

　それぞれの原理の扱い方からわかるように、選言説を他の立場と区別する特徴は、共通要素原理を否定するところにある。つまり、選言説論者は、正しい知覚（良いケースの経験）と幻覚（悪いケースの経験）が主体にとって区別不可能だとしても、それぞれに伴う心的状態は**異なっている**と主張するのである。
　なぜこの立場は「選言」説と呼ばれるのだろうか。その理由は、視覚経験と

いう中立的なカテゴリーに対する以下の選言説の分析をみればわかる。（しばらく錯覚は脇に置くが、少し後で改めて考察する。）

　ある主体SがFを見ているときのような視覚経験をもつのは、以下のときかつそのときにかぎる。

- SはFを知覚している、
- あるいは、SはFの幻覚に陥っている。

　選言的な分析がどういうものかを理解するために、以下の例を考えてみよう（この例はChild 1994: 145による）。主題Sの類似物（likeness）を生み出す方法は、Sの絵を描くか、Sの写真を撮るしかないとしよう。つまり、Sの絵画とSの写真がSの**類似物**なのである。Sの写真とSの絵画は、それらが共にSの**類似物**である限り何らかの共通点がある。とはいえ、Sの写真とSの絵画が共有する何らかの性質によって、それらがSの類似物になるというわけではない。むしろ、「Sの類似物」というカテゴリーを理解するための正しい方法は、それを**選言的なもの**と考えることである。つまり、何かがSの類似物であるのは、それがSの絵画であるかSの写真であるかの**どちらか**であるとき、かつそのときにかぎると考えるのである。実際に、上記の視覚経験というカテゴリーの分析と同様の仕方で、「類似物」というカテゴリーを分析することができる。

　ある対象OがSの類似物であるのは、以下のときかつそのときにかぎる。

- OはSの絵画である、
- あるいは、OはSの写真である

　選言説論者によれば、（Fの）視覚経験というカテゴリーは、（Sの）類似物というカテゴリーと同様に、そもそも**選言的**なものである。

　もちろん、〔これで話が終わるわけではなく〕選言説論者は、知覚と幻覚のそれぞれに何が関与しているのかについてさらに論じる必要がある。たとえば、F

の知覚とはいかなるものであり、Fの幻覚とはいかなるものであるのか。原理的には、どんな答え方も可能である。たとえば、知覚を副詞説的に捉えながら幻覚をセンスデータ説的に扱うこともできる。しかし実際のところ、選言説は**素朴実在論**や知覚の**関係説**と呼ばれる理論とともに主張されるのがふつうである。この理論は少なくとも知覚の場合において現象原理を支持するのだが、それについては後で論じよう。

　興味深いのは、選言説にとって本質的な（これまで考察してきた理論にはない）次の主張である。すなわち、視覚経験に加えて**別**の条件が満たされることにより、その視覚経験が正しい知覚になると考える必要はない。むしろ、もし視覚経験の選言説的な分析が正しければ、視覚経験が正しい知覚であるのはそれが幻覚でないとき、かつそのときにかぎるということになる。

　視覚経験という中立的なカテゴリーをこのように理解することにより、選言説論者は**みえる‐言明**（*seems* statements）に興味深い解釈を与えることができる。第1章で論じた、共通要素原理を支持する動機を思い出してみよう。それは、ピンクの象を実際に**見ている**のかピンクの象の**幻覚に陥っている**のかわからないならば、私たちはその経験を「ピンクの象を**見ているようにみえる**（seeming to see）」と表現するだろうという点にあった。一見すると、このような言明は、知覚の場合と幻覚の場合に共通要素がある（正しい知覚と幻覚の両方で生じるような何かがある）という見解に肩入れしているようにみえる。

　しかし選言説論者は、J. M. ヒントン（Hinton 1967, 1973）に従い、「ピンクの象を見ているようにみえる」という言明は、「ピンクの象を見ているか、**あるいは**、ピンクの象の幻覚に陥っているか**のどちらかである**」という言明を短く述べたものだと解釈する。みえる‐言明がこのように翻訳されたならば、「ピンクの象を見ているようにみえる」という言明が真だとしても、幻覚の場合と知覚の場合に共通要素があるという見解を採用する必要がなくなるのだ。

　「ピンクの象を見ているか、**あるいは**、ピンクの象の幻覚に陥っているか**のどちらかである**」という選言文は、次の**二つ**の場合で真となるだろう。すなわち、ピンクの象を**実際に**見ているという命題が真である場合か、ピンクの象を

（実際には見ていないが）見ている*かのようだ*という命題が真である場合である。ドン・ロックが述べているように、「『この人は女性であるか女性の格好をした男性である』という文は、女性と女装癖のある男性とに中立的な何かがいると述べているわけではない……その文は単に、そこに女性か女装癖のある男性のどちらかがいれば真になる」（Locke 1975: 467）。

したがって、選言説の核となる主張は次のようなものとなる。

> 事物が知覚者に対してどのように現われているかを述べた言明は、その知覚者はしかじかを知覚しているか、あるいは……幻覚に陥っているという選言と同値のものとして理解されるべきである。そのような言明を、幻覚でも知覚でも成立する特別な心的出来事／状態の存在を表すものとみなすべきではない。
> 　　　　　　　　　　　　　　　　　　　　　　　　（Martin 2004: 37）

つまり選言説は、〔互いに区別不可能な〕知覚と幻覚が基礎的な心的状態を共有していないと主張するのである。

6.1　因果論法

知覚と幻覚が**異なる**心的状態であるという主張は、知覚に関する因果的事実と折り合わないと論じられてきた。ある対象が感覚器官を通じて脳に因果的に作用しなければ、その対象についての知覚が生じないというのは明らかだと思われる。

ここから、選言説への反論を以下のように組み立てることができる。

　　　1. 知覚を引き起こす因果連鎖の途中の段階を標準的ではない仕方で引き起こすことができる（たとえば、網膜や視神経、あるいは脳の視覚野を直接的に刺激することによって）。

2. 途中の段階が標準的ではない仕方で引き起こされたとしても、それより後の段階は変わらない。因果連鎖における先行部分が正確に複製される限り、後続段階は同じになるだろう。
3. 後続の段階が同じだったならば、結果として生じる経験は同じ種類のものである。しかしこれは、選言説に反して、知覚の場合も幻覚の場合も同じ種類の経験が引き起こされるということに他ならない。

だが、この論証の健全性を疑う理由がある。以下の例を考えてみよう。正規の紙幣を生産するまでの「因果連鎖」は、（おそらく）適切な権威者の命令から始まり、ある機械によって紙幣が印刷されるところで終わる。ここで、犯罪者が正規の紙幣を印刷する機械を複製したとする。この場合、彼は因果連鎖の途中の段階を標準的ではない仕方で引き起こしたということができる。その後に続く因果連鎖の段階（紙幣が印刷される場面もそこに含まれる）が同じだとしても、犯罪者が印刷した紙幣はあくまで偽札である。たとえ偽札を生み出す際の途中の「原因」が正規の紙幣を生み出す際の途中の「原因」と同じ種類だとしても、「同じ種類の紙幣」が生み出されるわけではない。

因果論法に反対するより哲学的な理由を理解するために、ヒラリー・パトナムの双子地球論証について考えてみよう（Putnam 1975）。次の点を除いて地球と全く同じである双子地球を考えてみる。その惑星では、湖や川を満たし、空から降ってくる液体は、H_2O ではなく、それと〔表面上は〕区別不可能であるが化学的には別の XYZ という物質である（とはいえ、双子地球の住民はそれを「水」と呼ぶ）。地球にはオスカーという人がおり、双子地球には彼と物理的に全く同じ人物がいる（双子地球で彼は「オスカー」と呼ばれているが、ここでは「双子オスカー」と呼ぼう）[*1]。

パトナムによれば、〈グラスが水で満たされている〉というオスカーの信念が真になるのはグラスが H_2O で満たされているときなのに対し、双子オスカーの対応する信念が真になるのは、グラスが XYZ で満たされているときである。

これらの信念は異なる真理条件をもつので、二人は異なる**信念**をもっていることになる。それゆえパトナムは、オスカーと双子オスカーは物理的かつ機能的に同じであるが、異なる信念をもっていると主張する。

したがって、二つの異なる心的状態が同じ近接原因をもつということが可能であるように思われる。もしそうだとすれば、選言説論者は因果論法に反対し、**たとえ同じ近接的な原因をもっている場合でも**、知覚と幻覚は異なる心的状態であると主張することができる。

では、知覚と幻覚が異なる心的状態であるということは正確に言ってどういう主張なのだろうか。どの知覚理論も、知覚と幻覚はある意味で異なる心的状態であると認めるだろう。何はともあれ前者は知覚であり後者は幻覚であるからだ。したがって、知覚と幻覚が同じ心的状態を共有していないと主張するならば、このような当たり前のこと以上の何かを述べなくてはならない。つまり、選言説において知覚と幻覚はどのように違うのか、ということが問題になるのである。この問いの答え方はいくつもあり、それ次第で異なる選言説になる。以下ではこの点を説明しよう。

6.2 認識論的選言説

上記の問いに対する一つの答えは、知覚と幻覚は**知覚的証拠**としての地位が異なるというものである。言い換えると、認識論的選言説論者は区別不可能な知覚と幻覚が主体にとって同じ知覚的証拠となるという点を否定するのである。

ポール・スノウドンは認識論的選言説の可能性に注意を向け、次のように述べている。「P であるかのようにみえるということが真である事例は二種類に区別できる。一つはその主体が P ということを知りうる立場にいる場合であり……もう一つは P であるようにみえるということしか知ることができない立場にいる場合である」（Snowdon 2005: 140）。

しかし、スノウドンが述べているように、「同じ種類の基礎的な（内的）経験が文脈や因果的事実に応じて大きく異なる認識論的意義をもつ」（2005: 140）と

考えることはできる。そうだとすれば、認識論的選言説は、知覚と幻覚が基礎的な心的状態を**共有している**と認めることができる。そのため、本書での「選言説」の定義からすると、この種の認識論的選言説は選言説とみなされないことになるだろう。

とはいえ、知覚と幻覚が同じ基礎的な内的経験を共有するという考えを認識論的選言説論者が**否定する**ならば、知覚と幻覚の違いはどこにあるのかという問題は残ってしまうことになる。

6.3　形而上学的選言説

形而上学的選言説によれば、二つの心的状態が異なっているとみなされるのは、それらが異なる**構成要素**をもつときである*2。

こうした考えに基づいて、選言説論者は、〔真正な〕知覚経験は知覚された対象を**構成要素**として含んでいると主張できる。「主体によって気づかれている適切な対象が存在しなかったならば、真正な知覚経験と本質的に同じ種類の経験が生じることはありえなかっただろう」（Martin 2004: 39）。

とはいえ、形而上学的選言説と共通要素原理を**受け入れる**理論（共通要素説と呼ぶ）の違いは、たんに言葉上のものにすぎないのではないかという懸念がある。というのも、結局のところ、どの理論も知覚においては何かが**見られている**が、幻覚においてはそうではないという違いを受け入れることになるからである。

これを踏まえると、形而上学的選言説と共通要素説は、心的状態が同じであるか異なっているかを何が決めるのかという点を除いて、すべての点について同意見であるかのようにみえる。共通要素説論者によれば、知覚と幻覚が区別不可能であるということにより、それらは同じ基礎的な種類の経験となる。形而上学的選言説論者によれば、見られている対象の有無により、知覚と幻覚は**別**の種類の経験となる。もしこうした違いしかないならば、形而上学的選言説は、知覚の理論を探求するという私たちの興味をひくようなものではないと思われる*3。

しかし以上のことは、形而上学的選言説論者が共通要素説論者とすべての点について同意しなければならないということを意味するわけではない。形而上学的選言説論者は、知覚と幻覚が異なる構成要素をもつというだけではなく、それらは**別**の重要な点においても異なっていると主張するかもしれない。たとえば、それらが別の志向的内容をもつ、あるいは別の現象的性格をもつと主張するかもしれない。次に、この二つの可能性について考察していく。

6.4 内容選言説

内容選言説によれば、二つの心的状態が異なっているとみなされるのは、それらが異なった**内容**をもつときである。

もし表象原理を支持したいのなら、視覚経験が**内容**をもつということを受け入れなければならない。ここで、内容を単称的なものとして考えたいとしよう。前章では共通要素原理を受け入れるタイプの志向説に注目したので、そのような立場は擁護可能ではなく、知覚内容は対象について単称的ではありえないという結論をただちに下したのだった。

しかし、表象原理の支持者が共通要素原理を**拒否**することは論理的に可能である。つまり、選言説的な志向説が成立する余地がある。この立場によれば、知覚・幻覚・錯覚という区別不可能な経験が内容において**異なっている**とされる。この場合には、真正な知覚経験に**単称的**内容を割り当てることも可能になる。

ここで問わねばならないのは、知覚が単称的内容をもつと主張する**必要があ**るのかどうかである。

単称的内容説の動機

知覚内容が単称的であるという主張を支持する一つの議論は、そう考えることにより知覚の**個別性**をうまく捉えることができるようになるというものである。知覚の個別性とは、私たちの経験が数的に区別された（unique）個体についてのものであるようにみえるという現象のことである。

もともとこの議論は直観に依拠している。あなたの前にある本を見てほしい。あなたの視覚経験が伝えるのは、**単にある種の本があなたの目の前にある**ということではなく、あなたの目の前にあるのは**まさにこの本である**ということではないだろうか。これが個別性の直観に訴えるということである。単称的内容、つまり、まさにその対象が構成要素となる内容に訴えることにより、その直観をうまく捉えることができるだろう。

ソーテリユーは次のような議論によってこの直観を強化する（Soteriou 2000）。対象の見かけの位置を右側にずらすメガネをかけている主体を考えよう。この場合、実際には左側にある対象が正面にあるように見え、正面にある対象は右側にずれて見えることになる。ここで、赤いボール A が**左側**にあるが、メガネのせいで正面にあるかのようにみえる場面を想像しよう。実際には、この経験の内容は偽である。だがここで、A と区別不可能な別の赤いボール B を主体の**正面**に置くことにより、その内容を真にすることができる。このとき、その主体の正面には赤いボールが**あり**、経験が表象していることとこの状況は一致していることになる＊4。

そうだとすると、その経験の内容は真になるかのように思われる。だが、直観的には、この経験には何か誤りが含まれているように思われる。この直観を捉える一つの方法は、経験の内容のなかに自己言及的部分が含まれていると考えることである。その場合、経験は単に〈私の正面に赤いボールがある〉ということだけでなく、〈私の正面にあるように見える赤いボールは実際にこの経験を引き起こしている〉ということも表象することになる（Searle 1983）。そうすると、二番目の自己指示的部分が真ではない（目の前にあるのは B であるが、目の前に赤いボールがあるように見えるという経験を引き起こしているのは A である）ので、このアプローチに従えばその経験の内容は真でないことになる。しかしこの考え方は、現象学を誤って捉えてしまっていると批判されてきた。というのも、視覚経験への内容帰属は事物が私たちにどのように**みえる**かを説明すると想定されているのだが、私たちには対象と経験との間に因果関係があるようにはみえないからである。

このアプローチが間違っているとしてみよう。その場合、上記の赤いボールの経験が知覚ではないという事実を説明するためには、その経験の内容は抽象的ではなく**単称的**だと考える必要があるとソーテリユーは主張する。つまり、経験の内容は〈私の正面に赤いボールがある〉というもの（これは真である）ではなく、〈Aは赤いボールであり、かつ、私の正面にある〉というものであるはずだ（実際に私の正面にあるのはBなので、これは偽である）。それゆえ、知覚内容が単称的であると認めるべきだということになる。

だが前章で述べたように、この主張には問題がある。というのも、この主張は、互いに区別不可能な二つの対象についての経験が内容において異なるという考えを含意するからである。赤いボールAの経験は〈Aは赤いボールであり、かつ、私の前にある〉という内容をもつ。他方で、Aから区別不可能な赤いボールBの経験は、〈Bは赤いボールであり、かつ、私の前にある〉ということを表象する。もし、経験に内容を帰属させる主たる目的が私たちに事物がどのようにみえているのかを捉えることであるならば、これら二つの経験において事物が主体にどのようにみえているのかが異なることになるだろう。だがこれは、二つの経験が区別不可能であるという仮定と矛盾する。

これに対する返答としてソーテリユーは次のように述べている。すなわち、この批判を回避するためには、目下の文脈において「区別不可能であること」が**質的に**（質あるいは性質という観点から）区別不可能であることを意味しているという点を思い出しさえすればよい。それらの経験は（区別不可能だと想定されているため）AとBの両方がまったく同じ性質を例化していると表象するので、私たちはそれらの経験が主体にとって同じにみえると考えるべきなのである。

内容選言説と現象学

ここでさらに、次のような問いが生じる。互いに区別不可能な知覚と幻覚の内容が異なりうるということを踏まえると、それらが区別不可能だという事実をどうやって説明すべきなのか。この問いはすべての種類の選言説にとってもっとも重要である。

内容選言説がとりうる一つの戦略は、**知覚内容**についての問いを**知覚の現象学**についての問いから**切り離す**ことである。そうすることで、内容が異なる知覚と幻覚とが同じ現象学をもつ可能性を認めることができるようになる。この戦略の眼目は、知覚と幻覚が共通の**心的状態**をもつことを否定しつつも、**現象学**をそれらの共通要素とみなす点にある [*5]。そのため、この立場は定義上選言説とはみなされないのではないかと疑われるかもしれない。この戦略に対する代替案は、知覚と幻覚が同じ現象的性格を共有していなくとも区別不可能でありうると強弁することである。そのような立場は、現象学的選言説と言える立場になるだろう。以下ではこの立場について論じていく。

6.5　現象学的選言説

　現象学的選言説によると、心的状態が異なるとみなされるのは、異なる**現象的性格**をもっている場合である。この種の選言説によれば、知覚と幻覚は同じ現象的性格を**共有していない**。

因果論法再訪
　しかし、この立場はよりもっともらしいタイプの因果論法に直面してしまうようにみえる。それは、同じ近接条件が同種の**経験**を生み出すというのではなく、同じ近接条件が同じ**現象学**をもつ心的状態を生み出すというものである。ホーガンとティーンソンは次のようにこの論証を提示する。

> 環境内の遠原因〔対象〕が経験にかかわる結果を生じさせるのは、遠原因と経験の間の因果連鎖におけるより近接的な部分（身体の感覚受容器に与えられる物理的刺激）を遠原因が生じさせることによってのみである……そうした〔より近接的な〕状態や過程が経験にかかわる結果を因果的に生じさせるのは、それらと経験の間の因果連鎖のさらに近接的な部分（感覚受容器において物理的刺激が求心性の神経インパルスに変換される）を生じさせることに

よってのみである。このように、心と世界の接触は、中枢神経系の周辺部にある感覚・運動変換器によって媒介されているのである。たとえ変換器の外側にある原因や、脳の求心性・遠心性神経活動の結果が実際のものから大きく異なっていたとしても、意識経験は現象的に同じだっただろう。

(Horgan and Tienson 2002: 526-527)

　ここで主張されているのは次のことである。すなわち、たとえ環境内での変化が心的状態の本性の**ある側面**に影響しうるとしても（たとえば、「水を見る」経験を「双子水（XYZ）を見る」経験にするかもしれないが）、「経験の意識的〔側面〕は現象的にまったく同じだろう。

　この論証がうまくいっているのなら、たとえ別の種類の選言説が維持できるとしても、現象学的選言説は誤りとなる。しかし上記の引用では、「たとえ変換器の外側にある原因や……結果が実際のものから大きく異なっていたとしても、意識経験は現象的に同じだっただろう」という主張を支持する**議論**は与えられていない。むしろ、単にそのように想定されているだけである。それゆえ、現象学的選言説論者には、その主張を単に否定するという選択肢がある。しかし、そのような選択肢に対して、ロビンソンは「もし知覚的プロセスが、どのような刺激が与えられたにせよ、経験を生み出すのに十分でなかったとすれば、なぜ［知覚に似た］幻覚が生じるのかが謎となってしまう」と述べている（1994: 152）。とはいえ、この動機の正当性には疑義が提示されている（Fish 2009）。

慎ましい考え方

　たとえ因果論法を克服できるとしても、現象学的選言説は依然として奇妙な立場にみえるかもしれない。というのも、知覚と幻覚が区別不可能だということを受け入れているからだ。このことは、知覚と幻覚が同じ現象的性格をもつことを含意するのではないだろうか。

　明らかに現象学的選言説は上記の主張を受け入れることができない。つまり、区別不可能であることは現象学が同じであることを含意しないと考えなければ

ならないのだ。そう考えることの代償として、この種の選言説論者は、異なる現象的性格をもつ経験が区別不可能でありうるという主張を説明し、擁護しなくてはならなくなるのである。

　ここで、二つの経験の区別不可能性が同じ現象的性格をもつことによって説明されねばならないと単純に**想定**してしまうと、経験主体に不当なほど高い認識能力を帰属させることになってしまう、とマイケル・マーティンは主張している。たとえば、Fの知覚とそれから完全に区別不可能な幻覚について考えてみよう。二つの経験は何によってFを見ているときのような視覚経験とみなされるのだろうか。この問いへの慎ましい答えは、何かがFの視覚経験とみなされるためには、それがFの知覚から区別不可能だということで十分だ、というものである。しかしながら、もし現象的性格が同じであることによって区別不可能性が説明されると想定するならば、「いま現在の知覚と完全に同じ幻覚が可能だと認めると、次の二つのことを認めてしまっていることになる。一つは、当の出来事を……[Fの]経験……にするような[現象的性格が]存在することである。もう一つは、その出来事が知覚であるかどうかとは独立に、その出来事は当の現象的性格をもつ、ということである。」（Martin 2004: 47）

　実際に[Fが]見られている状況から反省によって区別できないけれども、[現象的性格が異なっているか]、[あるいは、そもそも現象的性格が]存在しない状況はどのように考えればよいのだろうか（Martin 2004: 49）。ある出来事を視覚経験とみなすための必要条件について慎ましい考え方を採用するならば、区別不可能であるというだけで、そのような出来事をFを見ているときのような経験とみなすことができる。しかし、もう一つの[慎ましくない]考えによれば、ある出来事がFの知覚から区別できないというだけでは、その出来事をFの視覚経験とみなすことはできない。この考えを擁護するために、経験が区別不可能であることは現象的性格が同じであることを含意すると考える論者は、反省的に区別不可能だが現象的性格について同じではない状況が不可能であると示さねばならない。そのためには、次のような想定を置く必要が出てくる。すなわち、注意深い主体は、現象的性格がある場合にその存在や本性について誤認

することは絶対にありえないし、現象的性格がない場合にはその不在について誤認することは絶対にありえないのだ。つまり、このアプローチは、「十全な認知能力をもつ主体に経験のあり方についての不可謬性を帰属させる」（Martin 2004: 51）必要が出てきてしまうのである。

以上のことを踏まえると、現象的性格を共有しない二つの経験が区別不可能であるという可能性が与えられる。それゆえ、現象学的選言説はアプリオリに除外されるわけではないのだ。しかし、だからといってこの立場を支持する積極的な理由が与えられたわけではない。では、なぜ現象学的選言説を支持しようとする論者がいるのだろうか。

6.6 素朴実在論

現象学的選言説を支持する典型的な動機は、知覚という良いケースについてのある哲学的理論——**素朴実在論**（naive realism）や**関係説**（relationalism）と呼ばれる理論——を擁護することである。

素朴実在論者によれば、知覚という良いケースでは、外界の対象やその性質が「主体の意識経験の輪郭を形作っている」（Martin 2004: 64）。同様に、ジョン・キャンベルは、自身が主張する関係説の概略を次のように述べている。すなわち、「あなたが部屋のなかを見まわしているとき、その経験の現象的性格はその部屋自体の実際のレイアウトによって構成されている。つまり、どういった個物がそこにあるか、そうした個物がどのような内在的性質（色や形など）をもっているか、そして、それらが互いにどのような関係にあり、また、あなたに対してどういう関係にあるか、ということから構成されているのである」（Campbell 2002: 116）。

この主張を理解するためには、素朴実在論者が少なくとも知覚の場合には現象原理を支持しているということを踏まえておくのがいいだろう。つまり、素朴実在論者は次のように主張する。私たちが意識的な知覚をもつときはいつでも、その主体によって気づかれているような対象が存在し、その主体にとって

意識的な知覚がどのようであるか〔現象学〕を特徴づける性質をその対象がもつのである。しかし、センスデータ説論者とは違って素朴実在論者は、選言説を支持することによって共通要素原理を拒否するので、主体によって気づかれている対象は心から独立に世界のうちに実在する対象であると主張できるのである。

そして多くの場合、素朴実在論者は以下のことを根拠に表象原理も**否定する**。すなわち、知覚は事物を**再**現前させる（＝表象する represent）のではなく、事物をそうあるとおりに**現前させる**（*present*）だけである。したがって、経験が正しいかどうかという点は、表象原理を認めた場合には問題になったが、この場合には問題にならない。オースティンが述べているように、「私たちの感覚はものを言わない——たしかにデカルトやその他の人々は『感覚の証言』ということを語るが、われわれの感覚は、真であったり偽であったりするような何ものも語りはしない」（Austin 1962: 11; Travis 2004 も参照）

外界が主体の意識経験の輪郭を形作っているという素朴実在論者の主張は、〔以前に導入した〕現前的性格という用語を用いることで捉えられるだろう。まず言えるのは、知覚の現前的性格は主体によって見られていて、心から独立に実在している〔知覚に関わる〕部分から実際に**構成されている**、ということである。現前的性格についてのこうした見解をもとにして、素朴実在論者は、外的実在が**文字通り**経験として〔意識に〕現われていると主張できるようになる。現前的性格が外界に存在する性質から構成されているという点では、現前的性格についての素朴実在論者の考えは志向説論者と似ている。

知覚の**現象的性格**についてはどうか。素朴実在論者は、その経験をもつとはどのようなことであるのかをタイプ分けする**経験の性質**の本性について何を言う必要があるだろうか。ここで素朴実在論者は、表象主義者と袂を分かち、なんとセンスデータ説論者と合流する。つまり、素朴実在論者によれば、知覚の現象的性格は現前的性格の要素を**感覚する**という性質なのである[*6]。

このように主張すると、外的実在を感覚する、あるいは、**見知る**（*being acquainted with*）とは何なのかということが問題になる。そうした考え〔現前的性格の要素

を感覚する（見知る）という性質〕は素朴実在論にとって不可欠なのだが、さらなる説明が与えなければほとんど魔術的なものにみえるかもしれない。この問いに対するもっとも洗練された応答は、おそらく、アルヴァ・ノエによって提案されたものである。ノエは知覚についての興味深い理論を展開している。それによると、「知覚経験〔とは〕環境との能動的な関わり」（Noë 2001: 50）である。ノエは、私たちが意識的に気づいているのは脳が表象するものではないと論じて表象説を拒否し、むしろ私たちが意識的に気づいているのは脳や身体で生じているさまざまな処理によって**利用可能になる**ものだと主張している。では、世界の各部分はどのようにして利用可能になるのだろうか。ノエによれば、それは**感覚運動技能**（*sensorimotor skills*）と呼ばれる世界へのアクセス能力によって与えられる。ある種の感覚運動技能をもつとは、能動的な運動の結果として感覚刺激がどのように変化するかについての暗黙的な知識をもつことである。ノエ自身が挙げた例をみてみよう。私たちは、たとえ猫の体の一部が柵によって隠されていたとしても、猫（全体）にアクセスすることができる、つまりその全体を**見る**ことができる。なぜなら私たちは、もし身体をこのような仕方で動かしたならば、〔いままで視界に入っていなかった〕猫の体の一部が視界に入るようになり、他の部分が柵の後ろに隠れるようになるだろう、等々、ということを暗黙のうちに知っているからである＊7。

　こうした考えを展開するなかで、ノエは次のように主張している。「厳密な意味では見えていないトマトの部分を視覚的に経験することができるのは、トマトのその部分と感覚との関係がなじみのある感覚運動的依存性★1のパターンに媒介されているということを、暗黙のうちに知っているからである」（Noë 2004: 77）。しかし、この一節が前提としている「厳密な意味で」**見られうる**対象が存在するという考えは、実際のところ、蹴り飛ばされる梯子である。その理由は以下のようなものである。ノエによれば、「厳密な意味で」私たちがトマトの背面を見ていないとしても、そのトマトの裏側を視覚的に経験できる。そして、トマトの背面を経験する能力は感覚運動知識の所有と使用に依拠している。この議論は、私たちがトマトの前面を「厳密な意味で」**実際**に見ているという

考えを背景にしてはじめて意味をなすが、実のところそれは正しくない。鍵となるのは、どんなものも全体として意識には与えられておらず、それゆえ、どんなものも「厳密な意味で」は見られていないということである。むしろ私たちが見ている**すべてのもの**は、私たちが感覚運動技能を所有し使用することによって見られているのだ。ノエが主張しているように、見られているのは世界のなかにある対象や（アスペクトや現われ（apppearances）を含んだ）性質なのである。したがって、もしこうした解釈が正しいなら、ノエが支持しているのはおおまかに言って素朴実在論だとみなすことができるだろう。この素朴実在論は、外的実在に対して見知り関係に立つとはどのようなことかについて行為に基づいた詳細な説明を与えているのである＊8。

知覚についての素朴実在論の要点を踏まえると、なぜ素朴実在論者が現象学的選言説を採用しなければならないのかを理解することができる。なぜなら、現象的性格について素朴実在論の立場に立つと、知覚経験と幻覚経験が主体にとって区別不可能な場合であっても、それらが同じ現象的性格を**もちえない**のは明らかであるからだ。では、現象学的選言説を採る素朴実在論者は、真正な知覚から区別不可能な**幻覚**の現象的性格をいったいどうやって扱えるのだろうか。

6.7　幻覚の選言説

積極的選言説

積極的選言説は、幻覚の現象的性格について積極的な説明が与えられると主張する。たとえば、幻覚においては、物理的対象と区別不可能な非物理的対象（センスデータ）が気づかれていると主張できるかもしれない。このような主張は、レモンと石鹸のように「種的に異なる」二つの対象でさえ、まったく同じに見えることがありうるという（第2章で言及した）オースティンの洞察において示されている（Austin 1962: 50）＊9。

マーク・ジョンストンは、より洗練された種類の積極的選言説を提唱している（Johnston 2004）＊10。ジョンストンによれば、真正な知覚経験の場合に私た

ちが気づくのは、例化された**可感的プロファイル**（sensible profile）である。それは、「質的な性質や関係的な性質を部分としてもつような複合的な性質であり、眼前にある特定の光景のあり方がそれによって尽くされるようなもの」（2004: 134）である。重要なことだが、ジョンストンによれば、私たちが気づく可感的プロファイルは**タイプでありトークンではない**★2。私たちが同じ可感的プロファイルを例化している別の諸対象の前に立っていたとしても、私たちが気づくもの——可感的プロファイル——は同じだっただろう。したがって、この経験から区別不可能である幻覚をもっているときには、「私たちは単に、一部は質的で一部は関係的なプロファイルに気づいている。…… 幻覚の場合には、視覚システムの誤作動によって、可感的な質と関係からなる例化されていない複合体が現前するのである」（2004: 135）。

　ジョンストンの見解では、真正な知覚のような良いケースと幻覚のような悪いケースの間にはっきりとした類似性があることになる。特に、どちらの場合でも主体は同じ可感的プロファイルに気づくことになる。しかし、それらは重要な点で異なってもいる。ジョンストンによれば、「実際に何かを見ているときには、可感的プロファイルを**例化したもの**に気づくことになる」（2004: 135; 強調引用者）。「他方で、幻覚に陥っているときに気づいているものは、可感的プロファイルの**構造化された質的部分**だけである。いかなる幻覚においても、『直接的な仕方で』視覚的に気づかれるものは、真正な知覚の場合に『直接的に』気づかれるものよりも少ないことになる」（2004: 137）。幻覚の対象とは真正な知覚の対象の「真部分」なのである（2004: 140）。

　積極的選言説が抱える困難は**スクリーニングオフ問題**と呼ばれている（Martin 2004）。スクリーニングオフ問題の端緒をなすのは、幻覚が生じるために必要なのは主体の脳が適切な仕方で活動することだけである、というもっともらしい主張である。

　この問題を理解するために、オースティン〔の上記の主張〕から着想を得た幻覚についての単純なセンスデータ説をまずは取り上げることにしよう。幻覚という悪いケースにおいて主体がセンスデータに気づくためには、特定のパターン

の神経活動が生じるだけで十分であるに違いないと想定することは理にかなっているようにみえる。だとすれば、真正な知覚の場合に生じる神経活動はどうか。ここで、知覚の場合にもその神経活動がセンスデータに気づくために十分であるとしてみよう。さらに、（そう示唆されているとおり）この気づきによって、実在世界の対象を知覚していると主体自身がみなす理由が説明されるとしよう。すると、経験がそのようなあり方をしていること〔現象学〕はセンスデータに気づいていることによって説明されることになり、その結果、素朴実在論者が提唱するような対象を〔構成的に〕含む知覚の現象的性格は、その説明項として入り込む余地がなくなってしまう（スクリーニングオフされてしまう）ようにみえる。

とはいえ、知覚のケースにおいて神経活動がセンスデータに気づくために十分ではないと主張するならば、なぜそうなのかという疑問が向けられるだろう。

> ［対象］が存在しない〔幻覚の〕場合に、知覚メカニズムや脳状態がイメージ（あるいは、別の仕方で特徴づけられた主観的感覚内容）の産出のための十分な因果条件であるならば、なぜ［対象］が存在する場合〔知覚〕には当のメカニズムや脳状態がそのようなイメージの産出にとって十分ではないのか。脳状態は、自身が〔因果的に〕どのように産出されたのかを神秘的な方法で知るのだろうか。……あるいは、知覚対象が存在する場合には、その対象がなんらかの遠隔作用によってイメージの産出を抑制するのだろうか。
> (Robinson 1994: 153-154)

ジョンストンの見解がこのような批判をどうやって避けることができるのかはそれほど明らかでない。あるところで、彼は次のような問いを投げかける。

> 可感的プロファイルに対する気づきは真正な知覚と幻覚に共通の作用ではないのだろうか。そうであると主張されるかもしれない。しかし、視覚経験の作用-対象モデルを採用すると、ある時点において生じている気づきを、その時点において関連する感覚モダリティのうちで主体が気づいているす

べてのものを含む対象によって個別化するのがより自然だと思われる。

(Johnston 2004: 171)

　知覚している主体は幻覚に陥っている主体が気づくよりも多くのものに気づいている（知覚している主体は可感的プロファイルを例化している個物に気づいているが、幻覚に陥っている主体は可感的プロファイルだけに気づいている）ので、ジョンストンが言わんとしているのは、知覚している主体がもつ個物についての気づきを説明するとき、それによってわれわれが説明しているのは可感的プロファイルについての気づきである、ということだと思われる。だとすれば、（例化されていない）可感的プロファイルについての気づきを追加する**必要**はないわけだ。

　これで十分にスクリーニングオフ問題を避けられるのかどうかは明らかでない。結局のところ、神経活動が、幻覚という悪いケースにおいて例化されていない可感的プロファイルに気づくために十分であるならば、知覚という良いケースでもそれで十分であるはずだ。主体が可感的プロファイルに気づくということを説明するためにこのことに訴え**ねばならない**かどうかにかかわらず、このことは成立する。したがって、ジョンストンの見解もまたスクリーニングオフ問題に直面することになるだろう。

消極的選言説

　幻覚の積極的な説明がスクリーニングオフ問題に直面することを踏まえて、一部の選言説論者は幻覚の**消極的**な説明を提案している。前節の終わりに、選言説論者は幻覚の現象的性格にどのような説明を与えうるかという問いを立てた。消極的選言説論者によれば、〔真正な知覚から〕区別不可能な幻覚について言えることは、そうした幻覚は真正な知覚から区別不可能だが真正な知覚ではない、ということだけである。言い換えると、**幻覚**の現象的性格（幻覚を体験することがどのようなことであるのかに基づいて、その幻覚のタイプをきめる幻覚の性質）は、**ある種の真正な経験から区別不可能である**という性質なのである。

〔この考えにしたがうと〕幻覚と知覚が区別不可能であるのは、それらを区別不可能にしている何らかの性質を両者がもっているからではないことになる。しかし、こうした区別不可能性をどのように理解すればよいのだろうか。

これは、消極的選言説にとって重大な論点である。マーティンによれば、Fの幻覚とは「……〔Fの〕真正な知覚ではないということを反省によって知ることができない経験」（Martin 2006: 364）である。したがって、区別不可能性を次のように定義することができる。

　xがFの知覚から区別不可能であるのは、次のとき、かつそのときにかぎる。すなわち、xはFの真正な知覚ではないと反省によって知ることができないものである。

ここで重要なのは、このように区別不可能性を特徴づけることにより、消極的選言説論者がスクリーニングオフ問題を回避できるという点である。この点は、次の二つの主張の是非にかかっている。すなわち、区別不可能性という性質がもつ「説明能力は相続的ないし依存的なものである」という主張と、そのような場合は「〔二つの事例が〕共有する性質が、〔片方の事例に〕特有の性質をスクリーニングオフするという一般的なモデルの例外となる」という主張である（Martin 2004: 70）。

ある性質が「相続的ないし依存的な説明能力」をもつとはどういうことかを説明するために、空港に放置されたカバンであるという性質について考えてみよう。そして、この性質はセキュリティ警報の原因になるとする。このようなカバンは無害である場合も、爆弾が入っていて危険である場合もある。では、無害な場合と危険な場合に共通する性質（つまり、空港に放置されたカバンであるという性質）がセキュリティ警報が鳴る理由を説明し、さらに、空港に置かれた爆弾であるという危険な場合に特有の性質は説明項から除外（スクリーニングオフ）されるのだろうか。決してそのようなことはない。むしろ、空港内に放置されたカバンであるという**共通**の性質が当の説明的役割を果たすのは、その性

質が空港に置かれた爆弾であるという**危険な場合に特有の性質**と結びつくこともあるからに他ならない。このような場合、空港内に放置されたカバンであるという性質がもつ説明能力は、空港に置かれた爆弾であるという危険な場合に特有の性質「から相続されている」、あるいはその性質「に依存している」といえるだろう。

以上の考察を利用するために、消極的選言説論者は、ある種の知覚から区別不可能であるという鍵性質（知覚とそれから区別不可能な幻覚に共通する性質）がまさにその種の相続的ないし依存的な説明能力をもつと論じる。

> どうしてジェームズは悲鳴をあげたのだろうか。彼は、蜘蛛を正しく知覚している場合と区別不可能な状況にいた。ジェームズは蜘蛛を怖がっているので、蜘蛛を実際に見るときにおそらく彼は悲鳴をあげるだろう。そのような真正な知覚の場合と実際に彼がいた状況には見てとれるような違いがないので、彼には蜘蛛がそこにいるかのようにみえていたに違いない。だからこそ、彼は実際に蜘蛛を見るときと同じように反応したのだ。
>
> (Martin 2004: 68)

蜘蛛の幻覚に陥っているときに悲鳴をあげた理由を説明するためには、蜘蛛の真正な知覚から区別不可能であるという性質をジェームズの経験がもっているだけではなく、蜘蛛の真正な知覚が彼にとっては悲鳴をあげる理由となることも同様に必要となる。したがって、**蜘蛛の真正な知覚である**という性質は、空港に置かれた爆弾であるという性質と同じく、それぞれの場合に**共通の性質**〔蜘蛛の真正な知覚から区別不可能であるという性質・空港内に放置されたカバンであるという性質〕が実際にもっているとおりの説明能力をもつ理由を説明するために必要なのである。ジェームズの反応を説明する際に区別不可能性という性質が発揮する説明能力がどういうものであれ、それは蜘蛛の実際の知覚がもつ説明能力から**相続されている**のである。

したがって、マーティンによれば、幻覚を**消極的な**仕方でのみ特徴づけるこ

とで、スクリーニングオフ問題は回避することができる。選言説論者は、「幻覚経験の心的な特徴づけにおいては、それが〔真正な〕知覚から区別不可能であるという関係的かつ認識論的主張の他には何も付け加えられない」（Martin 2004: 72）と主張すべきなのである。

消極的選言説の困難

　消極的選言説論者が、ある種の知覚から単に区別不可能であるにすぎない状態として幻覚経験を特徴づけるのならば、区別不可能性という鍵概念をどのように理解するのかが重要となる。すでに見たように、マーティンによれば、ある経験がFの知覚ではないと「反省によって知ることが不可能である」かぎり、その経験はFの知覚から区別できない。この分析の二つの側面が批判の対象となってきた。関連する知識が「反省によって」獲得されねばならないとする制約や、「知ることが不可能である」という文の様相表現のマーティンによる解釈が批判的に検討されてきたのである。

　まずは、「反省によって」という条項を取り上げよう。自分の経験がFの知覚ではないと知る一つの方法は、**証言**を利用することである。コーヒーに薬物が混入されていたと伝えられたならば、あなたはそのことを根拠にして、いま体験しているピンクの象の経験が真正な知覚ではないと気づくかもしれない。このようにして、ある経験がピンクの象の真正な知覚ではないと知ることが可能である。

　このような仕方で、自分の経験がピンクの象の知覚ではないと知ることができるとしても、そのことによって、当の経験がピンクの象の知覚から区別不可能でなくなるわけではないだろう。これが、マーティンが「反省によって」という条項を区別不可能性の定義のなかに加えた理由である。つまり、証言によって二つの経験が区別不可能であるかどうかについての知識が獲得される可能性を**排除**するためである。

　しかしスタージョンによれば、この方針はうまくいかない（Sturgeon 2006）。一方では、「反省によって」という制約は、自分が幻覚に陥っていると「理解す

る」ような経路を排除するくらい強くなくてはならない。したがって、彼によれば、「背景的信念に含まれる情報は、反省する際に一般的に利用できないものとしなくてはならない。そうしないと、〔幻覚〕についての日常的な知識がその制約をかいくぐり、反省によって得られうるものとみなされてしまうだろう」(Sturgeon 2006: 209)。

　他方で、ある主体がFの幻覚に陥っているとき、彼は数多くのことを知る立場にいることになる。Fの幻覚がGやHやJの知覚から**区別可能**である以上、マーティンの定義に従えば、Fの幻覚に陥っている主体は、反省のみによって、自分の経験がそうした知覚ではないということを知りうるのでなければならない。スタージョンによれば、「ただ反省するだけで獲得されうる膨大な数の知識があるが、……それらは〔幻覚〕の視覚的性格を反省するだけで獲得されるわけ**ではない**。そうした知識を得るためには、文脈を反省する際に背景的信念が一般的に利用可能でなければならない」(Sturgeon 2006: 210)。

　したがって、スタージョンによれば、マーティンはジレンマに直面することになる。一方では、ただ背景的信念を参照するだけで幻覚に陥っているとわかる可能性を排除するためには「反省によって」という条項は背景的信念の使用を禁止するものでなければならない。他方で、マーティンの立場において、幻覚に陥っているときに獲得できるような反省的知識があるという点を確保するために、「反省によって」という条項が背景的信念の使用を**許容**するものでなければならない。スタージョンによれば、以上のジレンマに陥るということはまさに、マーティンが「反省によって」という制約を十分に説明できないということに他ならない。

　また、「知ることが可能でない」という条件に対するマーティンの解釈は、別の批判を招くことになる。この条件によって、消極的選言説論者は、何かを知ることができるほど〔認知的に〕洗練されていない生物も幻覚に陥るということを認めうることになる。ここには、一見したところ問題があるように思われる。なぜなら、何かを知ることがまったくできない生物は、どういう幻覚に陥っていたとしても、その幻覚がFの知覚ではないとか、Gの知覚ではないとか、は

6.7 幻覚の選言説　153

たまたHの知覚でもないといったことを知ることはない。マーティンによる区別不可能性の定義にそのまましたがうならば、上記のような生物が陥るどんな幻覚も、その生物によるいかなる種類の知覚からも区別不可能であるとみなされてしまう。

　これを避けるために、マーティンは次のように述べる。ある生物が「二つの経験が同じであるかどうかについて何ひとつ判断を下さないならば、その生物はそれらの経験を区別できないかもしれない。だからといって、この生物に経験を帰属させる際に、別の経験と異なるかどうかを判断できるような出来事があると**私たちが判断できない**というわけではない」（Martin 2004: 54 強調引用者）。

　言い換えると、マーティンによれば、「知ることが可能」なものであるかどうかについて私たちが語るときに問題にしているのは、特定の能力をもつ主体にとって知ることができるものなのかどうかではない。むしろ私たちは、**非人称的な語り方**をしているのである。ある幻覚について、それがある種の知覚と異なっていると知ることが不可能だと語るとき、**経験主体によっては知られることが不可能**だと言いたいわけではなく、**何らかの非人称的な意味で知られることが不可能**だと言いたいのである★3。

　しかしシーゲルによれば、このアプローチを採用すると、論点先取ではない適切な仕方で幻覚「経験」（反省の対象である状態あるいは出来事）を選び出すことができなくなってしまう（Siegel 2008: 212）。マーティンの見解では、それ自体で実質のある性質をもつということによって幻覚経験を同定することはできない。そうしてしまうと、幻覚に関しては〔真正な〕知覚から区別不可能であると述べることしかできないというマーティンの主張と対立してしまうからである。しかし、関連する状態を区別不可能性という性質によって選び出すこともできない。なぜなら、ある生物の状態が区別不可能性という性質をもつとはどういうことであるのかを説明することがそもそもの課題だからである。つまり、区別不可能性という性質をもつ状態であることに訴えて、私たちが問題にしている幻覚経験を同定することはできないのである。

　私は前著（Fish 2009）で、別種の消極的選言説を提案し、マーティンが抱え

る以上の二つの問題点を回避しようとした。マーティンが区別不可能性を非人称的な仕方で特徴づけているのに対し、私はそれを人称的な仕方で特徴づける。マーティンが証言を排除しているのに対し、私はそれを受け入れる。私の見解では、区別不可能性が成立するためには、行動や（高度な概念能力をもつ生物にとっては）内観的信念などの認知的結果が同一でなければならない。〔高度な概念能力をもっていない〕動物について言えば、幻覚が特定の知覚から区別不可能だとされるのは、その知覚によって生じる行動とまさに同じものをその幻覚が生じさせるときにかぎられる。幻覚に陥っているという自覚を伴うような幻覚についてはどうだろうか。そうした幻覚については、実際には正しく知覚しているにもかかわらず嘘の証言によって幻覚に陥っていると誤って信じている場合に、どういう認知的結果が生じるのかに注目すればよい。そのような幻覚と知覚は、どちらも同じ種類の信念を生じさせるだろう。したがって、そういう場合でも、当の知覚がもたらす認知的結果とまさに同じものをその幻覚がもつことになるので、その幻覚は当の知覚から区別不可能であることになる。シーゲルはこの主張に対しても反論を提起している（Siegel 2008）。

6.8 選言説と錯覚

これまで、**積極的選言説**と**消極的選言説**という二つのアプローチを検討してきた。積極的選言説は、幻覚に積極的な説明が与えられうると考える立場であり、消極的選言説は、幻覚について述べうるのはそれが真正な知覚から区別不可能であるということだけだと考える立場であった。

選言説に向けられる次の問いは、知覚と幻覚が別種の経験だとすると錯覚はどうなるのか、というものである。錯覚は、何かが見られているという点では知覚と似ているが、誤りを招くという点では幻覚と似ている。すぐに思いつく応答は、既存の二つの選言肢のどちらかに錯覚を含めるというものである。つまり、錯覚を幻覚のようなものとして扱うか、あるいは知覚のようなものとして扱うかのどちらかである。

V 対 IH 型の選言説

V 対 IH 型の選言説という用語は、バーンとロークの論文（Byrne and Logue 2008）に基づいている。この用語は、錯覚（I）を真正な知覚（V）としてではなく幻覚（H）として扱うという考えに由来する。

マクダウェルはこのアプローチを支持しているように思われる。というのも、彼によれば、「しかじかということが成立しているようにみえるときには、単にそうみえているだけか、しかじかということが成立しているという事実が知覚によってあらわになっているかのどちらかである」（McDowell 1998: 386-387）からだ。彼によると、知覚のほうの選言肢は「事実」があらわになっている場合を含んでいる。だが、しかじかということが成立しているように**みえる**が実際にはそうでないような状況で、事実があらわになっているということはありえない。なぜなら、成立していない事実というものはないからである。それゆえ錯覚は、幻覚と同じく、事実があらわになっているようにみえているだけという選言肢に含まれることになる。

しかし、錯覚を幻覚と同列に扱おうとする試みには問題がある。ロビンソンは、次のように主張する。「もしすべての真正ではない知覚が幻覚と同列に扱われるのならば、物があるがままに見えていないすべての事例において、主体はある種の主観的内容に気づいていることになるだろう。そして、完全に真正な知覚だけが、そうした主観的内容をもたないことになる」（Robinson 1994: 159）。こうした考えに基づいて A. D. スミスは、この種の選言説は馬鹿げていると主張している。〔こうした選言説にしたがうと〕「知覚を通じた世界との日常的な接触は次のように解釈されることになる。すなわち、ふつうは〔主観的内容を通して〕物理的対象に間接的に気づいているのだが、そうした間接的な気づきはごくたまに、好ましい状況で直接的に物理的対象を垣間見ることによって妨害されるのである」（Smith 2002: 28）。

VI 対 H 型の選言説

ひょっとすると、錯覚は幻覚ではなく知覚の側に位置づけるほうがよいかも

しれない。この考えが VI 対 H 型の選言説である。

　もし錯覚が真正な知覚の特殊ケースとして扱われるのなら、知覚についてどのような理論を採用するかに応じて錯覚の扱いも変わってくるだろう。すでにみたように、選言説のもっとも重要な動機の一つは、知覚という良いケースに素朴実在論的な説明を与える余地を残すことである。そのため、このアプローチには問題があることになる。というのも、錯覚とは、対象が実際のあり方とは異なって見える事例のことだからである。それゆえ、良いケースについて素朴実在論的な説明を与えたい選言説論者は、錯覚に対するこうしたアプローチをそのまま採用できない。

　とはいえ、このアプローチを採用する余地はある。たとえば、錯覚は厳密にいえば経験の特徴ではなく、経験に対する認知的**反応**の特徴なのだと主張することができる（Brewer 2006; Fish 2009）。この見解によれば、錯覚は**経験**の本性としては完全に真正なものである（したがって、VI 対 H 型の選言説となる）。この点について、ブリューワーは以下のように述べている。

　　知覚経験において主体に現前しているのは、直観的には、物理的世界の実際の構成要素だと思われる。そして、その主体がもつ世界に関する見解のいかなる誤りも、経験に対する主体の反応の産物である。後で思い返したとき、そうした反応がどれほど自動的で、自然で、理解可能であるとしてもそうなのだ。世界が実際にどのようであるかを踏まえたならば、誤りとは、厳密に言えば、経験それ自体の本質的な特徴では決してないのである。
　　　　　　　　　　　　　　　　　　　　　　　　（Brewer 2006: 169）

　再び、ミュラー・リヤー錯視について考えよう（図6.1）。二本の線分の長さは実際には同じであるが、〔向きが異なる〕矢羽が付いていることによって、この図を見た人は線分の長さが異なっていると誤って考えてしまう。

　これまで考察してきた選言説以外のどの理論も、この誤りを視覚経験それ自体に組み込もうとしていた。たとえばセンスデータ説論者は、この錯視を体験

図 6.1

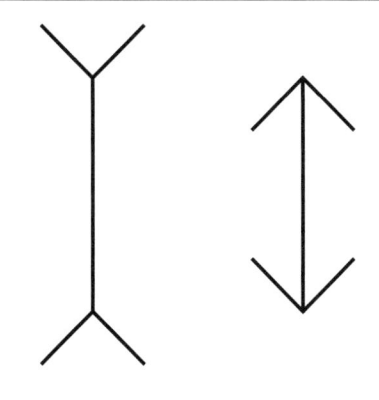

している人は異なる長さのセンスデータに気づいていると主張するだろう。副詞説論者によれば、異なった‐長さ‐的に感覚していることになるだろうし、志向説論者によれば経験が二本の異なった長さの線分があると表象していることになるだろう *11。

ブリューワーは、素朴実在論に基づいて次のような代替案を提示している。すなわち、経験の現象的性格の一部は実際に二本の同じ長さの線分から構成されているが、矢羽がつけられているために、主体は自身が二本の長さの異なる線分を見ているのだと思ってしまうのである。それゆえ、錯覚は経験の特徴ではなく、経験のあり方についての私たちの（認知的な）捉え方の特徴だと考えられるのである。

このアプローチには明らかな問題点が二つある。一つめは、ミュラー・リヤー錯視が永続的であるという点である（二つの線分が同じ長さだと知っており、そのために、長さが異なっていると思っていないときでも、線分の長さは異なっているようにみえる）。二つめは、このアプローチがすべての錯覚に適用できそうにないと思われる点である。たとえば、異なった照明条件のもとで対象の色が違ってみえるというような、よくある色の錯覚について考えてみよう。このアプローチをそのまま適用すると、照明条件の異なるすべての事例のもとでも経験の現象的性格は同じ色によって構成されているが、〔照明条件に応じて〕色が異なる

と思っているにすぎない、ということになる。だが、これは現象学的にもっともらしくないようにみえる＊12。

6.9 選言説と二つの帽子

本節では、素朴実在論を擁護するために用いられる現象学的選言説は、どこがうまくいっていてどこがうまくいっていないのかを考えてみよう。

現象学の帽子

素朴実在論を採る一番重要な動機はおそらく、この立場が〔真正な〕知覚経験の現象学をもっとも正しく捉えていると考えられることである＊13。それにもかかわらず、素朴実在論には現象学的な反論が向けられている。

たとえば、素朴実在論者がまず始めに言いそうな次の主張について考えてみよう。すなわち、知覚の現前的性格は主体が見ている光景から構成されている、というものである。この主張をそのまま保持すると、さまざまな反論が向けられるように思われる。たとえば、視界がぼやけるという日常的な現象に訴えて反論されるかもしれない★4。また、視力の異なる二人の主体（一人はふつうの視力をもち、もう一人は近視）は、ほぼ同じ場所から同じ光景を見ていたとしても、かなり**異なった**現象的性格をもつ経験をもつかもしれない。

こうした問題に加えて、素朴実在論は、同じ光景を異なった**仕方**で見ることができるということを説明する手立てをもっていない。この問題を明らかにするには、錯覚との関連で触れたように、状況に応じて同じ表面色が異なって見えうる（さまざまな**仕方**で見られうる）という点に注目するのがいいだろう。さらに、「正常」だとみなされている複数の知覚者が「ある特定の色をもつのはどの表面かを正確に答えよ」という問いに異なった答えを与えるという研究もある。たとえば、知覚者 A は 500 ナノメートルの光を反射する表面は純粋な緑（青っぽくも黄色っぽくもない緑）であり、495 ナノメートルの光を反射する表面はちょっと青みがかった緑だと主張するかもしれない。だが、意外にも、知覚

者 B は同じ観察条件で後者の（495 ナノメートルの光を反射する）表面が純粋な緑色に見え、前者の（500 ナノメートルの光を反射する）表面が黄色っぽい緑色に見えるかもしれないのだ。繰り返しになるが、このことは、同じ表面が別の仕方で見られうるということを示しており、素朴実在論者はこうした現象を説明しなければならない。

最後に、現象学についての素朴実在論的説明では第 2 章で論じた時間差論法も問題になる、ということを指摘しておこう。目下の文脈で時間差論法が問題となるのは、知覚の現象的性格は主体が外的対象と見知り関係にあることだという素朴実在論の主張に対してである。時間差論法によって強調されるように、この主張に反して私たちは、すでに消滅した星のようにもはや存在していない対象についての経験をもつこともできるし、太陽の表面で生じていることの経験をもつときのように、ある対象の**現在**ではなく**過去**のあり方についての経験をもつこともできる。こうした現象はどちらも、光の速度が有限であることと、星や太陽がとてつもなく遠く離れたところにあることから説明される。

これに対して素朴実在論者は、そうした経験は厳密な意味では真正な知覚ではないと応答するかもしれないが、ほとんど見込みはないだろう。そこで、別の応答として、主体によって気づかれている対象が気づきという作用と同時に存在してなければならないという仮定に批判が向けられてきた。ピッチャーが論じているように、時間差論法は、

> 私たちが「外界の」事態を直接見ていないということを含意しない。そうではなく、こうした事態の**以前のあり方**を見ていなければならないということしか含意しないのである。私たちが実在する物理的対象・性質・出来事を見ているということに問題はない。ただ、それらを遅れて見ているというだけなのだ。私たちが見ている対象の状態や出来事といったものが、それらを見ること（という作用）と同時に存在しなければならないという考えは、［素朴］実在論者によれば、常識に含まれる先入観にすぎない。そして、時間差論法はその先入観を利用しているのである。　（Pitcher 1971: 48）

この応答が満足のいくものかどうかを見極めるには、さらなる議論が必要である。

認識論の帽子

選言説には認識論的な利点があるという考えも、選言説の重要な動機として取り上げられてきた。次の懐疑論的論証について考えてみよう。幻覚に陥っているとき、私たちは、その経験によって世界についての何ごとかを知る立場にいないのは明らかである。そして、幻覚から区別不可能な知覚において私たちがもつ経験は、幻覚と同じ種類のものである。幻覚という悪いケースの経験によって知識を得ることはできないため、知覚という良いケースで幻覚と同じ種類の経験をもったとしても、認識論的により良い立場に立っていることにはならない。つまりこの論証によると、真正な知覚の場合でさえ、私たちは外界についての何ごとかを知る立場にはいないのである。（この反論は、前章で触れた次のような考えを発展させたものである。すなわち、pが偽であるときにある種の視覚経験をもちうるのであれば、その視覚経験をもつことはpと信じることの正当化には決してなりえない。）

選言説論者はこの論証を阻止するために、知覚しているときにもつ経験が幻覚に陥っているときにもつ経験と同じ種類のものである、という前提を否定する。もちろん、このことにより、私たちが外界について何かを**実際**に知っているということが示されたわけではない。単に、外界についての知識をもつことは不可能では**ない**ということが示されただけである。とはいえ、私たちは何も知らないという結論を導く論証のために、懐疑論者が知識の不可能性を前提として用いることはできなくなるだろう。

これに対して、選言説の批判者は次のことを指摘するかもしれない。すなわち、知覚と幻覚が区別不可能であることは認められているので、いかなる状況においても私たちは、自分が知覚しているのか幻覚に陥っているのかを知ることはできない。たとえばライトは以下のように論じている（Wright 2002）。たとえOを見ることがOの存在を含意するとしても、Oの幻覚に陥っているの

ではなく実際にOを見ているのだと信じるいかなる理由もないならば、Oが存在していると信じることは正当化されない。そしてもちろん、選言説論者は幻覚が知覚から区別不可能でありうることを認めるのだから、Oの幻覚を見ているのではなくOを実際に見ていると信じる適切な理由は決して得られないことになる。したがって、Oが存在すると信じることは少しも正当化されていない。そのため、選言説が認識論的な利点をもつかどうかはまったく明らかではないのである。

　選言説論者は、こうした反論は論点を誤解していると返答するかもしれない。選言説は、私たちが〔外界についての〕知識をもっていることを証明する議論を与えているわけではない。そうではなく、私たちは知識をもちえないという主張に反論しているのである。この点をはっきりさせるために、次のようななじみ深い懐疑論的主張について考えてみよう。すなわち、すべての経験が〔外界によってではなく〕デカルトの悪霊によって生み出されていたものだったとしても、私たちの経験のあり方は変わらないだろう、というものである。もし選言説が正しければ、こうしたことは実際には不可能である。もし私がもつ経験のいずれかが実際に知覚であるならば、そうした経験が実際にもっているような本性をもつためには、それらは真正なものでなければならない。したがって、それらの経験が、実際にもっているような本性をもち、かつ、誤りを招くものでありえた〔つまり、知覚ではなかった〕、ということは不可能となる。これを受けて懐疑論者は、懐疑論的仮説を次のように再定式化するとしよう。すなわち、あなたがもつすべての経験は誤りを招くような種類のものであったかもしれない。しかし、ここで私たちは「だから何なのか」と問い返すことができる。というのも、経験が〔実際に〕誤りを招くものでないならば、経験的信念の多くは正当化されるだろうと言えるからである。マクダウェルが述べているように、「懐疑論的シナリオが成立していないという私たちの知識は、私たちが実際に外界について多くのことを知っているという事実によって支えられている」と主張する余地があるのだ。

> **問 題**
> - 選言説論者は、二つの経験が同じ現象的性格をもっていないにもかかわらず区別不可能でありうるという主張に説得力を与えられるのか。
> - 修正された因果論法の前提のなかで、現象学的選言説が否定する必要があるのは、まったく同じ脳状態をもつならばまったく同じ現象学をもつだろうという主張である。この前提が正しいかどうかはどうやって判定すればよいのか。
> - スクリーニングオフ問題を回避するために相続的ないし依存的な説明能力に訴える事例について、あなたはどう考えるか。

読書案内

本章で言及した論文の多くは次の論文集に集録されている。

- Haddock, A. and F. Macpherson (eds.) (2008) *Disjunctivism: Perception, Action, Knowledge* (Oxford: Oxford University Press)
- Byrne, A and H. Logue (eds.) (2009) *Disjunctivism: Contemporary Readings* (Cambridge, Mass.: MIT Press)

この二冊を読めば、選言説やそれと関連する問題についてほぼすべてのことを学ぶことができる。

ハドックとマクファーソンの論文集 (Haddock and Macpherson 2008) に集録されている A. バーンと H. ロークの "Either/Or" (Byrne and Logue 2008) という論文と、彼ら自身が編集した論文集 (Byrne and Logue 2009) に二人で書いた序論は、選言説についての良い批判的な総説である。

選言説的な考えのさまざまな断片は J. L. オースティンの『知覚の言語』(Austin 1962) に見出せるが、現代的な形式の選言説の嚆矢は、J. M. ヒントンである。

1967 年に出版された "Visual Experiences" という論文と、1973 年に出版された *Experience* という著作を参考にしてほしい。この論文と著作からの抜粋は、どちらもバーンとロークの論文集に再録されている。

選言説を擁護する議論を学びたい学生は、M. G. F. マーティンの一連の著作をしっかり理解しておいたほうがよい。とくに、バーンとロークの論文集に再録されている "The Reality of Appearances" (1997)、"The Limits of Self-Awareness" (2004)、"The Transparency of Experience" (2002)、"On Being Alienated" (2006) を読んでおくこと。

さらに、M. ジョンストンの理論は、"The Obscure Object of Hallucination" (Johnston 2004) を参照。これは、バーンとロークの論文集にも再録されている。A. ノエの理論は、著書『知覚のなかの行為』(Noë 2004) で論じられている。W. フィッシュの理論は、著書 *Perception, Hallucination and Illusion* (Fish 2009) で展開されている。

選言説に対する一般的な批判として優れた議論は、H. ロビンソンの著書 *Perception* (Robinson 1994) と A. D. スミスの著作 *The Problem of Perception* (Smith 2002) にある。

選言説の認識論的な利点を擁護する議論としては、ハドックとマクファーソンが編集した論文集に集録されている J. マクダウェルの "The Disjunctive Conception of Experience as Material for a Transcendental Argument" (McDowell 2008) を参照。批判する議論としては、ライトの "(Anti-) Skeptics Simple and Subtle: G. E. Moore and John McDowell" (Wright 2002) を読むとよい。

注

* 1 ここでは、オスカーの身体の大部分は H_2O から構成されており、双子オスカーの身体の大部分は XYZ から構成されているという事実は無視されている。

* 2 経験の**構成要素**ではなくスーパーヴィーニエンス基盤に訴えることで、次の

ように形而上学的選言説を特徴づけることもできる。すなわち、知覚が脳や身体の状態と環境内の要素の**両方に**スーパーヴィーンしているのに対し、幻覚は脳（ともしかすると身体）の状態だけにスーパーヴィーンしている。そして、こうしたスーパーヴィーニエンス基盤の違いに応じて異なる種類の経験が生み出されるのである。

* 3　もちろん、ここで特徴づけられたような共通要素説論者と形而上学的選言説論者のあいだにも、論争がありうる。たとえば、知覚の認識論的役割をもっともうまく捉えるためには、どちらの考えに基づいて経験を個別化するのがよいかということが論点になるかもしれない。

* 4　ボールBを加えることで、主体の経験が誤って右側にボールがあると表象するようになるが、さらにボールCを加えることで、内容のうちの〔右側にボールがあるという〕要素を正しいものにすることができる。こうした操作は繰り返し行える。

* 5　逆に、このアプローチを採用するが選言説と呼ばれるのを**避け**たい論者は、知覚と幻覚に含まれている心的状態は同じ種類で**ある**が内容が異なると論じるかもしれない（Burge 1991; Soterious 2000）。この場合、そのような内容の違いは経験の種類に違いをもたらさないと主張する必要が出てくる。

* 6　素朴実在論は、主体が外的対象を「感覚している」という主張を含むものとして特徴づけられる必要は必ずしもない。〔主体と対象の間の〕鍵となる関係には、「見知り」「取り込み（taking in）」「気づきまたは受容性（receptivity）」といった多くの名前がつけられてきた。しかし、こうした用語の違いは実質的な違いを生み出しているわけではない。

* 7　本章の文脈からして、次のことを明確にしておくのは重要である。すなわち、ノエのこうした主張には、マクダウェルと同じく、意識的な視覚経験をもつためにはある種の認知能力をもつ必要があるという主張が含まれるのである。

* 8　トマトの一部は「厳密な意味で」は見ることができないというノエの主張からすると、彼の理論には次のような二つの段階があると思われる。一つめは「厳密な意味で」見るとはどういうことなのかを説明する段階であり、二つめはその意味での見ることに基づいてどのように「完全な意味で」見ることができるようになるかを説明する段階である。これがノエのプロジェクトの

正しい理解だとすると、感覚運動依存性に訴えることは第二段階に関するものであるが、これまでに考察してきた伝統的な知覚理論は第一段階を扱うために役立つものだと思われるかもしれない。このように考えたならば、ノエの理論は実際のところ伝統的な理論と競合するものではなく、むしろそれらを補完するものであるだろう。つまり、そうした伝統的な理論に基づいて、どのようにして対象全体に気づくかをきちんと説明する助けとなるのである。しかし、ノエは「知覚内容は**徹頭徹尾ヴァーチャルである**」（Noë 2004: 193）と主張しているので、本文で私が与えた解釈のほうが正しいと思われる。〔ヴァーチャルであるとは、トマトの背面のように、「もし裏側にまわれば現われるようになるだろう」という仕方でアクセスされているということである。ノエによれば、ここで第一段階だと解釈されうるような表面が意識に現われるためにも感覚運動技能を媒介としたアクセスが必要である。〕

* 9 ザウによれば、マクダウェルが提唱しているのはこの種の選言説である（Thau 2004: 195）。自身の選言説を提示する際に、マクダウェルは次のように述べている。「しかじかということが成立しているという現われは、単なる現われであるか、しかじかということが成立しているという事実が知覚によってあらわになっているかの**どちらかである**」（McDowell 1998: 472）。マクダウェルはこの後すぐに、「単なる現われ」は私たちを欺く経験の**対象**であると述べる。このことを踏まえると、マクダウェルがもつ見解の全体像は、私たちは二種類の異なった対象に対して一種類の経験的関係をもつ、というものであるように思われる。つまり、知覚において私たちは「あらわになっている事実」と関係し、幻覚においては「単なる現われ」と関係しているのである。

* 10 とはいえ、後に論じる理由のため、ジョンストンの見解が本当に選言説の一種とみなせるかどうかは明らかではない。

* 11 ブリューワーも、この錯視についての志向説的説明に対してさまざまな批判を展開している（Brewer 2006）。

* 12 ブリューワーと私は、こうした批判に対する応答を展開している（Brewer 2008; Fish 2009）。

* 13 注意してほしいのだが、私はこれが**良い**動機だと主張しているわけではない。単に、これは動機の一つであると主張しているだけである。それが良い動機

ではないかもしれないと考える理由については、ホーソンとコヴァコヴィッチを参照してほしい（Hawthorne and Kovakovich 2006）。

訳注

★1 感覚運動的依存性のパターンとは、主体がある対象に対してさまざまな働きかけをするときに、感覚的な現われが変化していくパターンのことである。ここでノエが主張しているのは、トマトの裏側に回ったときにどのように視覚的な現われが変化するのかを暗黙的に知っているということが、トマトの裏側を視覚的に経験するために必要だということである。

★2 タイプとトークンの区別とは、ものの一般的な種類とその具体的な実例との区別のことである。テーブルの上にみかんが三つ置いてある（そして、他にはなにも置かれていない）としよう。このときには、机の上にはみかんというタイプのトークンが三つあるということになる。何種類のものがテーブルのうえにおいてあるかと聞かれたならば、あなたは「一つ」と答えるであろう。この場合、あなたはタイプを数え上げたことになる。他方で、何個のものがテーブルの上にあるかと聞かれたならば、あなたは「三つ」と答えるであろう。この場合、あなたはトークンを数え上げたことになる。

★3 非人称的な意味で知りえないとはどういうことかを説明するために、マーティンは視覚能力を例にあげる。「もし衣服に目には見えない繕いが施してあるならば、その繕いがあなたには見えないというだけではなく、誰にとっても見えないのでなければならない。……〔この場合〕私たちは、非個人的な意味での〔視覚的な〕識別不可能性について語っているのである。つまり、私たちは視覚によって識別しうるのは何であるかについて語っているのであり……、ある特定の個人や集団が〔視覚的な〕識別課題を成し遂げられないのはどうしてかについて語っているわけではないのだ」（Martin 2006: 381）。この場合、知ることの不可能性は、特定の主体の視覚能力ではなく視覚そのものの観点から特徴づけられており、その意味で非人称的なのである。

★4 視界がぼやけるという現象がなぜ素朴実在論の批判となるのかを説明しておこう。近視の主体が遠くの木を見ている状況を考えてみよう。彼にはその木がぼやけて見える。しかし、その木それ自体がぼやけているわけではない。

6.9 選言説と二つの帽子

つまり、その木が〈ぼやけている〉という性質をもっているわけではない。だが、その木が〈ぼやけている〉という性質をもっていないのならば、何がその性質をもっているのだろうか。一つのもっともらしい考えは、木についての経験それ自体が〈ぼやけている〉という性質をもっているとみなすことである。しかし、素朴実在論者はそうした考えを採用することができない。なぜなら、素朴実在論によれば、知覚の現象学を特徴づけるのは外界に実際に存在している対象とその性質だけだからである。したがって、素朴実在論は、木がぼやけて見えるというなじみ深い現象を説明できないと批判されることになる。

第 7 章
知覚と因果

> **あらまし**
> 　本章は、因果についての考察が知覚の哲学の中でどのような役割を果たすのかに焦点を合わせる。この章の前半では、〔実際に〕見ていると認められる経験とそうではない経験を区別するために、大枠として因果的基準を用いるさまざまな試みを検討する。後半では、知覚の因果説を構成する個々の主張を詳細にみる。具体的には、(I) 知覚は因果を含んでいる、(II) 共通要素原理は正しい、(III) 上記の二つは概念的真理である、という主張である。

　これまでさまざまな哲学的知覚理論を検討してきたが、そこでは中立的なカテゴリーである**視覚経験**についてのさまざまな**分析**を提示してきた。

　選言説は別として、それぞれの理論は、主体が F についての**視覚経験**をもつことに何が含まれるかを分析していた。しかし、視覚経験をもつことは、真正な経験なのか錯覚または幻覚なのかを決定するものではなく、それ自体は**中立的**であった。そして、主体が実際に F を**見る**ためには他の条件が満たされなければならないと指摘しておいた。では、他の条件とは何だろうか。

　どの知覚理論にも加担せず議論をすすめるために、問題を次のように提示しよう（これは対象知覚の分析である。それに比べると性質知覚の分析は少々複雑になる）。

主体 S が対象 O を見ているのは、次のとき、かつそのときにかぎる。すなわち、

- S は O を見ているときのような経験★1 をもち、かつ
- 何らかの他の条件が満たされている。

問題は、この「他の条件」とは何かということである。ある説によれば、〔実際に O を見ているならば〕S がもつ O を見ているときのような経験は、充足されなければならない。議論の争点を定めるために、**単なる信念**と**本当の知識**を区別するものは何かという認識論の問題を考えてみよう。この問いに対してこれまで影響力のあった答えには次の主張が含まれていた。すなわち、知識と単なる信念との違いとしては、少なくとも、知識であるためには信念が**真**でければならない、ということが挙げられる*1。

充足されている視覚経験は見ている事例の構成要素になるという主張も、同じように理解されるだろう。このアナロジーは志向説に最もよく当てはまる。つまり、信念と同じく、知覚状態はその内容が**真**であるときに充足されるのである。他の理論は「充足」を異なる仕方で捉えるだろう。たとえばセンスデータ説は、外界の対象や状況が主体の経験と「一致している」とき視覚経験が充足されると考える。ここでの「一致」は、センスデータと状況が類似していることである。

充足へ訴える方法に向けられる最初の懸念は、経験が充足されるために必要なのは正確には何なのかということである。たとえば、空高く飛んでいる飛行機を見ているときのような経験を考えてみよう。志向説によれば、このときの経験は空に小さな点があると**表象**する。だが、飛行機がはるか上空を飛んでいるとすると、この経験の内容は真なのだろうか。そもそも、飛行機は小さな点ではない。同じ問題はセンスデータ説にも起こる。この説に従えば、当該の経験をもつことには、小さい点のようなセンスデータを感覚していることが含ま

れている。この経験は世界と**一致**あるいは**類似**しているのだろうか。このように同じ懸念が生じる。つまり、対象や状況と経験とのあいだの関係がどのようなものであれば「一致している」とみなされるのかを説明する必要があるのだ。

だがひとまず、この困難が乗り越えられるとしてみよう。そうすると、**見ること**の分析を次のように補足することができる。

　主体 S が対象 O を見ているのは、次のとき、かつそのときにかぎる。すなわち、

　・S は O を見ているときのような経験 E をもち、かつ、
　・E は充足されている。

だが、この分析でもうまくいかない。充足に訴える**だけ**では、真正とみなされる視覚経験とそうでない経験を区別できないのである。

その理由を理解するために、グライスの挙げた棚の上にある時計の例を考えてみよう。主体は棚の上にある時計を見ている**ときのような**経験をもっている。そのため、分析の第一条件は満たされている。さらに、主体の前には経験に対応するような棚と時計が**実際にある**。すると、第二の条件も満たされることになる。両方の条件が満たされているので、目下の分析によれば、これは S が棚の上の時計を見**ている**事例である。しかし、グライスは次のように論じている。

　棚の上には何もないにもかかわらず、棚の上に時計があるかのように〔主体〕X に見せる技術があることは、論理的に想像可能である。それは X の大脳皮質をうまい具合に刺激する装置であるかもしれないし、後催眠暗示のような手法かもしれない。棚の上に時計が実際にあるときに X にこのような処置が施され、そのあとで時計を取り除いたり位置を変えたりしても X の時計についての印象が変わらないままであったならば、X は目の前の時計を見ていなかったと言いたくなるだろう。　　　　　（Grice 1961: 142）

このように、単純な充足理論はキムが「偶然の充足」と呼ぶ問題に突き当たるのである。さらにキムは、「偶然の充足はすべての充足理論がはまる根本的な落とし穴である」と述べている（Kim 1977: 611）*2。

グライスは次のように続ける。「私たちは、X は目の前の時計を見ていないと言いたくなるに違いない。その理由はまさに、彼がそうした印象をもつうえで時計が何の役割も果たしていないと考えられるからだ」（Grice 1961: 142）。言い換えれば、S が時計を見るためには、その時計が S の経験 E の原因でなければならないとグライスは主張しているのである。ただし、因果だけでは見るための十分条件を与えることはできない。その理由の一つとして、長い因果連鎖のうちのどの要素を見られている要素として選び出すかという問題があるからである。経験は無数の事態（脳や目の状態から部屋を照明するための電力を生み出す発電所の状態まで）に因果的に依存しているが、それらのどれも見られているものではない。別の理由として、異常な経験も問題になる。たとえば、幻覚は脳によって引き起こされると考えられるかもしれないが、幻覚に陥っているときに脳を見ていると言いたくはない。

その〔見るための十分条件を因果だけで与える〕代わり、ふつう因果条件は以下のようにして充足条件の次に加えられる。

> 主体 S が対象 O を見ているのは、次のとき、かつそのときにかぎる。すなわち、
> - S は O を見ているときのような経験 E をもち、かつ、
> - E は充足されており、かつ、
> - E は O によって引き起こされた。

この分析も批判されてきた。〔ここでルイスによる〕次の反例を考えてみよう（Lewis 1980）。

眼前の脳：私はでたらめな幻覚を見ている（それゆえ経験は私の脳によって引き起こされている）。そして、（まったくの偶然で）自分の脳と完全に一致する脳が目の前に見えるように思われる。ところが、私の脳は実際に私の目の前にある。私の脳は何らかの仕方で、全ての神経（など）が繋げられたまま頭蓋から抜かれているのである。このような場合、分析の第一の条件は満たされている。すなわち、私は、目の前にある脳を見ているときのような経験をもっている。そして、私の目の前に脳が**実際にある**ことでこの経験は充足され、第二の条件も満たされる。さらに、最後の条件も満たされる。というのも、私がこの経験をもつことは、私の目の前にある脳によって**引き起こされた**からである。先の分析に従うならば、三つの条件すべてが満たされているため、これは私が眼前の脳を見ている事例とみなされる。しかし、それは正しいとは思えない。

照度計：私は盲目である。しかし、私の脳に埋め込まれている電極は、頭についた照度計が一定の閾値を超える光を受け取ると、ある風景についての経験を私にもたせるように作用する。偶然にも、その風景がまさに私の目の前にあり、なおかつ電極をオンにするのに十分な光量がある。またしても、分析の第一の条件は満たされている。すなわち、私はある風景を見ているときのような経験をもっている。そして、私の目の前にまさにその風景があることで経験が充足され、第二の条件も満たされる。さらに、最後の条件も満たされる。というのも、私がその経験をもつことは、その風景によって**引き起こされた**からである。先の分析に従うならば、三つの条件すべてが満たされているため、これは私が風景を見ている事例とみなされる。だがまたしても、それは正しいとは思えない。

これまでの分析では上記の状況が何かを見ている事例だとみなされてしまうが、もちろんそれは正しくない。したがって、これらの状況を排除するために条件を増やす必要がある*3。

〔これに対して〕グライスは、因果系列を標準的なものに制限する必要があると主張している。標準的なものがどういうものであるかを詳細に述べることはできないが（それでも）、「専門家によって埋められる空白」としてそのままにしておくことができる（Grice 1961）。

このような修正を施すことで**見ること**の分析は次のようになる。

主体 S が対象 O を見ているのは、次のとき、かつそのときにかぎる。すなわち、

- S は O を見ているときのような経験 E をもち、かつ、
- E は充足されており、かつ、
- E は O によって、視覚にとって標準的な仕方で引き起こされた。

〔しかし〕ルイスによれば、この提案は強すぎるもので、**非標準的な視覚と補助装置を使った視覚**を見ていることから排除してしまうという問題がある。たとえば、私たちのものとは異なる原理に従って働く視覚システムをもっている人たちがいるとしよう。そうしたシステムがもつ因果関係は標準的なものではないため、その人たちは〔何も〕見ていないと言わなければならなくなる。より現実的なのは、科学者たちが補助眼球を開発するという状況である。それが完成したときには、標準的な眼と全く同じ結果を生み出すかもしれない。しかし、この補助眼球を含むシステムがもつ因果関係は標準的ではないため、またしても、それを装着した人は〔何も〕見ていないということになってしまう。

ルイスによれば、どちらの人々も実際に**見ている**可能性を**排除**すべきではない。〔そのため〕上記の修正案は強すぎるものとして拒否されなければならない。

ルイスは代わりの条件を提案している。それは、視覚経験が目の前の光景に**反事実的に依存している**（*counterfactually dependent*）というものだ★2。ここで基本となっているのは次のような考えである。すなわち、もし本当に対象や光景を見ているなら、その対象や光景におけるいかなる変化も、視覚経験の変

化として反映されるだろう。

このような修正が加えられた見ることの分析は次のようになる。

　主体Sが対象Oを見ているのは、次のとき、かつそのときにかぎる。すなわち、

- SはOを見ているときのような経験Eをもち、かつ、
- Eは充足されており、かつ、
- EはOによって引き起こされ、かつ、
- Eの現象的性格はOに反事実的に依存している＊4。

これはもともとの分析に対する反例を次のように排除する。

　眼前の脳：私は幻覚に陥っているため、脳が実際に目の前になくとも、目の前にある脳を見ているときのような経験をもつだろう。そのため、経験は光景に対して反事実的に依存していない。

　照度計：ここでも、光量が十分であるかぎり、主体の前にどのような光景があろうと関係ない。視覚経験の本性を変えてしまうことなく、光景の様々な側面を（全体としての光量が同じままであるかぎりで）変えることができる。そのため、経験は光景に対して反事実的に依存していない。

反事実的依存条件を付け加えることで、非標準的な視覚や補助装置を使った視覚を見ている事例とみなすことができるようになる。というのも、それぞれの事例において代替となるシステムがきちんと機能しているならば、光景が変化すれば経験も変化するからである。そのため、経験は光景に対して反事実的に依存していることになる。

しかし、マイケル・タイが提示する、トムとティムという二体のロボットが

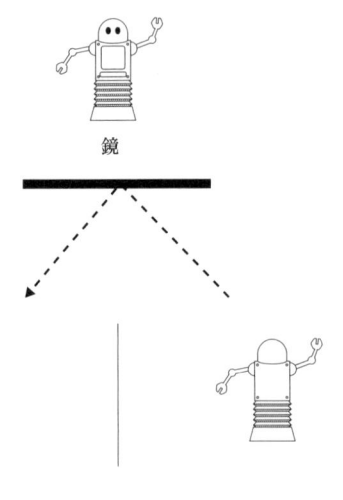

図 7.1

出てくる反例がある（Tye 1982）。

　私は、目の前に鏡があることに気づかずに鏡に面して立っており、鏡に映った自分の右側の領域を見ている。鏡の**後ろ**で私からは見えないところにティムというロボットが立っている。壁で隠されている右の向こう側には、ティムと左右対称になる双子のトムが、鏡に面して立っている。トムが鏡に映っているため、私が見ているロボットの鏡像は、鏡がどかされたときのティムの姿と同じように見えることになる。ところでトムは、その全ての動作がティムの動作によって引き起こされるように配線されている。トムが今いる場所に立っている唯一の理由は、ティムが今いる場所に立っているということである。そして、ティムが行う全ての動作は（左右対称にではあるが）トムによってコピーされる。もしティムが右手を振ればトムは左手を振ることになる。このときの鏡像はトムが「右手を振る」ものである。

　このような配置（図 7.1）の中の適切な場所に立ち、（知らないまま）鏡の方を向くと、私は目の前にいるロボットを見ているときのような経験をもつだろう。そのため、ルイスが改訂した分析の第一の条件は満たされることになる。また、

第二の条件も満たされている。私の目の前にそのようなロボット（ティム）が**実際いる**ことで、その経験は充足される。そして、第三の条件も満たされている。私がこの経験をもつことは、私の目の前のロボット（ティム）によって**引き起こされた**。というのも、トムが今いる場所にいる原因となったのは、ティムが今いる場所にいることだからである。さらに、私の経験の現象的性格はティムに反事実的に依存しているため、ルイスが挙げた最後の条件も満たされている。というのも、もしティムが動けばトムが動き、それに対応して私の経験が変化するからである。ルイスの改訂した分析にしたがうと、四つの条件がすべて満たされているので、これは私がティムを見ている事例とみなされる。たしかにすべての条件が満たされてはいるが、直観に従えば、私が見ているのはティムではなくトムである。

7.1 知覚の因果説

「知覚の因果説」という名前は総称であり、〔そこには〕真正な知覚経験に含まれる視覚経験とそうでない経験の区別に因果が関わるという主張だけでなく、そのことが知覚についての概念的真理であるという主張も含まれている。何かが**概念的真理**であると言うことは次のように言うことに等しい。すなわち、「どのような教育を受けてきたにせよ、当該の概念をもっているとみなせる人なら誰でもただちに認める」（Snowdon 1980–81: 176）ことである。

より詳しく言えば、典型的な知覚の因果説は以下の三つの異なる主張からなる。以下はスノウドンによる特徴づけである（Snowdon 1980–81: 175-6）。

(I) **原因テーゼ**：次のことは必然的に真である。すなわち、もし主体（S）が公共的な対象（O）を見ているなら、OはSに因果的に作用している。

(II) **結果テーゼ**：「それはSにまるで……であるかのように見える」の

ような文によって報告されうる状態を、OはSに生み出さなければならない［これまでの用語で言えば、良いケースと悪いケースの共通要素とみなされる視覚経験を、OはSに生み出さなければならない］。

(III) **概念テーゼ**：このテーゼは他の二つのテーゼの身分についてのコメントである。このテーゼによれば、(I) と (II) は通常の視覚概念の要件である。この主張が真であるためには、**見る**という概念をもっていると言われるどんな人も (I) と (II) の両方を支持する、ということが成り立っていなければならない＊5。

ストローソンは (III) （知覚の因果説は概念的真理であるという主張）を支持するために以下のように論じている。

> 事物が存在しているということが、それに知覚的に気づいていることを説明し、また、そう気づくことの原因となっているという考えは、前理論的な枠組みに初めから暗黙のうちに含まれている。というのも、知覚とは、私たちから独立に存在する事物から成る世界を私たちに知らせるごく基本的な手段だと考えられているからだ。いわば、視覚経験は一般的に信頼できるものだと考えられているのである。そしてこの想定は、視覚経験は一般的に、その対象とみなされる独立の事物に因果的に依存しているという想定と同じである。
> (Strawson 1979: 51)

この議論は (I) （SがOを見るためにはOはSに因果的に作用しなければならないという主張）が概念的真理であると考える理由を与えるかもしれない。だが、(II) とどのように関係しているのかまったく明らかではない。この議論は、〈どのようなものであれ、因果的作用は良いケースと悪いケースの共通要素をSに生じさせなければならない〉ということが知覚概念の一部であると考える理由

を与えているようには思われない。

さらにスノウドンによれば、選言説が整合的であることは (II) が**概念的**真理ではありえないことを示している。たとえ選言説が誤っていると判明するとしても、それを明らかにするのは「知覚と幻覚の過程に関する科学的に確立された事実」のみだと彼は主張している (Snowdon 1990: 130)。だが、知覚概念をもっているだけの普通の人が、こうした科学的事実までも理解しているとは思えない。

たとえ実際に選言説が誤っていることが判明したとしても、選言説は**概念的**な誤りではない。そのため、知覚の因果説の (II)（主体が対象を知覚したときにもつ経験それ自体の本性は、主体の外側にあるどんなものからも独立であるという主張）は、(III) が述べているような概念的真理ではないことになる。

(I) と (II) の主張が**概念的**真理であるかどうかを疑う理由はあるものの、それは (I) と (II) が**真**でないことを意味するわけではない。問題となっている主張は次のものである。

> (I) **原因テーゼ**：次のことは必然的に真である。すなわち、もし主体 (S) が公共的な対象 (O) を見ているなら、O は S に因果的に作用している。

> (II) **結果テーゼ**：良いケースと悪いケースの共通要素とみなされる視覚経験を O は S に生み出さなければならない。

そして運のいいことに、(I) は実際に真であるかもしれないと考える強い理由がある。

その理由の一つは、ルイスが指摘しているように、知覚の現象的性格が世界の中の対象に**実際に**反事実的に依存しているように思われる点である[*6]。それに加え (I) は、なぜ知覚には**妨害要因**があるのか、つまり、なぜ知覚は失敗するような条件のもとで実際に失敗するのかについてのもっともらしい説明を

与える。たとえば (I) は、主体が眼を閉じたり、主体とOとの間に不透明な別の対象を置いたりすることで、なぜOが見えなくなるのかを説明する (Child 1994)。これらの事例に共通しているのは、対象と主体の因果的つながりが失われたということである。

　もし (I) を認めるなら、それを使って次のように (II) を支持することができるかもしれない。因果関係が知覚が生じるための**必要条件**であるならば、それ自体の本性としては対象から独立している経験が、見られている対象によってSのうちに**引き起こされる**ことも真でなければならないのではないか。

　重要な問いは、(I) から (II) を導く議論が可能なのかどうかである。良いケースと悪いケースの共通要素とみなされる視覚経験がSに生み出されるということによって、対象Oが主体Sに因果的に作用していることになるのだろうか。それとも、(I)（知覚が生じているならばOがSに因果的に作用している、ということが必然的に真であるという主張）をうまく扱う別の方法があるのだろうか。

　ウィリアム・チャイルドは**パーソナルレベル**と**サブパーソナルレベル**の説明を分けることによって、(II) における経験の存在論へのコミットなしに因果関係を扱う方法を提案している。この区別は、心的主体としての人について語るレベルと、物理的システムとしての人について語るレベルを分けるものである。デネットによれば、これは「人あるいは人がもつ感覚や行為を説明する〔パーソナル〕レベルと．．．脳あるいは神経システムにおける出来事についての**サブパーソナルレベル**」という区別である (Dennett 1969: 93)。

　この区別を念頭に置き、知覚に含まれる因果的過程についてのルイスの説明を考えてみよう。

　　目の前の光景は、それと対応する経験をふつう次のようにして引き起こす。光景の一部は、あるパターンで光を跳ね返すか光を発している。この光はほぼ直線的に眼まで進み、水晶体によって焦点を合わせられ、網膜上に像を作る。網膜細胞が刺激され……刺激は信号となり視神経から脳へと伝播し、最終的に脳細胞における刺激パターンとなる。このパターンが主体の

経験であるか、あるいは経験を引き起こすものである。

(Lewis 1980: 83-84)

　ここでルイスが、サブパーソナルレベルの因果過程についての語りからパーソナルレベルの結果（視覚経験）についての語りへとかなり自由に移行しているのがみてとれる。ルイスによれば、結局のところ（サブパーソナルレベルの）主体の脳における過程が（パーソナルレベルの）経験を引き起こしているのである。
　しかし、説明レベルの違いを維持すべきであると考える人もいる。

　SにはOがFに見えるという心的事態は、Oから始まる因果連鎖の最終的な状態ないし出来事ではない。むしろその状態は、（Sの**内部**で生じている出来事だけではなく）物理的な出来事の連鎖全体がそれ自体の根底にあるような（もっと大規模な）出来事ないし状態である。その全体によって、OはSに因果的に作用するのである。経験は、OがSに因果的に作用するという事態全体なのである。この因果的な事態の最終的結果──Oに始まる因果連鎖の最後にある状態ないし出来事──は、Sにおける物理的な何かである。しかしこの最終結果は、経験自体と同一でもなければ、経験を構成するものでもない。

(Child 1994: 161-162)

　要するに、チャイルドは**物理的な**（サブパーソナル）レベルでは因果の役割を確保しつつ、**心的な**（パーソナル）レベルでは心的状態についての共通要素的な考えを否定しているのである。これによって彼は (I) を**認め**、(II) を**拒否する**ことが可能になっている。しかし、この返答が有効なのかどうかは、パーソナルレベルとサブパーソナルレベルをはっきりと区別すべきかどうかにかかっているところもある。だが、誰もがその区別に同意するわけではない。

> **問 題**
> - ティムとトムの例を、〔正しく〕見ている事例から排除するためには、因果説の分析をどのように補強すればいいだろうか。
> - 真正な知覚について素朴実在論を支持すると同時に、知覚における因果の役割を確保することはできるのだろうか。
> - 知覚について哲学的に考える際にはパーソナルレベルとサブパーソナルレベルの説明を分けるべきなのだろうか。この問題に答えるためにはどのような考察が必要なのだろうか。

読書案内

　知覚の因果説に関する初期の重要な議論は、グライスの "The Causal Theory of Perception"（Grice 1951）、ルイスの "Veridical Hallucination and Prosthetic Vision"（Lewis 1980）、ストローソンの "Perception and its Objects"（Strawson 1979）で展開されている。これらの論文はすべてダンシーの *Perceptual Knowledge*（Dancy 1988）に再録されている。ストローソンの論文 "Causation in Perception"（Strawson1974）も参照。

　スノウドンの因果説についての重要な議論は "Perception, Vision and Causation"（Snowdon 1980–81）と "The Objects of Visual Experience"（1990）である。前者はダンシーの *Perceptual Knowledge* にも再録されているが、両方ともバーンとローグ編集の *Disjunctivism: Contemporary Readings*（Byrne and Logue 2009）に再録されている。

　タイのティムとトムは "A Causal Analysis of Seeing"（Tye 1982）に登場し、アルヴァ・ノエの "Causation and Perception"（Noë 2003）ではこの問題を解決できるかもしれない方法が提案されている。

　選言説と知覚における因果の必要性を両立させようというチャイルドの議論は、

彼の著作 *Causality, Interpretation and the Mind* の第5章で展開されている。より最近の因果説についての議論はジェラルド・ヴィジョンの著作、*Problems of Vision: Rethinking the Causal Theory of Perception*（Vision 1997）を参照。

注

* 1 これらの伝統的な理論では、信念が真であるだけではそれを知識とみなすのに十分ではないと考えられている。というのも、主体が知識をもっているとは言いたくないような状況で、その主体の信念が偶然真である場合を想像することができるからだ。そのため、このような分析には満たすべき他の条件（その信念は正当化されている、など）がある。これからみるように、知覚の事例も似たようなことになる。

* 2 サールは、因果的な要素を内容に実質的に含めることで、充足のみによる理論を復活させようと試みている（Searle 1983）。彼によれば、黄色いステーションワゴンについての視覚経験は、あそこに黄色いステーションワゴンがあり、そして、あそこに黄色いステーションワゴンがあることが視覚経験を引き起こした、という内容をもっている。これが意味するのは、内容は適切な因果的要素があるときにのみ充足されるということであり、そのためこの考えは充足のみにとどまっている。だがこの提案には、第5章で指摘したように、視覚経験が私たちに告げるものについての正確な説明であるようには思えないという反論が向けられる。さらに、この立場にも以降で論じられる二成分説が直面する問題があてはまる。

* 3 この節で論じられている困難に直面するのは、共通要素原理を認める論者だけではないと言われている。前章で論じた真正な視覚経験についての理論〔素朴実在論〕を考えてみよう。それによれば、私たちが対象を見るとき、見られている対象は経験の構成要素となっている。コーツは、この立場にも同程度の問題が起こると論じ、次のような問いを提示している。「私の状況と私が世界の中に位置する仕方に関する**いかなる事実**が、私は通常の仕方で特定の対象 X を見ているのであって、同じく自分の周りにある別の対象 Y を誤って見ているのではない、という事態を成立させているのか」（Coates 2007: 73）。もしここで経験の構成説が〈O が S の経験を構成するときにのみ S は O を見ている〉と主張するなら、コーツの問題は次のようになる。す

なわち、何らかの別の対象 P ではなく O がその経験を構成するという事態を成り立たせるのは一体何なのか。

＊4 厳密に言えば、ルイスにとってこの分析における最後の二つの条件は別個のものではない。というのもルイスは**因果についての反事実説**を支持しているからである。それによれば、A が B を引き起こしたということは、B の存在が A の存在に反事実的に依存していることにすぎず、つまり、A が存在しなかったら B も存在しなかっただろうということと同じである（Lewis 1986）。

＊5 （III）を認めずとも（I）と（II）の両方を認めうることに注意しなければならない。その場合、（I）と（II）は概念的真理ではなくおそらく経験的真理だと主張することになるだろう。さらに、後でみるように、（II）と（III）のどちらも認めることなしに（I）を認めることができると論じられてきた。

＊6 ここで注意すべきは、すべての反事実的依存関係が因果関係であるわけではないので、反事実的に依存しているという事実自体が（I）を**含意する**のではない、ということである。たとえば、"Larry" と書くことは "rr" と書くことに反事実的に依存している（後者を書かなければ前者を書かなかっただろう）が、"rr" と書くことが "Larry" と書くことを引き起こしたと言いたくはない。この点を考慮してルイスは、反事実的依存関係にある二つのものが別個の事物であり、部分−全体関係に立っていないときにのみ、反事実的依存関係は因果関係になると示唆している（Lewis 1986: 259）。これを踏まえると、経験が世界に反事実的に依存しているという事実が（I）を支持するかどうかを知るためには、まず次の問いに答えなければならないことになる。すなわち、外界の要素とその要素についての経験は異なる存在者であるのか、むしろ、部分−全体関係に立っているのか。しかし、このことはまさに、選言説論者と共通要素原理支持者が争っている点である。

訳注

★1 第 2 章訳注 1 で述べたように、「X を見ているときのような経験（visual experience as of X）」は、知覚か錯覚か幻覚かに中立的であり、また、主体が X についての概念や知識をもたずともちてるような視覚経験を意味する。

★2 反事実的依存関係とは、「もし A が起こらなければ B は起こらなかっただろう」という関係である。こうした関係から視知覚を分析すると、たとえば、「もし対象 X が目の前になければ、X を見ることはなかっただろう」となる。

第8章
知覚と心の科学

> **あらまし**
> 　本章は、知覚の哲学と心を探究する経験科学の影響関係に焦点を合わせる。最初の節では、科学におけるいくつかの基礎的な想定を批判・吟味することで、哲学がどのように科学へ影響を与えうるのかをみる。次節では反対に、科学的成果・発見がどのように哲学的理論の構築に制約を与えうるのかということをみる。第三節では、哲学者と科学者の両方が取り組んでいる特定の問題（経験への認知的アクセス能力・経験についての報告能力と経験の感覚的側面との関係）をみる。最後の節では、視覚システムに関する生理学的な考察によって色の実在論が棄却されうるという議論を検討することで、科学が哲学に間接的に影響を与えうるということをみる。

　本書の初めで、知覚が心についての経験科学（**認知科学**の名でまとめられる一連の学問分野）*1 の対象でもあるならば、知覚の哲学の役割は何なのかという問いを挙げた。そして、その問いには次のように答えていた。すなわち、哲学の重要な役割は、典型的には意識経験である知覚の身分と知覚がもつ認識論的に重要な役割を考慮に入れ、より広い文脈のもとで知覚を考察することである。
　この章では哲学と認知科学の影響関係をより詳しくみてみよう。最初の節では、科学の基礎的な想定の一部を批判するという哲学の役割の一つを検討する。次は反対に、知覚についての哲学的説明に制約を課す現象を発見したり探求し

たりすることで、哲学が現実離れしないために科学がどのように役立つのかをみる。続いて、哲学と経験科学が共に取り組むものの一例として、意識の感覚的側面と認知的側面の相互作用についての問題をみる。最後に、理論構築に制約を課すのとは別の仕方で、科学的な発見がどのように知覚の哲学に影響しうるのかという議論をみる。

紙幅の都合により、この章で扱う事柄は包括的ではない。知覚についての経験科学と哲学が共に取り組むものは、ここに挙げたものよりもずっと多い。思いつくだけでも、注意・内観・時間の経験といった現象など、哲学と経験科学が交流するような領域は他にもある。また、議論の範囲を限定するだけでなく、本章の議論では、扱われるトピックの詳細を完全に追うことはできない。むしろ、目標はずっと控えめであり、知覚についての経験的アプローチと理論的アプローチが組み合わさる雰囲気を読者にみせることが本章の狙いである。それによって、関心のある領域へさらに研究をすすめるための足がかりが得られるだろう。

8.1 理論的パラダイムと基礎的な想定

本節では、現代の認知科学に多大な影響を与え続けている想定に焦点を合わせる。それは、「知覚とは**脳内の処理**であり、そうした処理を通じて知覚システムが世界の**内的表象**を構成するという（哲学と科学の両方で流布している）発想」(Noë 2004: 2) である。

1991年の『解明される意識』においてダニエル・デネットは、視野に対応する光景についての豊かな内的表象を絶えず作ることによって脳が機能するという想定に疑問を投げかけた。その疑問を理解できるように、彼は、自分一人でも行えるような次の実験を挙げている。

> トランプの山札から一枚引き、何のカードかわからないように伏せよう。そして、正面を向いたままにするように注意しながら（どこか場所を決めて、そ

こを見続けるようにする)、そのカードを視野の左か右の周辺に持って行き、表にしてみよう。するとあなたは、それが黒なのか赤なのか絵札なのかさえわからないということに気づくだろう。けれども、あなたはカードのちらつきや運動にははっきりと気づいていることに注目すべきである。あなたは、動いているものの色や形が見えないのに、その運動を見ている。ここで、再び視線を動かさないよう注意しながら、カードを視野の中心に持ってこよう……すると、カードがどれなのかわからないまま、視野の中心にかなり近づくまで持ってくることができるのに驚くだろう。

(Dennett 1991: 53-54)

この実験からデネットが引き出す教訓は、視覚システムは周辺視野における詳細な色や形に関するリアルタイムな情報を与えない、ということである。もちろん、これは前述の想定を否定するものではない。たとえばデネットに反論する者は、表象は次々に生じるサッケード(眼球運動)からの情報をまとめ合わせることによって時間をかけて作られる、と主張するだろう。しかし、〔デネットの議論はこの想定に〕実際に難題を生じさせるものではある。

この実験に加えてデネットはまた、脳内表象に反対する一般的なプログラムの一部として次のことを予測している。すなわち、主体は何かを見ているに違いないと実験をする前には私たちが確信をもてるような環境のいくつかの側面を、主体が見落としてしまう場合があるということだ (1991: 468)。

たとえば、**変化盲**と呼ばれる現象を考えてみよう (Simon and Levin 1997)。よく知られた変化盲の実験で被験者は、自然風景の写真とそれを修正した写真を交互に見る。その修正には、飛行機のエンジンやガレージといった大きな対象の出現や消失、また、対象の大部分の色の変化が含まれる。これらの写真は入れ替わり続けているにもかかわらず、二つの写真が入れ替わる間に**フリッカー**(写真が呈示されていない短い時間)を加えるような手法によって、あるいはサッケード中に写真を入れ替えるようにすることで、視覚システムは変化が生じていることを捉えられなくなる。たとえ観察条件が最適だったとしても、その変

化はかなり長いあいだ見つからない。たとえば、被験者には（写真の特徴に集中させるために）写真の記憶テストを研究していると伝え、また、（変化を予期できるように）写っている風景は変わるかもしれないと言った場合でも、変化は長いあいだ見つからないのである。

　面白いことに、この現象は現実世界においても見出すことができる。そのことを示すサイモンズとレヴィンの実験は次のようなものである（Simons and Levin 1998）。実験者は道行く人に近づいていき、道を尋ねる。彼らが10〜15秒ほど会話した後、ドアを運んでいる二人の人物が彼らの間を通り抜ける。それによって会話が邪魔されている間に、最初に道を尋ねていた実験者はドアを運んでいるもう一人の実験者と入れ替わる。二人の実験者は身長や声や服などが異なっているにもかかわらず、実験試行のうち66％（12人中8人）で被験者は会話を続け、何かおかしいところがあったかを尋ねても、変化に気づいたと報告しなかった。

　これと密接に関わる現象に**不注意盲**がある（Mack and Rock 1998）。この現象についての実験で、被験者は、注意を求められる課題を行う。たとえば、二つのバスケットボールチーム（一つは黒、もう一つは白い服を着ている）が互いに混じり合いながらそれぞれのチームでボールをパスし合っている映像を見せられ、白いチームのメンバー同士がパスした回数を数えさせられる。被験者がこの課題に注意を集中している間に、予期せぬ出来事が起こる。（黒い）ゴリラの着ぐるみを着た人が、画面の真ん中あたりで胸を叩きながらコートを横切るのである。変化盲の実験もそうだが、実験前に結果を予想してみると、被験者はそうした出来事をすぐに見つけるだろうと思うかもしれない。しかし、注意が他に向けられていたため、被験者のほぼ半分はバスケットボールコートを横切るゴリラを見落としたのである（Simons and Chabris 1999）。

　ノエによれば、この実験は、知覚が「経験された細部についての豊かな内的表象を作り出す過程」ではないと考える理由を与える（Noë 2004: 50）。もちろん、これまでみてきた事例と同様に、これらの発見は内的表象を作る過程が知覚に含まれているという考えを**否定**するものではない。たとえば、詳細な表象

は作られたが思い出せないのだ、というようにノエの解釈に反論できるかもしれない（Pani 2000, Rensink 2000 も参照）。また、こうした実験から脳が**豊**かな内的表象を作っていないことが認められても、表象をまったく作っていないということは示されていないと反論することもできる。とはいえ、こうした実例は哲学者が科学の実践に影響を与えうる有効な方法を示している。

8.2 考慮すべき重要な現象

前節では、科学で自明視されている想定を哲学が吟味し批判するという、哲学と経験科学の交流の一形態をみた。その際に、哲学的理論の構築に重要な影響を与える現象を科学が発見しているということもみた。これはもう一つの哲学と科学の重要な接点である。つまり、科学者は哲学者が現実離れするのを防がなければならないのである。

このことで私が意味しているのは、実験研究者たちは（実験室や実生活といったさまざまな状況で起こることに説明を与える）重要な**結果**を報告したり、重要な**現象**を発見したりしているということである。これらの報告を疑う理由がないならば、哲学的知覚理論は、それがどのような理論的背景をもっていようとも、発見された現象や結果に説明を与えられなければならない。つまり、たとえ哲学者に認知科学者の理論的コミットメントを引き受ける必要がなくとも、哲学的理論を構築する際には、科学者が発見した現象を考慮しなければならないということである。そのため本節では、知覚の哲学研究者にとって重要だと思われる経験科学の発見をいくつか簡単に紹介していくことにしよう。

知覚に関わる病理現象

心理学や神経科学の文献を少しサーベイするだけで、知覚に関わる興味深い病理現象をいくつも見つけることができる。それらのうちのいくつかを、哲学との関わりを示しつつみてみよう。

色盲は色を見る能力を支える脳の領域（V4 野）の損傷によって起こる。色盲の患者は、輪郭・形態・運動などの特徴を見る能力は保たれているが、色を見る能力を失っている。そのためこうした病気の存在は、特定の性質を見る能力が他の性質を見る能力とある意味で〈独立である〉ことを示唆している。哲学的知覚理論は、こうした可能性を取り入れることができなければならない。とはいえ、たいていは簡単に取り入れられるように思われる。センスデータ説論者は、V4 の損傷によって色のついたセンスデータが生み出されなくなると主張することができる。副詞説論者は、損傷によって主体は色的に感覚できなくなると主張できる。志向説論者はそれによって色を表象できなくなると主張でき、素朴実在論者は主体が色という世界のなかの性質を見知れなくなると主張できる。

　しかし、**運動盲**はもう少し厄介な問題を提示する。この病気は MT 野（運動を見るための能力を支える領域）の損傷によって起こる。それによって患者は運動を見る能力を失うが、またしても（色・形態・傾きなど）他の性質を見る能力は保たれている。この奇妙な病気の患者は、人が消えて別の場所に再び現われるのが見えると報告している。つまり、人がある場所から別の場所へ運動するのを見ることができないのだ。ティーカップに液体を注ぐ場合では、水位が次第に上がっていくのではなく、突然ある高さから別の高さへ飛び上がるのを見る。正常な知覚者が経験できるもののうちでこれに最もよく似ているのは、おそらくストロボライトの下でものが動くのを見る場合だろう。だが、この類似性をあまり文字通りに受け取ってはならない。

　ここでも、知覚理論は運動盲についての説明を与えなければならないが、これまでみてきた理論がうまく説明できるのかは明らかではない。問題は、ほとんどの知覚理論は単純な〈静止物〉の知覚を視知覚の典型として考え、運動を後回しにしている点にある。言い換えれば、ほとんどの知覚理論は**ある時点に**おいてある経験をもつとはどのようなことなのかを説明しようとしているが、運動は時間をまたいで生じるものだという点が問題になるのである。特定の時点において経験をもつとはどのようことなのかを説明することに焦点を合わせて

いる理論は、運動を中心的に扱っていないのだ＊2。

　このように言うことで、現行の知覚理論は運動盲をまったく説明できないと言いたいわけではない。しかし、このことによって、知覚の哲学研究者は**ある時点における**経験に少々きつく焦点を合わせ、時間的に延長しているという知覚の特徴を見過ごしてきたということは示されているように思われる。したがって、運動盲は**問題**というほど強いものではなく、知覚を理論化するときには視覚経験が時間的に延長しているという側面にもまた注意を払わなければならないということを思い起こさせるものなのだろう。

　半側無視はさらに興味深い現象である。それは通常、脳の右半球の損傷の結果として生じる。患者は依然として左視野を見ることができ（Walker et al. 1991）、左視野へ呈示された刺激はプライミング効果 ★1 を生じさせる（Berti and Rizzolatti 1992）。そのため、この損傷は左視野の盲を引き起こしていないように思われる。だが、半側無視の患者は、左視野に呈示されたものを見落としてしまう。たとえば、右側の頭髪にしかブラシをかけなかったり、右側しか髭を剃らなかったり、右側しか化粧をしなかったり、皿の右側にあるものだけを食べて食事しおえたと言いながら、まだお腹がすいていると言い張ったりすると報告されている。このような患者に、紙に書かれたいくつかの線の上に線を加えて×印を作るように言うと、右手の側にある線にだけ線を重ね、左半分は終わっていないにもかかわらず、すべてに線を加えたと言う。それでも患者は無視された領域を意識的に経験しているのだろうか。この興味深い問いについては少し後でまた扱おう。

　色盲、運動盲、半側無視はすべて**失認**の一種とみなすことができる。失認とは、一般的に言えば、何かを知ったり何かに気づいたりする能力を失うことである。そのため、色盲は色失認とも呼ばれ、運動盲は運動失認、半側無視は半側失認とも呼ばれている。しかし、失認には他にも多くの種類があり、それらもまた知覚の哲学研究者の興味を引くかもしれない。たとえば以下のようなものがある。

統覚型失認：統覚型失認の患者は、視力や色覚は損なわれておらず、障害物をうまくよけることができるため、十分に何かを見ることができるように思われる。しかし患者は、対象の形態を見ること、対象を認知すること、刺激の差異を区別すること、単純な絵を正確に模写することなどができない。

連合型失認：連合型失認の患者は統覚型失認の患者とは異なり、形態を知覚する能力は損なわれておらず、絵を正確に模写し、元の絵と一致させることができる。しかし、これらの能力が保たれているにもかかわらず、患者はその絵が何の絵であるのかを認知することができない。自分で模写したものでさえも認知することができないのである。それでもこれが視覚の障害であると思われるのは、絵を言語的に記述すると患者は何の絵であるのかがわかるからである。

相貌失認：相貌失認の患者は、かなり特殊な種類の認知を失敗する。見慣れた顔を認知できないのである。この患者は、相手をよく知っていて、声や顔の特定の特徴（ほくろや欠けた歯など）によってその人を認知することができる場合でも、顔それ自体によっては認知できない。

同時失認：同時失認の患者は、視野にある対象を認知する能力は保たれているのだが、一度に一つの対象しか認知することができない。一つ以上の対象が呈示されたとしても、患者は一つしか見えないと報告する。このため、同時失認の患者は光景の全体を見ることができない。

アントン症候群（病態失認の一種）：病態失認は自身の病気や障害を認知し損なうというものである。そのなかでも知覚の哲学研究者の関心をとりわけ引くのは、アントン症候群である。アントン症候群の患者は視覚を失っているのにも関わらず、自分は見ることができると言い、自分が見ているものについてきわめて具体的に語ることもある。また、〔そうした具体的な

描写が間違っている場合〕なぜ見間違えたのかを語ることもある。

二重視覚システム仮説
前節で論じた病理現象と他のさまざまな発見から、脳には視覚情報の処理に従事している二つの異なる経路があるということがわかっている。すべての視覚情報は、最初は同じ経路（網膜に始まり、視神経から外側膝状体（LGN）を通って後頭部の一次視覚野 V1 へ伝わる経路）を通っている。しかし、そこから視覚情報は、別個の処理を行う解剖学的に異なる二つの経路を通ることになる。アンガーライダーとミシュキンによる古典的な提案によれば、一つめの〈なに what〉経路は脳の底部に沿った**腹側経路**であり、もう一つの〈どこ where〉経路は脳の上部へ向かう**背側経路**である（Ungerleider and Mishkin 1982）。

これら二つの経路の正確な役割については係争中であるが、二つの経路が存在することは広く受け入れられている。より最近の、とても影響力のあるミルナーとグッデイルの説によれば、腹側経路は対象の同定や認知を支えており、背側経路は視覚によるリアルタイムな運動制御を支えている（したがって、二つの経路は〈なに〉と〈どこ〉というより〈なに〉と〈どのように how〉を支えていると示唆されている）（Milner and Goodale 1995）。ミルナーとグッデイルは、意識的な視覚的気づきは二つの経路のうち一つ（対象同定・認知を支える腹側経路）としか結びついていないと論じている（もちろん、これに反論することは可能だろう）。この見解から予測されるのは、局所的な損傷のために主体が視覚的に呈示された刺激を意識的に**見る**ことができなくなったとしても、その刺激に対して適切に行動する能力が失われるとは限らない、ということである。

その具体例としては、ミルナーとグッデイルの患者 D. F.〔と、彼女に対して行われた次の実験〕が有名である。細長い長方形の穴が開いている円盤を直立した状態で患者に呈示する。その穴は試行ごとに傾きが変わるようになっており、D. F. はその向きを報告するよう言われる。けれども、ミルナーとグッデイルは、彼女の向きについての報告は実際の向きとは無関係だということを発見した。実際のところ、彼女は向きをあてずっぽうに推定していたのだ。彼らの仮

説によれば、この結果は、穴についての情報が対象同定・認知を支えている腹側経路を通っていなかったことを示している。しかし、穴を**通して**カードを入れるように言うと、D. F. は何の困難もなくそれを行うことができる。彼女の行為は正確で、なめらかであり、適切である。したがって、穴の向きについての情報が行為を支える背側経路から伝えられていたのは明白である。

健常な被験者でみられる興味深い事例は、ハフェンデンとグッデイルの論文 (Haffenden and Goodale 1998) で扱われている。その実験には、エビングハウス錯視（小さい円で囲まれた円は、大きい円で囲まれた同じ大きさの円よりも大きく見える錯視現象）が用いられる。ハフェンデンとグッデイルが発見したのは次のことである。すなわち、大きさが異なって見えるという錯覚があるにもかかわらず、被験者に真ん中の円を**つまみ上げる**よう言うと、大きく見える円の場合も小さく見える円の場合も、それをつまむために広げる人差し指と親指の間の幅が自動的に同じになるのである。このことが示唆するのは、腹側経路は錯覚に陥っているが、背側経路はそうではないということだ。

これらの発見はそれ自体で興味深いものであるが、知覚の哲学にとってはとりわけ重要である。というのも、自明だと思われる想定に疑いを投げかけるからである。たとえば、この「X」という文字にゆっくり指を置いてみよう。直観的には、指の向き・角度・速さのいかなる変化も、Xや指について、そしてXと指の関係についての意識的な気づきに原因があるように思われる。しかし、ミルナーとグッデイルによれば、意識的な知覚的気づきはこのような役割を担っていない。そのような気づきは指を置く何かとしてXを特定する役割を担っているかもしれないが、ひとたび行為が始まると、その行為は非意識的なプロセスによって導かれるのだ[*3]。

共感覚

知覚の哲学研究者にとってさらに興味深い現象は**共感覚**である。共感覚の主体は多くの場合、ある感覚モダリティでの通常の経験をもつことによって、自動的に別のモダリティでの経験ももつようになる[*4]。もとになっている通常

の経験を**引き金**経験と呼び、それが引き起こす経験を**共感覚的**経験と呼ぶことにしよう★2。最もよくある共感覚は、ある種の語や音を聴くという引き金経験によって、色の視覚的経験が引き起こされるというものである（Harrison and Baron-Cohen 1997）。これに対しモダリティをまたがない共感覚も発見されている。ひときわ目立つのは、視覚的に経験された**黒い**グラフィーム（黒いインクで書かれた数字や文字）が付加的な色の経験を生み出すという**グラフィーム・カラー共感覚**である。実験室でのテストによれば、引き金経験と共感覚的経験との間に非常に安定した対応関係があるので、共感覚は強固なものであることが説得的に示されている。

共感覚的経験の存在は 100 年以上前から報告されてきたにもかかわらず、科学者や哲学者が真剣にそれに取り組み始めたのは比較的最近のことである。共感覚の報告は、経験されているものから連想される記憶についての報告であるか、あるいは、比喩の感覚が過剰に働いた結果（「身を切るような風」や「目にうるさいシャツ」といった言い方をするときに私たちが行うことの延長）ではないかと長年考えられてきた。

しかし、ラマチャンドランとハバードが行ったグラフィーム・カラー共感覚についてのポップアウト実験は、この現象がそのように簡単に説明できないことを示しているようにみえる（Ramachandran and Hubbard 2001）。ポップアウト現象は、文字通り何かが飛び出してくる現象である。たとえば、複数の緑色の「5」がランダムに配置された図の中に、三角形に配置された複数の赤い「2」があると、赤い「2」によって形作られる三角形が「飛び出す」。この三角形を見るのは簡単だろう（図 8.1 の右はこれのモノクロバージョンである）。だが、黒い「2」で作った三角形を複数の黒い「5」がある図の中に配置した場合、通常の主体には「2」の三角形は飛び出してこない（図 8.1 左）。

一方で、「5」と「2」とでは異なる色を共感覚的に経験する主体には、モノクロの刺激でもポップアウトが実際に起きる。このことは、このような共感覚者が数字を見たとき、単に数字から色を**連想**しているのではなく、実際に色を〈見ている〉ことを示している。

図 8.1

　これは、経験科学の探求によってある現象の存在が示されたとみなせる事例である。したがって知覚の哲学研究者は、前に述べたように、この現象を考慮しなければならない。この現象は知覚の哲学にどのような影響を与えるだろうか。たとえば、モダリティをまたいで生じる典型的な共感覚は、ある経験を特定のモダリティに属させるのは何であるかについての理論に説明すべき問題を提示する。つまり、ある経験を聴覚経験や味覚経験といった別のモダリティでの経験ではなく視覚経験にするのは何か、ということである。これについてのさらなる議論は次章で扱おう。
　共感覚が知覚理論にどのように関係するのかという問題は、共感覚的経験が本当に知覚的なのかそれとも想像的なのかにも依存している。ちょうどうまい具合に、共感覚的経験の本性を自身がどのように捉えているかに基づいて、共感覚者を典型的に次の二通りに分類できる。片方は共感覚の色は「心の眼の中」にあると答える連想者（アソシエイター）であり、もう片方は共感覚の色は外界にあると答える投影者（プロジェクター）である。このことから、投影者の共感覚的経験は、「外界に」ある普通の対象についての視覚経験と同じようなものだろうと考えることができる。
　少なくとも一部の共感覚的経験は本当に知覚的であるという主張は、実験研究における検証課題でもある。たとえば、ブレイクら（Blake et al. 2005）は、共

感覚的経験は普通の知覚と同じように主体に残像を引き起こすので、知覚的であると論じている。共感覚的経験が知覚的な本性をもつことのさらなる証拠としては、真正の色経験をもつあいだに活動している脳領域が共感覚的経験のあいだにも活動しているということが挙げられる。

　ここで知覚の哲学研究者がとりうる選択肢はどのようなものだろうか。もし投影者の共感覚的経験が本当の**視覚経験**であると認めるなら、その経験は、世界の側に対応する色が欠けているにもかかわらず生じている特別な種類の（他の感覚経験によって引き起こされるという点で特別な）幻覚とみなされることになる。ある知覚理論が適切なものであるためには、その理論に含まれる幻覚の取り扱いに関する説明で共感覚的経験を扱えるのが望ましい。それが無理な場合、共感覚的経験が実際は知覚的でない〔そのため知覚理論が扱うものではない〕と考える理由がない限り、その知覚理論は重大な問題を抱えることになる。

　しかしながら、共感覚的経験が実際には知覚的ではないことの証拠となりうる、別の特徴も報告されている。グラフィーム・カラー共感覚をもつ投影者は、問題となっているグラフィームに色がついて見えると実際に報告する一方で、インク自体の色もまた見ることができると報告している。ある報告によれば、「二つの色の位置について尋ねてみると、[共感覚者]A.D. は、それをどのように説明していいかわからないが、ともかく、二つの色は同時に同じ場所で同じ形に広がっているようにみえると述べた」（Macpherson 2007: 76）。そのような経験は想像しがたい。ある対象が同時に赤くかつ黒く見えるとはどういうことだろうか。このことは、問題となっている経験が知覚的ではないことを示す証拠だと主張されるかもしれない。他方で、それでもなおこうした経験は知覚的であるという主張がなされたならば、さきほどと同じように、その経験を適切に説明できる知覚理論を作る義務が生じるだろう。

8.3　知覚、認知、現象的なもの

　本書ではこれまでとくに断りもなく、視覚経験に含まれる感覚的／現象的な

図 8.2

要素と概念的／認知的な要素が明確に区別できるかのように語ってきた。しかし本節では、この区別に疑問を投げかけてみたい。そうすることで、哲学と経験科学が有益な仕方で交流する具体例を提示することができるだろう。他方で、こうした交流の限界も明らかにすることになるだろう。

この問題に焦点を合わせるため、図 8.2 のような壺–顔の多義図形を見てみよう。

この図は、見つめ合う二つの黒い顔としても、酒杯のような壺としても見える。この図が二つの顔に見える経験と壺に見える経験を比較して、何が言えるだろうか。次の三つの選択肢が浮かび上がってくる。

[A] 二つの視覚経験は同じであり、そこからの概念的／認知的**帰結**が異なっているだけである。
[B] 二つの視覚経験は異なっているが、それでも同じ現象的性格をもっている（二つの経験の違いは、経験に含まれる非現象的な概念的／認知的要素の違いである）。

[C] 二つの視覚経験は実際に異なる**現象的性格**をもっている。

 これらの仮説のどれが正しいかに関わるとみなされてきたいくつかの実験研究がある。たとえば、単語は単語ではない語よりも認識されやすく（**単語優位効果**）、よく使われる慣れ親しんだ単語はそうでない単語よりも認識されやすく（**単語の出現頻度効果**）、繰り返し現われる単語は新しく現われた単語よりも認識されやすい（**反復効果**）、などといったことがさまざまな研究で明らかにされている。さらに、多義図形を用いた実験では次のことが示されている。被験者に多義図形を修正して多義性を取り除いた図形を呈示し、次に多義図形を呈示すると（予想できるように）被験者は以前に見た多義的でない図形に沿うように多義図形を解釈する。さらにロックとミッチナーは、**情報を与えられた**（これから見る図形が多義図形であることを知らされている）被験者と**与えられていない**被験者の両方が多義図形を見る実験を行い、次のことを発見をした（Rock and Mitchener 1992）。すなわち、情報を与えられた被験者の全員が図の両方の解釈を見ることができたと報告しているのに対し、情報を与えられていない被験者の中で図形が反転したと報告したのはわずか三分の一であったのである。
 要するに、これらの結果は次のことを示しているように思われる。すなわち、主体が見ることができるものは、（どちらも認知的な現象だと考えてよい）知識や期待によって大きく影響されるのではないか。たとえばドイルとリーチ（Doyle and Leach 1988）は、単語の出現頻度効果が知覚的な効果であること、言い換えれば、それらの単語が実際に**見え**やすいことの証拠を挙げている。このことは、[A] よりも [B] や [C] が好ましいと考える理由を与えているようにみえるかもしれない[*5]。その理由を受け入れるならば、概念的／認知的差異が経験それ自体に差異をもたらしうると認めることになるが、そうすると問題は次のようになるだろう。すなわち、認知的／概念的特徴は、壺‒顔の図形の二つの経験の現象的性格を変化させることによってこれらの効果をもつのか、それとも、経験に含まれる非現象的な付加的な要素によって経験に影響を与えているのか、ということである。

どのような性質が知覚されうるのか

議論をしやすくするために、現象的性格には色・形・位置・運動といった、よく「低次」性質と呼ばれるものが**含まれる**ということを認めておこう[*6]。問題は、現象的性格には何らかの「高次」性質が含まれているのかどうかということである。「保守派」はこれを否定し、現象的性格は低次性質によって完全に尽くされると主張する。一方で「リベラル派」は、現象的性格には上記のリスト以上のものが含まれると主張する（これらの用語はベイン（Bayne 2009）のものである）。

たとえば、「家である」や「木である」といった**種性質**（Siegel 2009: 483; Bayne 2009）、岩石が小屋を潰した（Strawson 1985）、あるいはより一般的に、何かが別のことを引き起こしたという**因果的性質**（Siegel 2006; Butterfill 2009）、「5〜10くらいの数の三角形が円形に配置されている」（Block 2008: 302）や、どの特定のテキストでもない（Grush 2007: 504; Fish 2009: 64）などの**一般的な性質**（*generic property*）などが論じられている[*7]。

視覚経験の現象的性格にこうした性質が含まれうるかどうかに答えるためには、どのように問題に取り組めばいいのだろうか。

シーゲルが指摘しているように、経験についての内観はある程度までしか答えを与えてくれない。ボウルに盛られた果物を見るとき、その経験の現象的性格にクロバエであるという性質やベースギターであるという性質が含まれていないということは内観によって知ることができる。しかし、バナナであるという性質は含まれているのだろうか。内観は明確な答えを与えてくれない。このことを踏まえシーゲルは、「現象的対比法」（Siegel 2007）と名付けた方法を使って、現象的性格が種性質を含んでいるという主張を擁護している。

> あなたはこれまで松を見たことがないが、さまざまな種類の木が生えている林から全ての松の木を切る仕事に就いたとしよう。最初は他の人がどれが松であるかをあなたに教えてくれる。数週間経ち、松を他の木から区別する能力が向上する。最終的にあなたは、松を即座に見分けられるように

なる。松はあなたにとって視覚的に目立つものになる……十分な認識能力を身につける前と後での視覚経験の現象的な差異には、こうした認識能力の獲得が反映されている。(Siegel 2006 :491)

　現象的対比法の眼目は、同じ「低次性質」を含んでいる二つの経験をとりあげ、その二つの経験の間に現象的な差異があるかどうかを問うことにある。ここで問題となっているのは、視覚によって松を見分ける能力を獲得する前後の松についての（能力の獲得以外は同じ）二つの経験である。シーゲルの議論は次のようなものである。二つの経験は、同じ低次性質を含んでいるにもかかわらず、現象的性格が異なる。この違いは、現象的性格には低次性質だけでなく松であるという高次性質もまた含まれているということによって最もよく説明される。

　シーゲルも認めているように、この議論は根本的なところで直観に訴えている。つまり、識別能力を獲得する前後の二つの経験には現象的差異があると言うのが正しいと思われる、という直観だ（彼女はまた、ある言語を学習する前後で、その言語の発話を聴く経験に差異があるという聴覚の事例を挙げている）。しかし、このことと対立するような別の直観がある。自分が「レモン」だと思って見ていたものが実は石けんであることがわかったとしても、私は自分の現象的性格は変化していないと主張するかもしれない（Byrne 2009: 449）。もしそうであるなら、見ているものがレモンではないと知っているとしても、現象的性格には依然としてレモンであるという高次性質が含まれているということになる。もしくは、その高次性質は最初から現象的性格に含まれていなかったということになるだろう。

　この論争に決着をつける別の方法を与えるために、ティム・ベインは、前述の連合型失認の事例を用いて現象的対比に基づく議論を提示している。連合型失認は、対象を見ることはできるのだが認知することができないというものであった。自分で模写した絵に描かれた対象さえも認知できないのである。ベインによれば、この病気の影響は、連合型失認の患者の経験が「健常者の」経験

とは異なる現象的性格をもつという考えを「非常に説得力のある」ものにする。とはいえ、現象的性格の違いは病気になった後の現象的性格に低次性質が含まれていないために生じるのではない。「低次[性質]を処理するために必要な能力は損なわれていない。患者に欠けているのは、**形態**知覚ではなく**カテゴリー**知覚である」（Bayne 2009: 391）。失認症患者の現象的性格が異なるのは、（健常者ではなく）患者たちの経験の現象的性格が高次性質を含むことができないからだ、というのがこの議論の結論である。

　現象的性格には低次性質しか含まれないと考える人は、［C］（視覚経験は実際に異なる現象的性格をもっている）を採用しつつ、［C］を二つの**種類**に分けることによって、こうした議論に応答することができる。［C1］は、現象的性格には低次性質しか含まれないという保守的な主張を維持する点で［B］に同意する一方で、概念的／認知的特徴は経験の（低次の）現象的性格を変化させるような仕方で現象的性格に**因果的に影響を与える**と主張する（Tye 1995: 140では、こうした説明が与えられている）。そして、よりリベラルな第二の選択肢［C2］は、現象的性格が部分的に概念的／認知的特徴によって**構成されている**と主張する。

　［C1］と［C2］の違いを理解するために、乗り物の進路を決める際に車の運転手と鉄道の転轍手が行うことの違いを考えてみよう。車の運転手が左に曲がりたいと思ったら、ハンドルを左に回さなければならない。この運転手の動作は、車が左に曲がることの**一部である**とみなすのは自然なことである。この見方は［C2］に近い構成説である。一方で、転轍手が列車を左に曲がらせようと思ったら、彼はポイントをそのように切り替えるだけでよい。ポイントの切り替えは、列車がそこに来るよりもだいぶ前に行うことができる。そして実際に来たとき、その列車はあらかじめ決められた方向に単に進むだけである。この場合、ポイントを切り替えた人の動作は、列車が左に曲がることの**一部**ではない。ポイントの切り替えは列車が左に曲がるという過程に因果的に影響を与えているが、むしろ厳密な意味では、その過程の外にあるものである。このことは、高次の処理はどの低次性質が現象的性格に含まれるかに単に因果的な影響を与えるだけであるという［C1］の主張と類比的である。

こうした二つの仮説を考慮すると、問題は次のようになるだろう。概念的／認知的活動が現象的性格の一部を構成するのかどうかは、どのようにすれば明らかになるのだろうか。

意識と報告可能性

近年、ネッド・ブロックは、以上のことと密接に結びついた問題を研究している。それは、意識経験についての**報告可能性**や**認知的アクセス**（もちろんどちらもきわめて優れた認知的／概念的活動である）を支えるメカニズムは現象的な意識経験をもつために必要であるのか、という問題である（Block 2007b, 2008）。

ここでも、問題に対する直観は明確な回答を与えてくれない。一方で変化盲と不注意盲の実験に対しては、たしかに対象の変化や注意していなかった対象を見落としはしたが**何らかの意味で**その光景全体を見ていたに違いないと考えるのが自然だろう。変化した対象が視野の大半を占めていたにもかかわらず、文字通りそれが見えていなかったという主張は、理解しがたい。しかし他方で、「主体が絶対にアクセスできない現象的意識というものは、そもそもいかなる種類の意識でもないように思われる」（Levine 2007: 514）という直観もまた強固である。

直観によっては答えが出ないため、この問題は経験科学が解決すべきものなのかもしれない。だがブロックが指摘しているように、認知的アクセスと報告可能性を支えるメカニズムの働きが意識にとって必要かどうかをどのように調べるのかを考えると、すぐさま方法論的な難題に直面する。彼が言うように、「自然な方法論は、問題のない事例で神経［活動がどのように生じているのか］を発見し、それを問題となっている事例、つまり、何らかの理由で経験に認知的にアクセスできない事例へと適用するというものである」（Block 2008: 292）。しかし、意識経験が生じていることをどのように知りうるのかを問題にするときに困難が生じる。ある主体に意識があると私たちが知るのは、通常、その主体が自分には意識があると**私たちに伝える**からである。そこから私たちは、認知的アクセスと報告可能性を支える領域の活動が見つかるだろうと予想するの

である。

　ブロックは、脳の損傷によって生じる**視覚空間消去**（visuo-spatial extinction）と呼ばれる症例を用いてこの問題を説明している。視覚空間消去の患者は、自分の視野の左右どちらかに対象が呈示された場合には、その対象を同定し、また、対象が呈示されていることを報告することができる。しかし、視野の**両方**に同時に対象が呈示されると、患者は半側無視のような状態になってしまう。つまり、片側の対象を同定し、その対象が呈示されていることを報告することができるが、反対側の対象は見えないと言うのである。最初の状況は、患者は視野の左右どちらの対象も意識する**能力**があることを示している。しかし二番目の状況はどうだろうか。患者は、見えていない側の対象を**意識している**が、報告することができないだけなのだろうか。それとも、脳の損傷によってその対象を意識することがまったくできなくなってしまったのだろうか*8。

　科学はこの問題に答えられるだろうか。ブロックはナンシー・カンウィッシャーと共同研究者の次の研究を引き合いに出している。主体が顔についての意識経験を報告するときには、通常、「紡錘状顔領域」と呼ばれる脳領域が活動している。そして、視覚空間消去の患者を核磁気共鳴画像法（MRI）によって調べた実験では、次のことが示された。視野の左側に顔が見えないと患者が報告している場合であっても、その患者が顔を見ることに成功している場合と同様に、左側に呈示された顔の認知を支える領域（右側の紡錘状顔領域）の活動がみられるのである。

　この結果から、患者は顔を意識しているがそれを報告することができないということが示される、と思われるかもしれない。だがブロックが指摘しているように、それは次のことを**すでに**想定している場合だけである。すなわち、紡錘状顔領域の活動は単独で顔についての意識経験を支えており、その意識経験のために認知的アクセスや報告を支える領域の活動は必要ではない、ということである。しかしこれはまさに、私たちが答えを求めている問題である。私たちが知りたいのは、認知的アクセスや報告のためのいかなる能力を欠いても主体は意識的でありうるか、ということである。だが、その状態が意識的である

かどうかを決めるための、主体の報告**以外**の（論点先取にならないような）方法はない。

論点先取にならない方法がないということから、次の想定に問題があると論じている哲学者もいる（ブロック（Block 2007b: 486）はパトナム（Putnam 1981）やデネット（Dennet 1998, 1991）を引き合いに出している）。すなわち、これらの事例において主体が意識的であるかどうかに関して事の真相があるはずだという想定である。検証することのできない二つの異なる説明仮説が提出されていることは、問題含みの意識概念を私たちが用いてしまっていることを示している、というのが彼らの主張の本質である。

しかしブロックは、「最良の説明への推論という方法、つまり、すべてのデータを最もよく理解できる枠組みを探すアプローチ」（Block 2008: 293）を適用することによって、この問題は解決できると論じている。彼の論文の大部分は、認知的アクセス／報告可能性なしでも意識的でありうるという見解を、この方法を用いて支持する議論に充てられている。しかしここでは、そういった議論自体の検討は読者に任せることにしよう。

とはいえ、最良の説明への推論法は以下のようにして働くということをきちんと心に留めておかなければならない。すなわち、ある主張が支持されるのは、それがある証拠を最も良く説明する場合だけである。そしてもちろん、それは説明が必要だと思われている「証拠」が何であるかによって事情が変わってくる。説明が必要な証拠が変われば、何が最良の説明となるかについての私たちの判定も変わるだろう。とくに、関連している証拠が神経科学的な発見だけであるならば、「最良の説明」は、現にブロックが示唆しているように、報告できない／アクセスできない意識状態がありうる、ということだろう。しかし、その証拠の中に、知覚の認識論的な役割や経験の意識的な側面についての最良の説明などが含まれているなら、別のものが「最良の説明」として認められるかもしれない。だが、これでは満足できないように思われる。というのも、たしかに私たちは、問題となっている事柄に関する事の真相があるはずだと考えているからである（もしくは、パトナムとデネットが結局正しかったということになる

かもしれない)。この点において、この独特な問題を解決するために必要なのは、科学ではなく**哲学**であるように思われる。

8.4 色覚と色の実在論

最後に、経験科学と知覚の哲学が交流可能な例として、科学がより「間接的に」知覚の哲学に影響を与える場合をみてみよう。たとえば、本書の前半で扱った知覚理論の多くは、色の**実在論**（色は心から独立に実在する性質であるという見解）にコミットしていた[*9]。信念獲得説や内容優位の志向説、そして素朴実在論は確実にそうである。だが、色の実在論それ自体は、さまざまな科学的発見に基づいた批判を長年にわたり受け続けている。もし色の実在論が誤りであることが判明したならば、それが正しいということにコミットしてきた理論も誤りであることになるだろう。本節では、色の実在論が誤りであるという主張を支持する経験的な証拠をみてみよう。

経験科学に基づいて色の実在論に反対する議論にとって重要なのは、**メタメリック・ペア**（あるいは単にメタマーと呼ばれる）の存在を発見したことであった。よく知られているように、一般に、**異なる分光分布**の可視光をはね返す物体は**異なる色**をしているように見える。このことから色の実在論者は、特定の色を特定の表面反射特性（surface reflectance property）と**同一視**し、さらに、ある色をもつことは、まさにある成分の可視光をはね返すという性質をもつことである、と言うかもしれない（もしくは、ある**色信号**をはね返す性質をもつことである、と言うかもしれない）。しかし、著しく**異なる**反射特性をもっているにもかかわらず、二つの表面が（特定の条件のもとで）同じ色に**見える**場合があるということも発見されている。このような表面の組み合わせが、メタメリック・ペアまたはメタマーである（すべての条件のもとで同じ色に見える組み合わせは、**アイソメトリック・ペア**あるいは**アイソマー**と呼ばれる）。図 8.3 は、メタマーである四つの対象の異なる反射特性を示している。

メタマーの存在から導かれるのは、たとえば、緑という性質をしかじかの色

メタマー

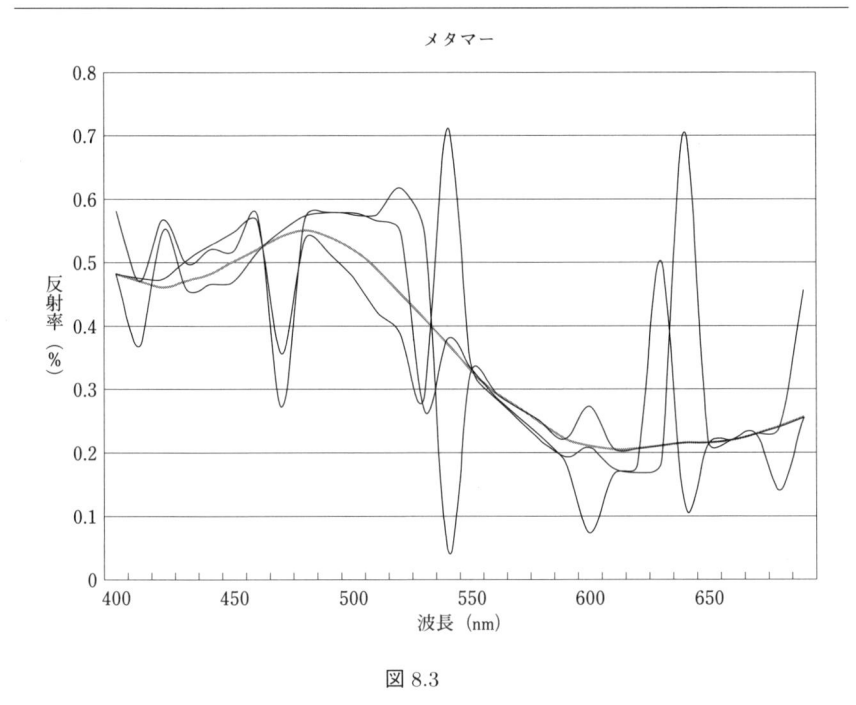

図 8.3

信号をはね返す反射特性と同一視できないということである（というのも、その反射特性をもたない緑色の表面があるからである）。これに対する返答として、色の実在論者は、緑に見える二つの表面のうちの片方は**本当は**緑ではないと主張することができる。あるいは、**選言的な**反射特性と色を同一視することもできる（それに従えば、緑であるという性質は、反射特性 A または反射特性 B または……をもつという性質であることになる）。

だが、最も問題になるメタマーの特徴は、反射特性が異なる表面がなぜ同じ色に見えるのかを問うときに明らかになる。色覚についての生理学によれば、メタマーである組み合わせは**実際に**ある一つの性質を共通にもっている。それは、**私たち**（人間である知覚者）に同じ作用を与えるという性質である。

どういうことか説明しよう。色覚の生理学は網膜から始まる。人間の網膜には、無彩色（黒・白・灰）の知覚だけを支える約 1 億 2 千万の桿体細胞と、有

彩色知覚あるいは色覚を支える約 700 万の錐体細胞がある。桿体細胞も錐体細胞も、ある形態のエネルギー（光）を別のもの（電気）に変換する**変換器**である。以下では、色覚を支える錐体細胞に注目しよう。光によって刺激された錐体細胞はそれに対する反応として**発火**し、その細胞とつながっているニューロンへ電気信号が送られる。しかし、錐体細胞が送る信号は、どのような波長の光が刺激となっていてもまったく変わらない。つまり、入射光がどのような波長をもっていたとしても、とにかくそれによって刺激されれば細胞は発火するのであり、波長に応じて信号が変わるということはないのである。そのため、このような錐体細胞からの信号しか与えられていなかったのなら、私たちはどのような波長の光が網膜を刺激しているかを決めるすべをもたなかっただろう。

　この問題を解決するため、母なる自然は錐体細胞に二つの重要な特徴を与えた。一つめは**感度曲線**である。つまり、錐体細胞は、特定の波長（ピーク感度の波長と呼ばれる）の光刺激に対してより発火するようになり、ピーク感度から外れるにつれて反応しなくなるのである。そのため錐体細胞の感度は（下図 8.4 のような）釣鐘型の曲線を描く。二つめは、（人間の場合）ピーク感度がそれぞれ異なる**三種類**の錐体細胞があることだ。大まかに言って、第一のタイプの錐体細胞は（可視光のうちの）波長が短い光に最もよく反応し、第二のタイプは中波長に、第三のタイプは長波長の光に最もよく反応する。人間の錐体細胞の感度曲線の典型は、図 8.4 のようになっている。

　特定の波長の光が網膜を刺激すると、それぞれの種類の錐体細胞が異なる仕方で反応する。それにより複数の異なる発火パターンが得られるが、そこから入射光がもっていた波長についての非常に多くの情報が復元可能になるのである。

　このシステムは効果的ではあるものの、確実ではない。とくに、反射されている色信号が異なるにもかかわらず、それらの信号によって引き起こされる錐体細胞の活動パターンが全体として同じである場合を許容してしまう。そのような場合、表面は同じ仕方で眼に作用しているため、私たちはその違いを区別することができない。それがメタマーである。ここから示唆されるのは、メタマーの存在はある意味で**主体に相対的**であるということである。つまり、メタ

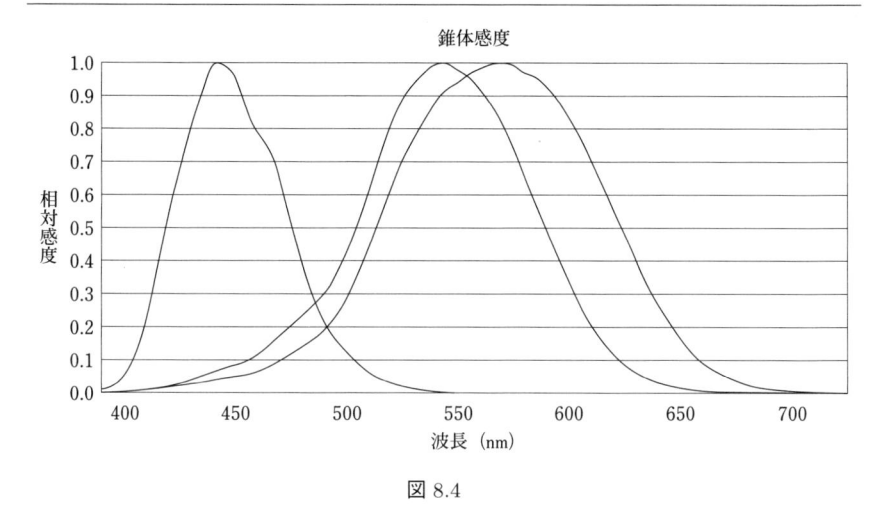

錐体感度のグラフ（横軸：波長(nm) 400–700、縦軸：相対感度 0.0–1.0）

図 8.4

マーが存在することと、どの表面同士がメタマーとしてペアになるのかは、心から独立の世界のあり方によって決まるのではなく、視覚システムがどのように働くかによって決まるようにみえるということだ。このことは、結局のところ色が心から独立ではないことを示すものであると論じられてきた。

　これに関連して、意識に現われる色の特徴には、視覚システムの働きと緊密に結びついているように思われるものがあると論じられる。たとえば、**ユニーク色相**と**バイナリ色相**の区別について考えてみよう。

　ユニーク色相は赤・黄・青・緑であり、これらは他の色相から「合成されている」ものであるようには経験されない色相である。反対にバイナリ色相は、他の色相から合成されているように経験されるものである。たとえば、オレンジは黄と赤から合成されたものであるように経験され、紫は赤と青から合成されたものであるように経験され、等々が挙げられる（表面上は似ているかもしれないが、ユニーク／バイナリの区別は、三原色／等和色／第三色 ★3 の区別とは異なることに注意しなければならない）。

　色覚に関する生理学をさらにみてみると、なぜ色相がユニークとバイナリに区別されるのかについても説明されている。かなり単純化して述べると、それ

第 8 章　知覚と心の科学

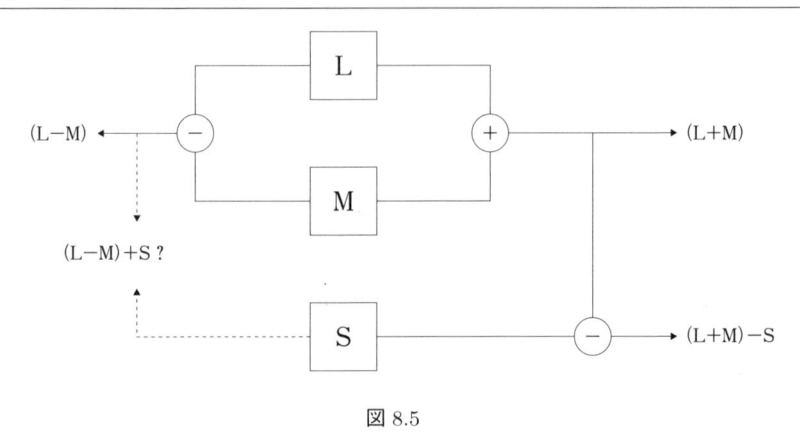

```
           ┌───L───┐
(L−M) ←─ − │       │ + ─┐
           └───M───┘    │──→ (L+M)
                        │
(L−M)+S ?               │
           ┌───S───┐    │
       ←── │       │ ── − ──→ (L+M)−S
           └───────┘
```

図 8.5

は、錐体細胞の反応の次に視覚システムが錐体細胞の出力（発火率）を複数回**比較する**ことである。その過程は図 8.5 に示してある。

　この図の L・M・S は、長波長、中波長、短波長に最もよく反応する錐体細胞をそれぞれ表している。現在の目的にとって重要なのは、以下の二つの計算である。第一に M 錐体と L 錐体の出力の差分が検出され、第二に M 錐体と L 錐体の出力の合計と S 錐体の出力の差分が検出される。

　まずは第一の計算をみてみよう。L 錐体からの出力が M 錐体からの出力より多い場合（L＞M）には赤の信号が送られ、M 錐体からの出力が L 錐体からの出力より多い場合（L＜M）には緑の信号が送られる。二つの錐体からの出力が等しい場合（L = M）にはどちらの信号も送られない。第二の計算は次のとおりである。L 錐体と M 錐体からの出力の合計が S 錐体からの出力よりも多い場合（L＋M＞S）には黄の信号が送られ、逆の場合（L＋M＜S）には青の信号が送られる。先ほどと同じく、L 錐体と M 錐体からの出力の合計が S 錐体からの出力と等しい場合（L＋M = S）にはどちらの信号も送られない。こうした**反対色過程システム**がさまざまな波長の入射光に対してどのように働くかは、図 8.6 に示してある。

　この道具立てを用いると、たとえば、600 ナノメーターあたりの光をはね返す表面を主体に見せた場合にどうなるか理解することができる。第一の反対色

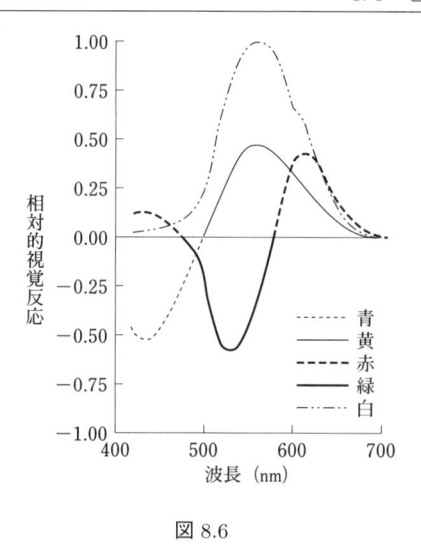

図8.6 の凡例:
- 青（点線）
- 黄（実線）
- 赤（破線）
- 緑（太実線）
- 白（一点鎖線）

縦軸: 相対的視覚反応（-1.00 〜 1.00）
横軸: 波長（nm）（400〜700）

図 8.6

過程システム（赤–緑）は赤の信号を送り、第二のシステム（黄–青）は黄の信号を送る。このとき主体は実際に赤と黄の混色（オレンジ）を経験する。この図式によると、オレンジのバイナリ色相としての本性は、反対色過程システムの二つの段階がともに特定の色の信号を送っていることによって説明される。つまり、主体が経験しているオレンジ色は、システムから信号が送られてくる二つの色（赤と黄）の混合物なのである。他のバイナリ色相も同様に説明される。

次に、短波長の光（図 8.6 では 465 ナノメートルあたり）をはね返す表面を主体に見せる場合を考えよう。この場合、第一の（赤–緑）反対色過程では釣り合いが取れているので、どちらの信号も送られないことが図からみてとれる。しかし、第二の（黄–青）過程では青の信号が送られるため、結果として主体は（ユニーク色としての）青を経験することになる。経験されるユニーク色相の本性は、反対色過程の二つの段階のうちの一つが信号を送っていることによって説明されるのである。ここでも、色経験の現象学的な特徴が私たちの色情報処理過程の特徴と対応していることがみてとれる。このことも、以前と同じく、色は、客観的で心から独立な世界の特徴ではなく私たちの視覚情報処理の特徴であるこ

とを示している証拠として考えられてきた。

問 題
- 本書で扱ってきた知覚理論は、次の現象にどのような説明を与えられるだろうか。
  - 運動動盲
  - 不注意盲
  - グラフィーム・カラー共感覚におけるポップアウト
- 認知的アクセスや報告可能性を欠いた現象的経験がありうるかどうかに答えるためには、どうすればいいだろうか。
- 色についての生理学的な発見は、色の実在論を棄却するだろうか。

読書案内

　表象的な側面を扱う理論的枠組みへの批判としては、ダニエル・デネットの著作『解明される意識』（Dennet 1991）、アルヴァ・ノエの著作『知覚のなかの行為』（Noë 2004）、ウィリアム・ラムジーの著作 *Representation Reconsidered*（Ramsey 2007）がある。

　変化盲と不注意盲の実験の例は、イリノイ大学の視覚認知研究室のウェブサイト（http://www.simonslab.com/videos.html）で見ることができる。

　セミール・ゼキは知覚に関わる病理研究の最前線に立っており、その研究の多くは著作『脳のヴィジョン』（Zeki 1993）に読みやすい形でまとめられている。共感覚現象に関する哲学的考察のよい導入としては、フィオナ・マクファーソンの論文 "Synaesthesia"（Macpherson 2007）が挙げられる。

　スザンナ・シーゲルの研究はどの性質が知覚されるのかという問いに関する論争のなかでも際立っている。とりわけ、"How can we discover the contents of experience?"（Siegel 2007）と "Which Properties Are Represented in Perception?"（2006）を参照。また、この節で引用した論文の多くは、*Philosophical Quarterly* 2009 年 7 月の特集号に収録されている。

ネッド・ブロックの研究は、意識と報告可能性に関連する問題のさらなる研究への出発点となるだろう。彼の論文集である *Consciousness, Function and Representation*（Block 2007a）を参照。彼の最近の論文 "Consciousness, Accessibility and the Mesh between Psychology and Neuroscience"（2007b）と "Consciousness and Cognitive Access"（2008）はその論文集に収録されていない。しかし、どちらの論文も、豊富な経験的知識を含む精緻な議論によって、この節で論じた方法論的問題がどのように経験的に解決されうるかを示そうと試みている。

少し古いものであるはあるが、C. L. ハーディンの著作 *Color for Philosophers: Unweaving the Rainbow*（Hardin 1988）は、現在でもなお色についての哲学の科学的基礎について書かれた素晴らしい本であり、また、色の実在論に反対する重要な議論が挙げられている。

注

* 1 厳密に言えば、認知科学とは心や認知を研究する学問の総称であるため、心理学・神経科学・人工知能研究・言語学・人類学だけでなく、**哲学**もそこに含まれる。そのため、ここでの問題を哲学と認知科学の交流の一つとして設定することは、正確に言えば適切ではない。

* 2 おそらく志向説論者は次のように主張することができる。すなわち、ある時点でも、運動しているものとして対象が**表象されている**ということは依然として意味をなし、この特徴の表象によって運動についての**経験**を説明することが可能である。しかし、知覚可能なものという身分を運動に与えることに失敗しているのではないかと疑うことができる（少なくとも、私にはそう思われる）。

* 3 だが、ミルナーとグッデイルは、腹側システムが（たとえば、すこし前に見た対象を目を閉じて指差すときのような場合に）行為を制御しうると実際に

認めている（Milner and Goodale 1995）。

*4 共感覚の一般的な特徴づけにはミスリーディングなものが多い。たとえば、リチャード・シトーウィックが共感覚について書いた影響力のある著作『共感覚者の驚くべき日常』（Cytowic 1993）では、共感覚者は対象や性質を標準ではない感覚モダリティによって経験している可能性についての記述がみられる（その中では、共感覚者は味覚によって形を知覚しているかもしれないということが示唆されている）。しかし残念なことに、これは正確な記述ではない。形が味わわれるのではなく、味の経験が付加的に形の経験を引き起こすと言うべきだろう。

*5 このように述べてはいるが、この結果を［A］と整合的に解釈することもできると思われる。たとえば、ホッホバーグは、単語の出現頻度効果は判断的である（なじみのない単語も見やすさは同じだが、認識するのが難しいだけである）と示唆している（Hochberg 1968）。

*6 「含まれる」は理論中立的に読んでほしい。さまざまな知覚理論はそれぞれの枠組みでこの問題をいくぶん異なった仕方で扱うということを踏まえて、私はこの単語を用いている。たとえば、センスデータの存在を認める論者は、低次性質が現象的性格に「含まれる」のは、低次性質がセンスデータによって例化されているためだと言うだろう。一方で表象説論者は、低次性質が現象的性格に「含まれる」のは、それらの性質が表象されているためであると主張するだろう。また関係説論者は、低次性質が現象的性格に「含まれる」のは、主体がそれらの性質を見知るためであると主張するだろう。

*7 紙幅の都合により、因果的な性質や一般的な性質が現象的性格に含まれうるかといった議論は扱わない。しかし、このような議論についてはこれまでのところ経験科学の結果が重要な役割を果たしているということを指摘しておこう。たとえば、シーゲル（Siegel 2009）やバターフィル（Butterfill 2009）で見られるように、因果的な性質が現象的性格に含まれうるという主張は、ミショット（Michotte 1963）の実験研究に訴えてなされることが多い。一般的な性質が現象的性格に含まれうるということも同様に、以前に論じた変化盲や不注意盲の結果に何らかの説明を与えるために必要であるという仕方で主張される（Grush 2007; Fish 2009）。

＊8 この問題に対する解答と以前に論じた問題への解答（変化盲における変化している対象や不注意盲における注意が向けられていない対象を私たちは「見て」いるのかということに対する解答）には、明らかに類似点がある。これについてはブロック（Block 2008; 295-297）を参照。

＊9 厳密に言えば、私たちが通常色と呼ぶものには、色相・彩度・明度という三つの次元がある。色相について語っているときに何が語られているのかを理解するためには、色から鮮やかさ（色の深度・密度・強度）と明るさを引いた後で残るものを考えるのがよい。さらに、茶色のように色相に対応していない色も存在する。色相の全体はカラースペクトル（虹）で表される。

訳注

★1 前に受けた刺激によって後に受ける刺激の処理に影響が出る効果。

★2 「共感覚」は通常の経験とそれによって引き起こされる付加的な経験が合わさった総体として、付加的な経験は「共感覚的経験」として訳す。

★3 三原色とは、それらを合わせることによって全ての色を作り出すことができ、また、他の二つの色を混ぜることによって残りの一色を作り出すことができないような関係に立っている三つの色のことである（たとえば、テレビモニターなどで用いられている組み合わせは赤・青・黄であり、印刷などではシアン・マゼンタ・イエローの組み合わせが用いられている）。等和色は隣り合う原色を二種類合わせたものであり、等和色と隣り合う原色を混ぜたものが第三色である。

第9章
知覚と視覚以外の感覚モダリティ

> **あらまし**
>
> 　感覚モダリティは何によって互いに区別されるのだろうか。そして、私たちはどうやって、何かを見ること、何かを聴くこと、何かを〔触覚的に〕感じること★1、何かを嗅ぐこと、何かを味わうことを区別しているのだろうか。
>
> 　これまでの章でみてきた視覚の理論を視覚以外のモダリティに拡張しようと試みる前に、まずはこれらの問題を考えてみよう。また、バイモーダルな——二つの感覚の働きによってのみ享受することが可能な——経験がありうると考える根拠があるかについても議論しよう。

　ここまでの議論はもっぱら視覚を扱ってきたが、人間はまた他にも多くの感覚モダリティをもっている。すべての感覚を一緒に考察すると興味深い哲学的問題がたくさん湧き上がってくる。たとえば、私たちはいくつの感覚をもっているのだろうか。伝統的な見解（アリストテレスに由来する——『魂について』（Aristotle 1984: 424b:22-23）によれば、私たちがもっている感覚は、視覚・聴覚・触覚・嗅覚・味覚の五つである。他方で、私たちは17もの異なる感覚をもっていると示唆している人もいる（Keely 2002: 10）。この章では、感覚モダリティを互いに区別するものは何であるのかを問うことから始めよう。その後で、知覚の哲学研究者は視覚以外の感覚について何を言わなければならないのかを考えてみ

よう。

9.1 感覚の個別化

一つの興味深い哲学的問いは、どのような基準でそれぞれの感覚は区別されるのか、というものである。実のところ、この問いは密接に関わる次の二つの問いへと分けられる。

- どのような基準でそれぞれの感覚は区別されるのか。
- 知覚者である**私たち**は、どのようにして、何かを見ることをそれを聴いたり感じたりすること等々と区別しているのか。

一番目の問いはより形而上学的なものである。つまり、さまざまな感覚をそれぞれ異なるものにするような感覚の本性とは何であるかが問われている。第二の問いはより認識論的なものである。つまり、私たちが感覚経験をもつとき、どの感覚を使っているのかをどのようにして私たちが**知る**のかが問われている。たとえば、あなたがこの本を読んでいて、コーヒーの匂いを嗅ぎ、エスプレッソマシーンの馴染みあるシューシューという音を聴いている場合を考えよう。そのときあなたは、コーヒーの匂いを嗅ぎコーヒーメーカーの音を聴いているのであって、音を嗅いで匂いを聴いているのではないとどのようにして知るのだろうか。本節では、これらの問いに対して考えられうる三つの回答と、それらが直面する困難を考察する。

感覚器官説 (The Sense Organ View)
これら二つの問いへの可能な応答の一つは、受容器にしたがって感覚モダリティを個別化するというものである。この応答は第一の問いに対して、私たちは眼を使って見て、耳を使って聴き、鼻を使って嗅ぎ、舌を使って味わうのだと答える。第二の問いに対しては、私たちはどの**感覚器官**を使っているのか知

ることによって、どの感覚が使われているかを知るのだと答えるだろう。

　受容器によって感覚を個別化しようとするためには、当然、受容器それ自体の個別化から始めなければならない。だが、それは簡単だと思われる。というのも、鼻は顔の真ん中に出っ張っているものであり、眼は眼窩に収まっている球である、等々〔と個別化されているように思われるからだ〕。

　しかし、物事はそう単純にはいかない。たとえば、皮膚だけではなく眼や耳や鼻や舌を使っても感じることができるということを考えてみよう。もし見ることが眼を使ってなされることなら、鋭い何かが眼をつついているのを感じることは、見ることだとみなされてしまう。また、もし聴くことが耳を使ってなされることなら、耳管に滴り落ちた氷水の冷たさを感じることは、冷たさを聴くことになってしまう、等々。こうしたことから、感覚を受容器で個別化する初歩的な試みがうまくいかないことがわかる。

　感覚器官説は二通りの仕方で修正できるかもしれないが、すぐに重要な反論が向けられそうである。第一の修正案は、「視覚の器官」は眼だけを指しているのではなく、下流の生理的・神経的システムもそこに含まれると主張することである。この案に従えば、何かを眼に押し込んでその鋭さを感じることは、全体的な過程が視覚に標準的ではない下流の生理的システムを用いているので、見ることだとはみなされない。もう一つの修正案として次のように言うことができるかもしれない。すなわち、「眼」で意味されているのは光に反応する器官としての眼であり、「耳」で意味されているのは音波に反応する器官としての耳である、等々。この案に従えば、耳管に滴り落ちた何かを冷たいと感じることは、冷たさを**聴く**こととみなされない。その場合、耳は音波に反応することで機能していないからである。

　以上の提案の一つの困難は触覚の場合に生じる。触覚には下流の生理的システムが数多くあり（少なくとも 15 あると見積もられることもある（Nudds 2003: 34））さまざまな種類の生理的刺激に反応する。それに加えてこれらの修正案は、第二の認識論的な問い（標準的な知覚者は自分が見ているのか聴いているのかのようにして**知るのか**）に適切に答えるのが難しい。たとえば、鋭い何かを自分の眼

に押し込んで、自分はいま鋭さを見ているのではないと主張する知覚者を考えてみよう。第一の修正案は、視覚に標準的ではない下流の生理的システムが用いられていると知覚者が**知っている**ことを要求するように思われる。あるいは、耳管に氷水をたらし、自分はいま冷たさを聴いているのではないと主張する知覚者を考えよう。第二の修正案は、これは空気の圧力波に反応している事例ではないと知覚者が**知っている**ことを要求するように思われる。これらの返答はともに、知覚者が専門的な知識をもっていることを要求するように思われるのである。だが、このような知識は、自分がどの感覚を使っているか答えられる人がもっていると通常期待されるようなものではない。

この懸念に加えて、ロクスビーコックスは次のような問いを投げかけている (Roxbee-Cox 1970)。なぜ二つの眼を視覚の器官としてまとめ、二つの耳を聴覚の器官としてまとめなければならないのか。なぜ左眼と左耳をある種の感覚器官として一緒にまとめないのか。彼が示唆しているのは、二つの眼には、それらを一緒にまとめることを説明し正当化するような共通の何かがなければならないということである。耳についても同様である。

それでは、共通するものとは何だろうか。もちろん、次の二つの可能性が考えられる。一つめは、二つの眼が同じ外的エネルギー源（光波）に反応するということであり、二つめは、二つの眼が同じ生理的システムに組み込まれているということである。だがこの場合も、こうした専門的知識をおそらくもっていない普通の知覚者も二つの眼を視覚の器官に分類するのはなぜなのかを説明しようとすると、問題に突き当たる。この反論の餌食とならない二つの代替案がある。それは、(1) 眼の使用は**固有の経験**をもたらす、(2) 眼は**固有の性質の組**に反応する、というものである。二つの眼を特定の感覚（視覚）の器官として一緒にまとめることが代替案のどちらかによって正当化されるならば、上述の問いに対する回答はこのうちのどちらかであるかもしれない。

固有経験説（The Characteristic Experience View）

それぞれの感覚は特定の種類の経験に対応するという見解は、グライスが暫

9.1 感覚の個別化

定的に支持していたものである。その概略は以下のように述べられている。

> 二つの感覚、たとえば視覚と嗅覚は、視覚経験に固有の内観可能な特徴と嗅覚経験に固有の内観可能な特徴によって区別されると考えられるかもしれない。つまり、視覚を通じて知ることができる特徴と嗅覚を通じて知ることができる特徴の差異を無視しても、視覚はそれ自体の特徴において嗅覚とは異なっていると言えるのである。 (Grice 1962: 135)

重要なのは、視覚と嗅覚はそれぞれ異なる性質についての情報を与えるという後述の代替案(固有性質説)からこの考えを区別する次の点である。すなわち、グライスが述べているように、視覚と嗅覚は、**それぞれを通じて知ることができる性質の差異を無視したとしても異なる特徴をもっている**ということである。以前の章の用語を用いれば、これが示唆しているのは、それぞれの感覚にはそれぞれ異なる**クオリア**が伴っているということである(同様の示唆としては、Lowe 1992: 80 を参照)。

こうした用語を用いると、以前の章で論じた透明性現象が固有経験説にとって問題になりうるということがわかる。経験が透明であると主張することは、内観するときに私たちは、対象自体を経験を「通して見ている」と言うことであった。つまり、〔この考えによれば〕私たちが見出すのは、経験**それ自体**の特徴ではなく、経験の**対象**の特徴だけなのである。もしそうであるならば、経験には付加的な(少なくとも、内観を通して発見することができるような)「嗅覚的特徴」や「視覚的特徴」などないのである。グライスも認めているように、「視覚と触覚の違いを記述する試みは、見ているものや触っているものについての記述に解消されてしまうように思われる」(Grice 1962: 44)。

これに加えて、モダリティに固有の特別なクオリアに訴えざるをえない説は、動物がもつ人間にはない感覚モダリティの可能性を説明する場面で困難に直面する。たとえばネーゲルは、コウモリが人間にはないソナー感覚をもっていることを考慮し、コウモリであるとはどのようなことかという有名な問題を提示

した。他の動物も私たちがもっていない感覚をもっているようである。たとえば、サメは磁場を、ヘビは赤外線を、ある種の魚は電位を感じることができると広く信じられている（Keeley 2002）。もし固有経験説が正しいなら、それぞれの感覚にはそれと結びついた異なるクオリアがあるということになる。ネーゲルが提示した問題を考慮すると、こうした動物は人間がもっていない感覚をもっているという主張は、「真に理解することができなくとも同意しなければならない命題」（Nagel 1979: 447）という身分をもつことになる。

特別な「視覚的特徴」に訴えることが問題であるならば、第 6 章で詳細に論じた〈経験は互いに**区別不可能**でありうる〉という考えに訴えることで、問題を回避できるかもしれない。これがどのように問題を回避するのかを理解するために、**全く同じ身長である**という関係と**同じ高さに見える**という関係を考えてみよう。最初の関係に関しては、もしアリスがバーバラと全く同じ身長で、バーバラとキャロルが同じ身長ならば、アリスとキャロルは同じ身長であると推論するのは正しい。この推論が正しいのは、**全く同じ身長である**という関係が**推移的な関係**だからである。しかし、**同じ高さに見える**という関係は**非推移的**である。そのため、もしアリスがバーバラと同じ高さに見え、バーバラとキャロルが同じ高さに見えるならば、アリスとキャロルは同じ高さに見える、という推論は正しくない。というのも、アリスとバーバラの身長差は気づかないくらいわずかであり、バーバラとキャロルの身長差も気づかないくらいであるが、アリスとキャロルを隣り合わせて立たせてみると、二人は同じ高さではないと気づくという場合もありうるからだ。

こうした区別不可能性に基づいて、感覚モダリティに固有の特別なクオリアに訴えずに固有経験説を展開することができる。その考えはこうだ。「ある二つの経験が同じモダリティに属するのは、次のとき、かつそのときにかぎる。すなわち、それらの経験が、各段階が区別不可能関係でつながっている経験の連なりの両端に位置することができるときである」（Clark 1993: 141）。

これがどのようにうまくいくかを理解するために、赤色の広がりの経験、緑色の広がりの経験、C シャープの〔音高の〕経験の三つを考えてみよう。最初

の二つの経験について、私たちは次のような経験の連なりを構成できる。一番目の経験は赤色の広がりで、二番目は一番目と不可識別な程度に少しオレンジがかった赤色の広がり、三番目は二番目と不可識別な程度にもう少しオレンジな赤色の広がり、といった仕方で黄色そして緑まで続いている。すると、赤色の広がりと緑色の広がりという二つの経験は、隣り合うそれぞれのペアが互いに区別不可能になっているような経験の連なりの両端に位置することができる。したがって、この二つの経験は同じ感覚モダリティに属するとみなされる。しかし、この二つの経験の**どちらか**から始まり C シャープの経験につながる連なりを構成できない。したがって、最初の二つの経験と三つめの経験はモダリティが**異なる**とみなされる。このようにして、すべての経験をそれぞれのモダリティに固有のクラスに分類することができるかもしれない。

だが、固有経験説にはより一般的な問題がある。たとえばグライスは、色と形への反応としてもつ経験が視覚で、匂いや香りへの反応としてもつ経験が嗅覚である等々ということは、偶然にすぎないのではないかと懸念している。この懸念は次のような問いによって強調することができるだろう。すなわち、香りや匂いへの反応として視覚的特徴をもった経験（それが内観できる「視覚的特徴」を伴う経験であれ、特定の不可識別性に基づくクラスの経験であれ）をもち、色や形への反応として嗅覚的特徴をもった経験をもつことは可能なのではないか。私たちはこの問いに対して否定的に答える傾向がある。だが、そうした傾向があるからといって、そう答えることが正しいとはかぎらない。

よりやっかいな問題は、固有経験説は非意識的な感覚モダリティの可能性を排除してしまうことである。そのようなモダリティがあっても矛盾ではないと思われるだけでなく、私たちが実際にそれを**もっている**かもしれないと考えさせる証拠がある（もちろん、非意識的であるので、私たちにとっては驚きの情報だろう）。キーリーによると、人間が**鋤鼻**(じょび)感覚をもっていると考えさせる証拠がある（Keeley 2002）。それは、鼻中隔の両側のくぼみに位置し、**フェロモン**（社会的・性的交流にかかわる化合物）の感覚を可能にするものである。人間以外の動物では、鋤鼻システムの損傷によって性的な行動が減少する一方で、人工的に

そのシステムを刺激すると性的な行動が**増加する**。キーリーによれば、人間についても似たような発見が「増えつつある」。そしてそれは、人間もまたそのような感覚をもっているという証拠となりうる (2002: 24)。もし本当に人間が鋤鼻感覚をもっているなら、その感覚は、それに伴ういかなる固有の経験もないようなものである。固有経験説では、このモダリティを他から区別することができないだろう。

固有性質説（The Characteristic Property View）

固有性質説の狙いは、感覚によってアクセス可能となる外界の性質の違いに応じて、それぞれの感覚を個別化することである。この説をきちんと説明するためには、さまざまな性質を**知覚している**（感覚的にアクセスしている）という感覚中立的な主張から始めなければならない。この主張が「感覚中立的である」のは、単に性質を知覚しているということ自体は、どの感覚によって〔その性質を〕知覚しているかを特定しないからである。そしてこの主張に基づき、さまざまな性質のうちの**どれ**にアクセス可能になっているかという観点からそれぞれの感覚を区別するのである。たとえば、**視覚**は色・形・大きさへのアクセスを可能にする感覚であり、**聴覚**は音量・音高・音色へのアクセスを可能にする感覚である、等々〔というようにそれぞれのモダリティが区別される〕。

このアプローチが最初にぶつかる明らかな困難は、いくつかの性質が一つ以上の感覚によっても知覚できるという事実である。たとえば、ものが温かい、なめらかだ、四角い、といったことは**見る**こともできるし**感じる**こともできる。同様に、誰かが怒っていることや、海が荒れていることを**見る**ことも**聴く**こともできる。また、何かが甘いということを**嗅ぐ**ことも**味わう**こともでき、トーストが焦げていることを**見る**ことも**嗅ぐ**こともできる、等々。

これに対する返答として、グライスとロクスビーコックスは次のような着想に目を向けている。すなわち、ある性質は**直接的に**知覚される一方で、別の性質は**間接的に**、言い換えれば、それとは異なる性質が直接知覚されているために知覚されるのである。この着想は、問題となる性質が二つのうちの（せいぜ

い) 一つの感覚によってしか**直接的**に知覚されないと定めることによって、困難な事例を扱おうとするものである。このアプローチに従えば、温かさは直接的に**感じられる**が、温かさが見えるのは、赤さなどの別の性質を見ることによってのみである。だが、この返答がどの事例でもうまくいくかどうかは明らかではない。たとえば、甘さを嗅ぐことや味わうこと、あるいは、何かが四角であると見ることや感じることは、性質が二つの感覚で同等に直接的に知覚されている事例であるように思われる。

　別の返答として、対象が四角であるのを**見る**とき、四角さだけでなく他にも多くの性質が知覚されているという事実に訴えることができる。私たちは対象の四角さを、大きさ・色・運動の向き、等々を含む性質の集合の一員として見ている。しかし、四角さを**感じる**ときには、重量・肌理・温度、等々といった性質の集合の一員として、つまり、見るときとは**異なる**集合の一員として、四角さを感じているのである。この見解は、感覚によって知覚することが可能になる性質の**範囲**の違いに応じてそれぞれの感覚を区別するのである。

　しかしグライスが指摘しているように、この提案は困難にぶつかる。「片方の手のひらに半クラウン銀貨を乗せ、もう片方にペニー銅貨を乗せている人を考えよう。彼は（おそらく本気で）『半クラウンはペニーよりも大きく見えるが、同じ大きさであるように感じられる』と言うかもしれない」（Grice 1962: 137-138）。

　固有性質説に従えば、この主体はさまざまな性質を知覚している（思い出してほしいが、「知覚」は感覚に中立的である）が、それらの性質には、視覚のリスト（色、形、等々）と触覚のリスト（肌理、温度、等々）に属する性質が含まれている。またこの主体は、片方のコインはもう片方より大きいと知覚し、**かつ**、二つのコインは同じ大きさであると知覚している。問題は、固有性質説がこの事例を説明しようとしても、コインの大きさが異なると**視覚**によって知覚された一方で、同じ大きさであると**触覚**によって知覚されたという結論を可能にする手だてがないということである。

　この問題を考慮してロクスビーコックスは、固有性質説の**鍵特徴**（key feature）バージョンを提示している（Roxbee-Cox 1970）。この見解は、感覚器官はそれ

ぞれの「固有の対象」によって個別化できるというアリストテレスの主張と似ている（Aristotle De Anima, 418a: 12）。単純な固有性質説は、まず見ることができるさまざまな性質をまとめ、そして、見るとはこれらの性質を知覚することだと主張する。一方で鍵特徴説は、性質の束の中から特定の性質をいくつか選び出し、見るとはその鍵性質を知覚することだと主張する。

　ロクスビーコックス（1970）は次のように示唆している。視覚の場合の鍵特徴は、対象が何らかの色をもっていることである。聴覚は何らかの音量や音色をもっていること、味覚は何らかの味を、嗅覚は何らかの匂いを、触覚は何らかの感触をもっていることである。そして、自分がどの感覚を使って知覚しているかをいかにして知るのかという問いには、次のように知覚者の知識に訴えることで答えられる。たとえば、知覚されているものが何らかの音量あるいは音色をもつと知ることで、知覚者は自分が何かを聴いていると知ることができる。また、知覚されているものが何らかの匂いをもつと知ることで、自分は何かを嗅いでいると知ることができる、等々。

　さらに、鍵でない性質は見ることも聴くことも味わうことも嗅ぐことも感じることもできるということを認めるために、ロクスビーコックスは次のような考えを提示している。すなわち、鍵でない性質 p を感覚 S によって知覚するためには、主体はさらに、p をもつ対象が S の鍵特徴をもっていることを（直接的に）知覚しなければならない。たとえば、丸さは鍵性質ではない。丸さが視覚によって知覚されるためには、さらに、その（丸い）対象が何らかの色をもっていることが直接的に知覚されなければならない。また、丸さが触覚によって知覚されるためには、さらに、その（丸い）対象が何らかの感触をもっていることが直接知覚されなければならない。

　ロクスビーコックスによれば、鍵特徴説はグライスが提示したコインの事例をうまく扱うことができる。思い出してみよう。半クラウン銀貨はペニー銅貨よりも大きく知覚され、かつ、同じ大きさに知覚されている。だが固有性質説には、二つのコインが異なった大きさであることが見えている一方で、同じ大きさであると感じられていることを説明する手段がないのだった。しかし、鍵

9.1 感覚の個別化

特徴説では次のように言うことができる。

> 半クラウン銀貨はペニー銅貨よりも大きいように思われる。そして……このような関係に思われる知覚には、コインが何らかの色をもっていることの直接的な知覚が含まれている。一方で……半クラウン銀貨はペニー銅貨と同じ大きさであるようだ。そして……このような関係に思われる知覚には、コインは何らかの感触をもつことの直接的な知覚が含まれている。
> （Roxbee-Cox 1970: 539）

だが、このアプローチにはいくつかの懸念があり、そのうちの一つは味覚の場合に生じる。味覚の場合の鍵特徴は何らかの味をもっていることであるが、この定義がうまくいくためには、もちろん、**味覚によって感覚されうる何らかの性質**という定義とは独立に、（対象の性質としての）味とは何であるかが言えなければならない。上に挙げられた鍵特徴の言明をみると、同じ反論は嗅覚にも向けられそうであるし、前章でみた色の実在論に関する問題を考慮すると、視覚にさえも向けられそうである。

さらに、鍵でない性質の知覚についての説明も疑うことができるかもしれない。鍵でない性質はどれも、それを知覚するためには鍵性質を知覚することが**必ず必要である**というのは本当だろうか。たとえば、前章で**色盲**（色を見ることができない）患者を取り上げたが、その人たちは視覚経験をもっているし、自分が視覚経験をもっていることも知っている。また、変化盲の実験は以下のことを示していると論じられるかもしれない。すなわち、通常の主体でも、対象が何らかの色をもっていることを見ることなしに対象の形を見ることが可能な場合がある。

検討すべき最後の反論は、触覚についてのものである。触覚の場合の鍵特徴とは何だろうか。さまざまな種類の感触を考えてみよう。対象の形や表面の肌理を調べるときの能動的な感触もあれば、対象にぶつかったり押されたりしたときの受動的な感触もある。暖かさや冷たさを考えても、空気の暖かさや冷た

さ、水に浸かったときの暖かさや冷たさ、肌についたアルコールが気化するときの冷たさ、などいろいろある。胸の中で心臓が脈打つ感じもあれば、牡蠣が喉を滑り落ちる感じもある。背中に日光があたるときの感じ、風が顔をなでる感じ、痛みやむずがゆい感じ、薬品が肌を焼く感じ、等々。このようにさまざまな感触を挙げると、そのうちのだた一つを触覚の鍵特徴として同定するのが難しいとわかるだろう。とくに、鍵特徴説では、鍵でない性質を知覚するためには鍵特徴を知覚しなければならないことを思い出すと、その困難はよりいっそう理解できる。

　これらすべてを考慮すると、結局のところ触覚が単一の感覚であることを否定し、肌に基づくさまざまな感覚をひとまとめにしたものだと考えるべきなのかもしれない。しかしこの考えにも問題がある。その一例として、次のことを考えてみよう。上記のリストを挙げるのにしばらく時間がかかったものの、新しい候補を思いつくたびに、それが触覚の事例なのかどうかは私にとって明らかだった。このことが示すのは、何かが触覚の事例であるかどうかを判定するための良い方法を私がもっていて、特定の事例を検討する際にそれを**使って**いるということである。もし触覚の多感覚説が正しいならば、私は違う方法で判定しなければなかったように思われる。つまり私は、その特定の事例が（一般的な）触覚の事例であるかどうかを判定するために、（個別の）触覚の事例のリストを考慮し、その特定の事例があるかどうかを確認しなければならなかっただろう。

その他のアプローチ

　以上の三つのアプローチは、感覚を分けるものは何かという問いに対して重要な**何らかのポイント**をそれぞれ掴んでおり、それぞれ魅力的な特徴を備えている。しかしながら、どれも一般的に受け入れられてきたとは言い難い。それでは、感覚を個別化するためのより広く受け入れられる方法は、どのように発展させられるだろうか。三つの理論に含まれるいくつかの要素を組み合わせることで、問題となる反論を回避できるものが作れるかもしれない。もう一つの可

能性は、これまで暗黙的に受け入れられていた次の主張を拒否することである。すなわち、感覚を個別化する際に、形而上学的問いと認識論的問いの**両方**に答えられなければならないというものである。思い出してみよう。これらの問いは、感覚を互いに分けるものは何かという問いと、他の感覚ではなくまさにこの感覚モダリティでの経験をもっていると私たちはどのように**知る**のか、という問いである。

両方の問いに答える必要がないという可能性を理解するために、次のことに注目しよう。すなわち、使っていることを意識できない感覚器官がありうることを受け入れなければ、人間が鋤鼻感覚をもっているかどうかについての論争はそもそも始まらない、ということである。つまり、自分がどういう感覚モダリティをもっているかを知っている必要があるならば、このような論争は起こりえないのだ。自分がもっていることを知らないモダリティがありうるということが受け入れられるなら、次のような考えが導かれるだろう。すなわち、ある経験を特定のモダリティの経験にしているものは何かという問いと、ある場面で自分がどのモダリティを使っているのかをどうやって**知る**のかという問いは、重要な意味で異なっているということである。この考えが受け入れられるならば、何が感覚を個別化しているのかの説明を、純粋に科学的な根拠に基づいて展開することができるようになる。つまり、自分がどの感覚を使っているのかをどうやって**知る**のか、ということを気にかける必要がなくなるのである（Keeley 2002）。

9.2 触覚、聴覚、味覚、嗅覚

この本の大半を**視**知覚理論の議論や評価にあててきたので、視覚以外の理論は既存の視覚理論を単に**あてはめる**ことでうまくいくと思ってしまうかもしれない。だが、本当にうまくいくのかをみる前に、視覚以外の感覚を使って私たちが何に気づいているのかについて検討する必要がある。

触覚、聴覚、味覚、嗅覚の対象

ここでの問題は一般的に次のような形をしている。すなわち、私たちが感覚するとき私たちは何を感覚しているのだろうか。私たちが触るとき、私たちは何を触っているのか。私たちが聴くとき、私たちは何を聴いているのか、私たちが味わうとき、私たちは何を味わっているのか。私たちが嗅ぐとき、私たちは何を嗅いでいるのか。

普段使っている言い回しに基づいて、これらすべての事例に共通の理論が与えられると考えられるかもしれない。すなわち、私たちが触り、聴き、嗅ぎ、味わうのは、**対象**なのではないか。したがって、私は本を触り、車を聴き（hear the car）、コーヒーを嗅ぎ、パイナップルを味わっているのである。だが、視覚の場合がそうであるように、私たちが対象を見るとき、対象だけを見ているのではない（対象だけを見るとはどういうことなのか想像するのは難しい）。むしろ、対象を見るためには、対象がもつ何らかの性質も見る必要があるのだ。

このアナロジーにとことん従うなら、本を触るときには本の何らかの性質を触っている（感覚している）のであり、車を聴くときには車の何らかの性質を聴いている（感覚している）のであり、等々、ということになる。これが受け入れるべき正しいアプローチならば、視覚以外の感覚によって私たちが気づいているのはどの**性質**なのかと問うことができる。固有性質に基づいて感覚を個別化するアプローチについて論じたとき、触覚の固有性質には、形・肌理・温度などが含まれていると述べておいた。これらの性質が本当に対象の性質である限り、少なくともここまでは、このアナロジーはうまくいっている。

だが、他の感覚を考えるとそう単純にはいかない。聴覚の固有性質には、たとえば音高・音量・音色が含まれている。比喩的な言い方をしないかぎり、これらは**対象**の性質ではなく、**音**の性質である★2。ここでの「音」は、体験されたものではなく客観的なものを意味している。すると、聴覚によって私たちが気づく**対象**の性質は、対象の**音**（その対象が出す音）でなければならないだろうし、聴覚によって私たちは**その音**の音高・音量・音色に気づく。嗅覚や味覚についても同様である。もしこれらの感覚を使って私たちが本当に対象の性質に

気づいているなら、それによって私たちが気づくのは対象の**匂い**（*odor*）や**風味**（*flavor*）でなければならないだろう（これらを対象の smell や taste と呼ぶこともできるが、〔smell や taste はモダリティのこともモダリティの対象のことも指しうるので〕混乱を招く可能性がある）。

しかし、音や匂いは、少なくとも対象の性質ではないと考える理由がある。オキャラハンは、音が一定のあいだ持続し、音高・音量・音色が変化しても存在し続けることができるということを指摘し、このような特徴は音を性質として考える説と折り合いが悪いと論じている（O'Callaghan 2007）★3。匂いの場合の難しさは、それが一定の空間を占め、（通常、対象の匂いと呼ばれるものは）対象から離れることができ、対象がなくなった後も残るという点にある。たとえば、料理の匂いは、部屋全体に広がって、その料理を食べ終わり、鍋などを洗い終わってしばらく経った後でも残りうる。このことと匂いは食べもの**の性質**であるという主張は、折り合いが悪い。

対象の性質でないとしたら、音や匂いは一体何なのだろうか。現象学的な観察に基づきオキャラハンは、音をうまく扱うためには、音を音源のそばに空間的に位置している出来事型の個物として扱う理論が最もよいと主張している（O'Callaghan 2007: 30）★4。同様に、匂いが匂いの元から切り離されうるという事実を説明するためには、空間を占めることができるある種の個物として匂いを扱う必要があるだろう★5。だが、このような主張が聴覚や嗅覚の現象学によって動機づけられるとしても、現象学の帽子は知覚の理論がかぶるべき唯一のものではない。認識論の帽子もあることを心に留めておかなければならないのだ。音や匂いそれ自体を対象とは異なる個物として扱うことは、次のような疑問を呼び起こす。たとえば、マフラーにひびの入った車が出す荒っぽく唸るような音が車とは別の個物だとすると、その音の知覚はどのようにして**車**についての信念をもつことを正当化するのだろうか。

触覚、聴覚、味覚、嗅覚の理論

それぞれの感覚の対象が何であるかを決めることができれば、次に、それら

の感覚がどのように機能するかを問うことができる。ここで、これらの感覚についての哲学的理論が必要になる。ひょっとすると、それぞれの感覚の理論は、有望な視覚の理論を単にあてはめることで展開できると考えられるかもしれない。だがもちろん、そう単純にはいかない。

まず、センスデータ説を検討しよう。聴覚についてのセンスデータ説は、音を聴く（と通常言われるような）場合、音量・音高・音色といった性質をもったセンスデータを直接的に感覚していると主張するだろう。他の感覚についても同様である。表面の肌理を感じるときには肌理をもったセンスデータを直接感覚し、香ばしい匂いを嗅いでいるときには香ばしいセンスデータを直接感覚し、苦みを味わっているときには苦いセンスデータを直接感覚している。

これらの主張の多くはおかしいように思われる。現象原理を思い出してみよう。それは視覚のセンスデータ説の重要な動機づけとなっていたが、視覚以外の場合にはたいした力をもっていない。たとえば苦い味がするとき、私たちが味わっている苦い**もの**がなければならないと考えるべきなのだろうか。ときに、苦い味のものが口の中になくとも、苦い味がすることがありうる。また多くの知覚の哲学研究者は、センスデータ説は**触覚**の現象学を適切に説明できないと強く主張してきた。視覚の場合にセンスデータ説を採る人でさえもそうである。たとえば、ブライアン・オショーネシーは次のように主張している。触覚では「いかなる感覚領域も媒介となっていない。環境を視覚的に知覚する際に媒介となっている視覚的感覚の領域に相当するものは、触覚にはない」（O'Shaughnessy 1989: 38）。ここでオショーネシーが**視覚**の場合にはセンスデータ説を維持しつつ、**触覚**にもそれがあてはまることを**否定している**のは明らかである。

同様の結論を導いている知覚の哲学研究者は他にもいる。たとえば、A. D. スミスは**障害**（*Anstoss*）という特定の触覚の事例に焦点を合わせている。それは「能動的な運動の抑制や妨害（ものを押したり引っ張るときに経験される、肉体的な努力の阻害）」（Smith 2002: 154）を経験することである。私たちは常に媒介となるセンスデータに直接気づいているという主張を退けることができるのは、「**障害がもつ感覚的ではない独特の本性**」だけだとスミスは論じている。「障害の

場合……注意を向けられるような感覚がまさに欠如している。その場合、経験されている外界の物理的力と私たちとを隔てる感覚的なものなどない」（2002: 165）。

　副詞説論者は視覚以外の感覚をどのように扱うだろうか。彼らがとりうる選択肢は二つあるだろう。一つめは、それぞれの感覚に対応する感覚モードを用意し、経験をそのモードのうちで副詞的に分けるというものだろう。このアプローチでは、グレープフルーツを食べるときには**酸っぱく味わい**（tatste sourly）、桃を食べるときには**甘く味わい**（taste sweetly）、同じ桃を嗅ぐときには**甘く嗅いでいる**（smell sweetly）、ということになる。つまり、甘さを味わう経験と甘さを嗅ぐ経験の違いは、感覚することを修飾する副詞の違いではなく、感覚モードの違いだということになるのである。

　副詞説論者のもう一つの選択肢（クオリア説に一番近いもの）は、感覚するモードは一つだけにして、どの感覚モダリティのどの経験も副詞のみで区別するというものである。つまり、私たちが桃を嗅ぐときは**甘–嗅–的に**（sweet-smell-ly）感覚しているのであり、食べるときには**甘–味–的に**（sweet-taste-ly）感覚している、ということになる。この場合、甘さを味わう経験と甘さを嗅ぐ経験の違いは、感覚モードの違いではなく、モードの修飾され方の違いである。つまり、**甘–嗅–的**に感覚することとは別に、**甘–味–的**に感覚することがあるのだ。

　クオリア説の用語を用いれば次のようになるだろう。桃を食べる経験がもっている**味覚クオリア**は、桃を嗅ぐ経験がもっている**嗅覚クオリア**とは異なる、等々。同じことは他の感覚にも言える。たとえば、ぬいぐるみを触ること、ガラスを触ること、車のドアがバタンと閉まるのを聴くこととはどのようなことかの違い〔それぞれの現象学の違い〕は、それぞれの経験がもつ触覚クオリアと聴覚クオリアの違いであることになるだろう。このアプローチの懸念は、コーヒーを嗅ぐ経験とパイナップルを味わう経験の違いはそれぞれのクオリアの違いにあると言うことは、問題の解決というより〔単なる〕言い直しであるようにみえるということである。

　志向説論者もまた、無理なく自らの理論をあてはめることができる。表象さ

れているものがまさに何であるのかは、視覚以外の感覚経験の対象として何を考えるのかにある程度左右される。視覚以外の感覚についての志向説を理解するためには、次のように言えばいいかもしれない。すなわち、触覚経験は対象を何らかの触覚的性質をもつものとして表象し、聴覚経験は音を音量・音色・音高（ひょっとすると位置に関する性質も）をもつものとして表象し、嗅覚と味覚は匂いや風味を何らかの味覚的、嗅覚的性質をもつものとして表象しているのである。

　もちろん、現象学優位の志向説論者は、経験の現象的側面を説明するために、この種の主張とクオリア説を組み合わせるだろう。そうする限りでこの立場は、その説明力について前と同じ疑問を投げかけられる。他方で表象説論者は、なぜ経験がそのような現象学をもっているのかを説明することができる。それは、経験が表象しているもののためである。そのため表象説論者は、経験が表象しうるいかなる性質も心から**独立の性質**であると主張しなければならない、という問題に直面する。ときに、このことは信じ難いように思われる。たとえば、私が経験する砂糖の味は、物質がもつ心から独立な性質というよりも、砂糖に対する**私の反応の仕方**であると考えるのが自然である。この主張は、もし私が風邪をひいていたら砂糖は苦い味がするだろうという議論によって支持される（Locke 1961:124）。もしこのことが正しいなら、議論の余地はあるだろうが、（通常の）砂糖の甘さはおそらく、味についての実在論者の主張とは異なり、**砂糖それ自体の性質**ではないことになるだろう。

　素朴実在論者が視覚以外の感覚について論じる際にも、この困難にぶつかる。素朴実在論者は、触覚経験は表面の肌理・温度・形などを**見知る**エピソードであり、聴覚経験は音とその性質を、嗅覚経験は匂いとその性質を、味覚経験は対象の風味を見知るエピソードだと主張するだろう。したがって、素朴実在論者もまた、砂糖の味は砂糖が**実際**にもっている性質であると認めなければならない。この主張は、味とは物質が私たちに影響を与えるときの特徴であるという直観と折り合いが悪いだけでなく、状況が変われば食べているものが同じでも異なる味がするということを説明するときにも困難にぶつかる。

9.3 それぞれの感覚はどれくらい分かれているのか

　ここまでの議論は、それぞれの感覚を比較的区別されたものとして扱ってきた。この背後にある想定は、たとえば、視覚経験は重要な仕方で他のモダリティの経験に依存していないというものである*1。わかりやすく言うと、急に耳が聴こえなくなっても視覚経験は以前と同じままだろうと考えているということだ。しかし、本当にそうなのか疑う人もいるかもしれない。それどころか、おそらく私たちがもつ経験のうちのいくつかは、実際に**マルチモーダル**（一つ以上の感覚の働きを必要とする）なのである。

　実際、マルチモーダルだと思われる経験の一つは非常になじみ深い。それは、私たちが普段享受している味覚経験である。舌にある味蕾はあいにくおおまかなカテゴリーの味（およそ苦味・塩味・甘味・酸味）にしか反応しないため、それだけでは私たちが味わうさまざまな風味を十分説明できない。実のところ、味の種類の豊富さは、食べ物が口に入るといくらかのニオイ分子が口の後ろにある経路から鼻腔の天井にある**嗅覚**受容器へと移動することによって説明される。つまり、私たちが知覚しうる風味の豊かさを説明するのは、嗅覚と味覚のこうした相互作用なのである。ちなみに、風邪をひいたときに食べ物の味がしなくなるのもこのためである。味覚受容器に異常はないのだが、ニオイ分子の嗅覚への刺激が風邪のせいで妨害されているのだ。

　風味の知覚には嗅覚と味覚がともに関わっているのだが、それを単に加算的な経験（甘味・塩味・酸味・苦味を味わうこと＋食べ物の匂いを嗅ぐこと）として扱うのは不適当だろう。現象学的には、食べ物を味わうことは**嗅ぐこと**をまったく含まないように思われる。とりわけ、嗅覚経験にとってとても重要だと思われる「鼻から吸い込む」行為がない。それにもかかわらず、これら二つの感覚が織り合わさることにより、味覚と嗅覚が関わる同質な経験が成り立っているのである。

　マシュー・ナッズは、バイモーダルな経験は視覚と聴覚の場合にも生じると

論じている（Nudds 2001）。**腹話術効果**と呼ばれるものを考えてみよう。それは腹話術師が人形の口を動かし自分の口と唇を動かないで喋るときに起こるが、この効果によって観客は、声が**人形**から発せられているような経験をもつ。実際には声は人形の方から来てはいないのだが、そのように経験されてしまうのである。

　ナッズは次のように論じている。

　　腹話術効果を経験するとき、声は人形によって**生み出された**ように聴こえる。単に、見ている人形と同じ場所から声が来ているように聴こえているだけではない。このとき経験されているのは、人形と、聴いている声の原因となる人形の口の動きなのである。　　（Nudss 2001: 218 強調引用者）

　この証拠としてナッズは、音声が少しずれた映画を見る経験を挙げている。このとき、音は映像と同じ場所から来ているように経験されているにもかかわらず、ナッズによれば、見ているものによって**生み出された**ものとして音を聴く経験が失われている。もしこのことが正しいなら、見ているものによって**生み出された**音を経験することは、本質的にマルチモーダルな経験であり、二つの異なる感覚が一緒に働くことが必要である。

　これまでの考察が示していることをまとめると、知覚の哲学には取り組まれるべき多くの重要な課題が依然としてある、ということになるだろう。知覚に関する哲学的研究のほとんどは視覚を扱っているにもかかわらず、広く受け入れられている**視覚理論**は今のところない。さらに、他の感覚の理論は視覚とは様式が異なっているのではないか、と考える理由があることもすでにみてきた。そのため、たとえある視覚理論が実際に広く受け入れられたとしても、適切な聴覚・触覚・嗅覚・味覚の理論が視覚の理論と同じ様式であるという保証はない。そして最後に、知覚をそれぞれの感覚に切り離して考えることが正しい考察の方法であるという想定を疑う理由があることをみた。世界を知覚する私たちの能力についての哲学的理解を完全なものにするには、むしろ、すべての

感覚を統合した理論が必要となるかもしれない。これらの問題はすべて今後の課題である。

> **問 題**
> - それぞれの感覚モダリティを区別する重要な違いは何なのか。
> - 五感すべてを扱う知覚理論を展開しようという試みの利点と欠点は何なのか。
> - 知覚の哲学研究者としての私たちは、感覚知覚について考察をどのように始めるべきなのか。

読書案内

感覚を個別化する方法についての初期の重要な二つの議論は、H. P. グライスの論文 "Some Remarks on the Senses"（Grice 1962）と、J. W. ロクスビーコックスの "Distinguishing the Senses"（Rocbee-Cox 1970）である。

触覚の現象学や触覚と視覚の違いについて理解するために役に立つ議論としては、ブライアン・オショーネシーの "The Sense of Touch"（O'Shaughnessy 1989）と、M. G. F. マーティンの論文 "Sight and Touch"（Martin1992）がある。A. D. スミスの著作 *The Problem of Perception*（Smith 2002）でも、視覚以外の感覚についての巧妙な議論がみられる。そして、キャシー・オキャラハンは最近の著作 *Sounds*（O'Challaghan 2007）で、聴覚的知覚についての素晴らしい議論を展開している（しかし、この本は現象学的な問題に焦点が合わせられ、聴覚経験の認識論的役割は論じられているかもしれない）。

マシュー・ナッズの論文 "Experiencing the Production of Sounds"（Nudds 2001）は、視覚と聴覚のバイモーダルな経験の存在を擁護している。

注

* 1　感覚間の関係についての哲学的議論は、ウィリアム・モリニューからジョン・ロックへあてられた 1688 年の手紙において最初に述べられた**モリニュー問題**（*Molyneux's Question*）に焦点を合わせることが多い。それは、立体と球体を触覚で区別することができるようになった盲人が、開眼手術の後で、触覚を使わず視覚によってどちらが立体でどちらが球体であるかを認識できるかというものである。モリニュー問題には興味深い側面がいくつもある。たとえば、形についての視覚経験と触覚経験の現象的な類似性と差異についての問題としても理解できるかもしれない。あるいは、私たちは感覚ごとに異なる形概念をもっているのか、それとも同じ形概念が視覚と触覚の両方で用いられているのか、ということを問題にしているとも理解できるかもしれない。

訳注

★ 1　本章における「感じる」は触覚的知覚を意味する。

★ 2　たとえば、「車の音がうるさい」と言わずに「車がうるさい」と言われることがあるが、その場合でも、うるさいと感じられる音量が帰属されているのは車そのものではなく車が出す音である。

★ 3　一般に、性質の担い手は性質が存在しなくなっても存在し続ける。たとえば、壁の色を赤から青へと塗り替えると、赤さは存在しなくなるが、赤さをもっていた壁は存在し続ける。同様に、音量が次第に小さくなっていく音などを考えてみよう。すると、音は対象の性質ではなく、音量や音色といった性質の担い手だと考えられる。そして、性質の担い手はおおよそ対象（object）か出来事（event）が考えられるが、始まりと終わりがあり一定期間持続するという音の特徴を考慮すると、音は出来事だと考えられる。

★ 4　オキャラハンによれば、音は、音源となる物体がまわりの媒質をかく乱する（disturbing）という出来事であり、音波ではない。この考えを支持するものとしてオキャラハンが挙げている現象学的観察は、「音波は音源から主体の

方へ移動してくるものであるが、音そのものは（音源も移動しない限り）移動しているようには聴こえない。むしろ、音は音源のところにあるように聴こえる」というものである。（とはいえ、こうした現象学的記述が正しいかどうかは議論の的になっている）。またオキャラハンは、音波は音についての情報を運ぶ媒体であるが、私たちが聴くものではないと主張している。この点を理解するためには、視覚と類比的に考えるのがよいだろう。私たちが物体を見るためには、物体からの反射光が私たちの眼を刺激する必要があるが、私たちが見ているのは反射光そのものではない。反射光は、物体についての情報を運ぶ媒体であるが、私たちが見ているものではないのである。

★5 匂いという性質をもつ候補の一つとして、通常「匂いの元」と言われる物質から揮発した分子が挙げられるだろう。

訳者あとがき

　本書は William Fish, *Philosophy of Perception: A Contemporary Introduction*, Routledge, 2010 の全訳である。

　まずは、著者のフィッシュについて簡単に紹介しておこう。彼のファーストネームは、心理学者であり哲学者でもあった William James にちなんで名づけられたとのことである。その名に導かれたわけではないだろうが、彼は当初科学少年として出発し、大学入学後に哲学の道に入り、2001 年にノッティンガム大学で博士号を取得した。その後 2004 年にマッセー大学に着任し、現在は人文・社会科学部の准教授に就任している。彼の研究分野は本書の中でも展開されている視覚的な幻覚・錯覚の本性、およびその哲学的含意についての研究を手始めとして、意識の本性や意識と脳と世界との間の関係についての研究、さらには想像や心的イメージ、色の形而上学についての研究まで多岐にわたっている。著書としては本書の出版前年に *Perception, Hallucination, and Illusion*. Oxford University Press, 2009 を上梓しており、そこでは本書の第 6 章で紹介された選言説の立場から、素朴実在論を擁護する議論を展開している。それ以外にも数多くの論文を精力的に執筆し続けており、現在知覚を巡る研究において最も注目されている若手哲学者のうちの一人である。

　本書は原著の副題にもあるとおり、Routledge が発行している現代の哲学入門シリーズのうちの一冊として出版された。このシリーズの邦訳としては（このあとがきを書いている段階では）、W.G. ライカン『言語哲学――入門から中級まで』（荒磯敏文、川口由起子、鈴木生郎、峯島宏次訳、勁草書房、2005 年）や、A. ローゼンバーグ『科学哲学――なぜ科学が哲学の問題になるのか』（東克明、森

元良太、渡部鉄兵訳、春秋社、2011年）がある。本書の邦題に関しては少々悩んだが、本書の記述内容と、おそらく本書が日本で初めて翻訳される知覚の哲学の教科書であるという事情に鑑みて、『知覚の哲学入門』とすることにした。

このような入門シリーズとしての位置づけを踏まえると、本書が主な読者として想定しているのは、「『知覚の哲学』ってあまり聞いたことがないけど、一体どういうことをやっているのだろう」という素朴な疑問をもつ初学者だと思われる。フィッシュはこの問いに対して、知覚がなぜ哲学的に問題になるのかを解説しながら知覚理論を区分けするための三つの原理を導入し（本書の第1章）、この原理をもとに鮮やかな手さばきで知覚の哲学における主要な立場をそれぞれ腑分けしていく（本書の第2章から第6章）。われわれはフィッシュの描くこの大胆かつ明快な見取り図のおかげで、知覚の哲学において現在どのような戦いが展開されているのか、どの勢力とどの勢力が同盟関係にありどの勢力同士が敵対関係にあるのか、お互いの武器と防具は何か、それぞれどこがウィークポイントでどこがストロングポイントであるのか、等々といった知覚の哲学において繰り広げられている論争の全体像を見て取ることができることになる。

そして、この点は本書に単なる初学者向けの入門書に留まらない汎用性を与えている。たとえば、どこかに自分の戦場で使えるところはないかと様子をうかがっている他分野の研究者や、すでに戦いのただ中にある知覚の哲学の研究者にとっても、本書は戦況を見通すための最良のガイドマップとして役立つことになることであろう。もちろん、先述のように著者のフィッシュ自身が一つの立場に身を置きながら実際に最前線で戦っているところなので、彼の描き方には多少の濃淡がないわけではない。しかしそれでもやはり、彼はできる限りその身を戦場から引き離し、特定のパースペクティブに依存しないところから可能な限り冷静な目でルポルタージュしようと試みており、実際にその試みは概ね成功していると言えるだろう。

フィッシュが描いた戦況図の具体的な内容に関しては本書の内容を参照していただきたいところであるが、ここでは（少なからず存在すると思われるあとがきから最初に読む読者のためにも）本書のタイトルになっている「知覚の哲学」の

大まかな輪郭だけ確認しておきたい。もちろん知覚はさまざまな仕方で古くから哲学で考察の対象となってきたのであるが、近年改めて「知覚の哲学」という呼称が使われるようになってきているのには、いくつかの背景がある。

　まず、知覚は伝統的に存在論（あるいは、それを含む形而上学）との関係で問題となってきた。たとえば、「存在するとは知覚されることである (esse is percipi)」というバークリ的な観念論と、知覚から独立の実在を認める実在論との対立などは、その典型であろう。そして本書の中でも、「何が存在するのか」という形而上学的な問題はしばしば議論の的になっており、その点では伝統的な哲学の問題圏は未だ引き継がれていると言える。しかしながら現代の知覚の哲学は、その分析の道具立てとして近年英米圏で（論理学の発展とともに）発展してきた分析形而上学の成果を積極的に活用しており、この点に知覚の哲学の現代的な特徴の一端を垣間見ることができる（形而上学のもう一つの中心問題として因果（原因と結果）を巡る問題があるが、この因果と知覚の関係については本書の第7章で詳しく論じられている）。

　知覚が伝統的な哲学において扱われてきたもう一つの分野として、認識論を挙げることができる。知覚がもつ重要な側面は、知覚が世界への窓となるという点であり、言い換えれば、われわれは知覚を通じて世界について知ることができるという点である。この点で知覚は、「われわれは何を知ることができるのか」という問いのもとで展開される認識論において重要な地位を占めてきたのであり、とりわけある信念を「知識」と呼ぶための鍵となる役割（たとえば、「正当化」と呼ばれる役割）を果たすことが期待されてきた。しかしながら、知覚がこのような役割を果たすことができるかどうかという問いは、「知覚とはそもそも何なのか」という点に依存することになる。ここにおいて、知覚の本性を探究する知覚の哲学は、認識論の単なる下位分野ではなく、それと並び立つ一つの独立した分野としての存在感をもち始めるようになってきたのである。

　さらに、20世紀後半から哲学において一大潮流を為してきた「心の哲学」と呼ばれる分野は、知覚の哲学と最も隣接した分野と言えるだろう。というのも、知覚状態を一種の心の状態と考えれば、知覚の哲学は心の哲学の一分野だとい

うこともできるからである。しかしながら、知覚と信念の違い、あるいは知覚と感覚の違いなどを考えてみれば、知覚は信念と同じように世界を表すものである（表象的性格をもつ）とともに、感覚と同じように感覚的な現われをもつ（現象的性格をもつ）ものであることが分かる。そして、この両者の性格がとりわけ問題となるのが本書でもたびたび論じられている錯覚や幻覚の場合である。この知覚と錯覚と幻覚の場合に、それぞれ何が表象されていて、何が感覚的に現れているのか、そしてこれらに共通するものがあるのかどうか、などといった問いが詳細に論じられるようになるにつれて、本書で描かれているような「知覚の哲学」の独自の問題圏が切り開かれていったのだと言えるであろう。

　そしてしばしば指摘されることだが、このような問題圏を巡る研究には実は先達がいる。それは、19世紀後半からヨーロッパ大陸を中心に展開されてきた現象学である。事象そのものが現われ出てくるありようへ眼差しを向けた現象学の創始者フッサールは、意識経験の現象性と表象性（志向性）について詳細かつ体系的な分析を行った。そして、その後の現象学の研究はこのフッサールの問題圏を引き継ぎながら、英米圏の分析哲学とは異なる流れのなかで独自の展開を遂げていった。このような事情から、おもに分析哲学の伝統のなかで展開してきた現代の知覚の哲学と現象学とのあいだには、その異なる研究伝統のもとで培われてきた説明概念、分析手法、問題へのアプローチの仕方などにおいてたしかにさまざまな違いが存在している。しかしながら、現在この異なる流れが知覚という共通の問題領域において再び交差しはじめており、両領域の研究者間の相互交流は今後ますます活発になっていくはずである。

　以上のように、知覚は既存の哲学の問題領域の中でもさまざまな形で取り扱われてきたのではあるが、とりわけ知覚に特有の問題に焦点を合わせることによって固有の問いが立てられ、それに対応する理論や分析手法や研究業績などが蓄積されていき、徐々に固有のパラダイムが形成されつつある、というのが知覚の哲学の現在地であると言えるだろう。クーンの言う「パラダイム」の中にはその研究領域の教科書も含まれていたことに鑑みると、本書の読者はまさにそのパラダイム生成の瞬間に立ち会っているのだとも言えるかもしれない。現

在このパラダイム内で繰り広げられている最も激しい戦いは、本書の第5章で紹介された志向説と第6章の選言説との間の対決であり、この戦いの行方が今後どうなるのか多くの注目が集まっているところである。

それから、近年知覚の哲学が発展してきた要因としてもう一つ忘れてはならないのが、知覚を巡る認知科学のさまざまな研究成果が蓄積されてきたという点である（その成果は本書でもしばしば言及されているが、とりわけ第8章で中心的に取り上げられている）。もちろん、経験科学と哲学との間の関係についてはさまざまな考え方がありうるわけだが、知覚を説明する哲学理論はこれら諸科学の研究成果を無視することなく真剣に受け取るべきだと考える研究者が多くなってきている点は、現代の知覚の哲学の一つの大きな特徴を示しているように思われる。

さらに、知覚の哲学は上記の研究分野以外のさまざまな分野にもかかわりをもつ。たとえば、言葉の意味について研究する言語哲学とは交差する部分が多々考えられる（もちろん、知覚には言語的な道具立てから独立に論じることができるという重要な側面もあるが、たとえば本書第3章の副詞説における知覚の言語的な分析や、第5章の志向説における内容の理論などは言語哲学と重なりうる問題圏だと言えるだろう）。あるいは、美しさの知覚という点では美学との連携は十分可能であるし、価値や道徳的性質の知覚という観点から言えば、今後倫理学との結びつきも強まっていくことであろう。このような無限の発展性と拡張性を秘めているという点もまた、知覚の哲学という若い学問領域がもつ大きな魅力の一つだと言えるのではないだろうか。

続けて、翻訳について述べておきたい。本書の翻訳は以下の担当割り振りによって行った。

第1章–第3章　國領佳樹
第4章–第6章　新川拓哉
第7章–第9章　源河亨

翻訳作業としては、まずそれぞれの担当者に下訳をつくってもらい、それに監訳者の山田も含めた全員でコメントをつけた上で、そのコメント箇所についてスカイプ会議で検討・修正していく、というやり方で進めていった。この作業は当初の予想以上に多くの時間を要することとなり、英文解釈、内容理解、訳語の選定に関してだけでなく、論証構造や論証の妥当性、果てはその哲学的立場そのものの妥当性にまで議論が及び、半日かけても数段落しか終わらないということが少なくなかった（ただしこの点については、しばしば話をあらぬ方向へと脱線させるK君や、議論に飽きておもむろにギターをかき鳴らし始めるG君や、留学先からのスカイプ参加なのでわれわれと反比例して徐々にテンションが高くなっていくN君のそれぞれの責任に帰するところも多々あったことは認めねばなるまい）。しかしながら、それだけの時間と手間をかけて議論した結果、内容に関してはかなりの程度まで納得した上で訳すことができたのではないかと思っている（もちろんそれでも理解し損なっている点は多々残されているであろうし、それはひとえに監訳者の責任に帰するところである）。訳文に関しては、大学に入学したばかりで哲学を専門としない大学生が読むことを想定して可能な限りわかりやすい文章を目指したつもりである。しかし他方で、先述のように本書が日本で出版される最初の知覚の哲学の教科書であるという点を踏まえて、できる限り原語の意味を忠実に反映した訳語の選定を目指した。この両者の目標は時に相克する場面もあったのだが、それらが両立しうるぎりぎりのラインを探ってみたつもりではある。その試みが少しでも達成されていることを願って止まない。

　最後にどれだけ強調しても強調し足りないのは、本書が多くの方々の協力のもとにできあがったという点である。まず、翻訳企画を見て勁草書房を紹介してくれた田中泉吏氏のおかげで、本書の企画はスタートすることができた。そのご尽力に、この場を借りて改めて感謝したい。また、先述の方法で確定させた原稿はそれぞれその研究分野と関心が近い若手研究者にチェックをしてもらった。本来であれば彼らの貢献の大きさを一人一人説明すべきところなのだが、紙幅の都合もあるので名前だけを挙げさせていただくと、植村玄輝氏、太田紘史氏、小草泰氏、小口峰樹氏、呉羽真氏、佐藤駿氏、西村正秀氏、藤川直也氏、村井

忠康氏、村山達也氏である。彼らの詳細なコメントがなかったら、おそらく本書はもっとずっとずっと不完全なものになっていたことであろう。ここで、改めてお礼の言葉を述べさせていただきたい（もちろん、最終的な訳文の選定に関する責任は彼らにではなく、すべてわれわれ訳者にあることは言うまでもない）。そして、どう解釈しても内容が不明確な点などに関しては、著者のフィッシュ本人に確認をとり、適宜修正を施した。大変忙しい中一つ一つ丁寧に答えてくれたフィッシュ氏には、心より感謝している。また、全体の日本語チェックという多くの労力を必要とする作業を、千葉大学院生の新島亮氏、田中尭皓氏にお願いした。両氏には短期間での仕事を快く引き受けていただき、感謝の念に堪えない。そして一人一人名前を挙げられないが、折りにふれてわれわれの質問に答え、アドバイスをくださった諸先生方、研究仲間、学生のみなさんにこの場を借りて改めて感謝の言葉を述べさせていただきたい。そして何より、辛抱強く原稿の完成を待ちながら、時にはわれわれの学会発表を遠路はるばる聴きに来て励ましてくださった勁草書房の渡邊光氏に、改めてお礼の言葉を述べさせていただきたい。

監訳者　山田圭一

文献一覧

Aristotle, 1984, *De Anima*, in J. Barnes ed., *The Complete Works of Aristotle*, Vol. I, Princeton, NJ: Princeton University Press, pp. 641–692.（アリストテレス「魂について」中畑正志訳,『アリストテレス全集 7』岩波書店, 2014）

Armstrong, D. M., 1961, *Perception and the Physical World,* London: Routledge & Kegan Paul.

―, 1968, *A Materialist Theory of the Mind,* London: Routledge & Kegan Paul.（D・M・アームストロング『心の唯物論』鈴木登訳, 勁草書房, 1996）

―, 1973, *Belief, Truth and Knowledge,* Cambridge: Cambridge University Press.

Austin, J. L., 1962, *Sense and Sensibilia,* Oxford: Clarendon Press.（J・L・オースティン『知覚の言語――センスとセンシビリア』丹治信春・守屋唱進訳, 勁草書房, 1984）

Barnes, W., 1965, "The Myth of Sense-Data," in R. J. Swartz, ed., *Perceiving, Sensing and Knowing*, Berkeley, Calif.: University of California Press, pp. 138–167.

Bayne, T., 2009, "Perception and the Reach of Phenomenal Content," *The Philosophical Quarterly* 59(236): 385–404.

Bennett, J., 1971, *Locke, Berkeley, Hume: Central Themes*, New York: Oxford University Press.

Berkeley, G., 1910, *A New Theory of Vision and Other Writings*, London: J.M. Dent & Sons Ltd.（G・バークリ『視覚新論』下條信輔・植村恒一郎・一ノ瀬正樹訳, 勁草書房, 1990）

Berti, A. and G. Rizzolatti, 1992, "Visual Processing without Awareness: Evidence from Unilateral Neglect," *Journal of Cognitive Neuroscience* 4: 345–351.

Blake, R., T.J. Palmeri, R. Marois, and C.-Y. Kim, 2005, "On the Perceptual Reality of Synaesthetic Color," in L. C. Robertson and N. Sagiv, eds., *Synaesthesia: Perspectives from Cognitive Neuroscience*, New York: Oxford University Press.

Block, N., 1990, "Inverted Earth," in J. E. Tomberlin, ed., *Philosophical Perspectives Volume 4: Action Theory and Philosophy of Mind*, Atascadero, Calif.: Ridgeview, pp.53–79.

―, 2007a, *Consciousness, Function and Representation*, Cambridge, Mass.: MIT Press.

―, 2007b, "Consciousness, Accessibility and the Mesh between Psychology and Neuroscience," *Behavioral and Brain Sciences* 30: 481–548.

―, 2008, "Consciousness and Cognitive Access," *Proceedings of the Aristotelian Society* 108(3): 289–317.

Brentano, F., 1995, *Psychology from an Empirical Standpoint*, London: Routledge.

Brewer, B., 2005, "Perceptual Experience Has Conceptual Content," in E. Sosa and M. Steup, eds., *Contemporary Debates in Epistemology*, Oxford: Blackwell, pp. 217–230.

―, 2006, "Perception and Content," *European Journal of Philosophy* 14(2): 165–181.

―, 2008, "How to Account for Illusion," in A. Haddock and F. Macpherson, eds., *Disjunctivism: Perception, Action, Knowledge*, Oxford: Oxford University Press, pp.168–180.

Burge, T., 1991, "Vision and Intentional Content," in E. LePore and R. van-Gulick, eds., *John Searle and His Critics*, Oxford: Basil Blackwell, pp. 195–214.

―, 2007a, "Individualism and the Mental," in T. Burge, *Foundations of Mind*, Oxford: Clarendon Press, pp. 100–150.（タイラー・バージ「個体主義と心的なもの」前田高弘訳, 信原幸弘編『シリーズ心の哲学 III 翻訳篇』勁草書房, 2004 ）

―, 2007b, "Cartesian Error and the Objectivity of Perception," in T. Burge, *Foundations of Mind*, Oxford: Clarendon Press, pp. 192–207.

Butchvarov, P., 1980, "Adverbial Theories of Consciousness," *Midwest Studies in Philosophy* 5(3): 261–280.

Butterfill, S., 2009, "Seeing Causes and Hearing Gestures," *The Philosophical Quarterly* 59(236): 405–428.

Byrne, A., 1997, "Some Like It HOT: Consciousness and Higher-Order Thoughts," *Philosophical Studies* 86(2): 103–129.

―, 2001, "Intentionalism Defended," *The Philosophical Review* 110: 199–240.

―, 2002, "DON'T PANIC: Tye's Intentionalist Theory of Consciousness," *A*

Field Guide to the Philosophy of Mind symposium on Tye's *Consciousness, Color, and Content*. Available online at http://host.uniroma3.it/progetti/kant/field/tyesymp_byrne.htm. (Accessed October 6, 2009.)

———, 2009, "Experience and Content," *The Philosophical Quarterly* 59(236): 429–451.

Byrne, A. and H. Logue, 2008, "Either/Or" in A. Haddock and F. Macpherson, eds., *Disjunctivism: Perception, Action, Knowledge*, Oxford: Oxford University Press, pp. 57–94.

———, 2009, *Disjunctivism: Contemporary Readings*, Cambridge, Mass.: MIT Press.

Campbell, J., 2002, *Reference and Consciousness*, Oxford: Clarendon Press.

Casullo, A., 1983, "Adverbial Theories of Sensing and the Many-Property Problem," *Philosophical Studies* 44(2): 143–160.

Chalmers, D. J., 1994, "Facing Up to the Problem of Consciousness," in J. Shear, ed., 1997, *Explaining Consciousness: The Hard Problem*, Cambridge, Mass.: MIT Press.

———, 1996, *The Conscious Mind*, New York: Oxford University Press.（デイヴィッド・J・チャーマーズ『意識する心——脳と精神の根本理論を求めて』林一訳, 白揚社, 2001）

———, 2004, "The Representational Character of Experience," in B. Leiter, ed., *The Future of Philosophy*, Oxford: Oxford University Press, pp. 153–181.

———, 2006, "Perception and the Fall from Eden," in T. S. Gendler and J. Hawthorne, eds., *Perceptual Experience*, Oxford: Oxford University Press, pp. 49–125.

Child, W., 1994, *Causality, Interpretation and the Mind*, Oxford: Oxford University Press.

Chisholm, R. M., 1942, "The Problem of the Speckled Hen," *Mind* 51(204): 368–373.

Clark, Andy, 2001, "Visual Experience and Motor Action: Are the Bonds Too Tight?" *Philosophical Review* 110(4): 495–519.（アンディ・クラーク「視覚経験と運動行為」吉田めぐ美訳,『現代思想』33(2), 160–179, 青土社, 2005）

———, 2002, "Is Seeing All It Seems? Action, Reason and the Grand Illusion," in A. Noe, ed., *Is the Visual World a Grand Illusion?*, Thorverton: Imprint Academic, pp. 181–202.

Clark, Austen, 1993, *Sensory Qualities*, Oxford: Clarendon Press.

Coates, P., 2007, *The Metaphysics of Perception: Wilfrid Sellars, Perceptual*

Consciousness and Critical Realism, New York: Routledge.
Cornman, J. W., 1971, *Materialism and Sensations*, New Haven, Conn.: Yale University Press.
Crane, T., 1992, "The Nonconceptual Content of Experience," in T. Crane, ed., *The Contents of Experience: Essays on Perception*, Cambridge: Cambridge University Press, pp. 136–157.
——, 1998, "Intentionality as the Mark of the Mental," in A. O'Hear, ed., *Contemporary Issues in the Philosophy of Mind*, Cambridge: Cambridge University Press, pp.229–251.
——, 2000, "The Origins of Qualia" in T. Crane and S. Patterson, eds., *The History of the Mind-Body Problem*, London: Routledge, pp. 169–194.
——, 2003, "The Intentional Structure of Consciousness," in Q. Smith and A. Jakie, eds., *Consciousness: New Philosophical Perspectives*, Oxford: Clarendon Press, pp. 33–56.
Cytowic, R. E., 1993, *The Man Who Tasted Shapes*, London: Abacus. (リチャード・E・シトーウィック『共感覚者の驚くべき日常——形を味わう人、色を聴く人』山下篤子訳, 草思社, 2002)
Dancy, J., 1985, *Introduction to Contemporary Epistemology*, Oxford: Blackwell.
——, 1988, *Perceptual Knowledge*, Oxford: Oxford University Press.
Davidson, D., 1980, "The Logical Form of Action Sentences," in *Essays on Actions and Events*, Oxford: Clarendon Press, pp. 105–122. (ドナルド・デヴィドソン「行為文の論理形式」服部裕幸・柴田正良訳, 『行為と出来事』勁草書房, 1990)
Davies, M., 1991, "Individualism and Perceptual Content," *Mind* 100: 461–484.
Dennett, D. C., 1969, *Content and Consciousness*, London: Routledge.
——, 1981, "True Believers: The Intentional Strategy and Why it Works," in A.F. Heath, ed., *Scientific Explanation*, Oxford: Oxford University Press, pp. 53–78.
——, 1988, "Quining Qualia," in A. J. Marcel and E. Bisiach, eds., *Consciousness in Contemporary Science*, Oxford: Oxford University Press, pp. 42–77.
——, 1991, *Consciousness Explained*, London: Penguin. (ダニエル・デネット『解明される意識』山口泰司訳, 青土社, 1998)
Doyle, J. R. and C. Leach, 1988, "Word Superiority in Signal Detection: Barely a Glimpse, Yet Reading Nonetheless," *Cognitive Psychology* 20(3): 283–318.
Dretske, F., 1969, *Seeing and Knowing*, London: Routledge & Kegan Paul.

―, 1981, *Knowledge and the Flow of Information*, Cambridge, Mass.: MIT Press.
―, 1995, *Naturalizing the Mind*, Cambridge, Mass.: MIT Press.（フレッド・ドレツキ『心を自然化する』鈴木貴之訳, 勁草書房, 2007）
―, 2003, "Experience as Representation" in E. Villanueva, ed., *Philosophical Issues 13: Philosophy of Mind*, Atascadero, Calif.: Ridgeview, pp. 67-82.
Ducasse, C. J., 1942, "Moore's Refutation of Idealism," in P. A. Schlipp, ed., *The Philosophy of G. E. Moore*, Vol. I, La Salle, Ill.: Open Court, pp. 225-251.
Elugardo, R., 1982, "Cornman, Adverbial Materialism and Phenomenal Properties," *Philosophical Studies* 41: 33-50.
Evans, G., 1982, *The Varieties of Reference*, Oxford: Oxford University Press.
Firth, R., 1965, "Sense-Data and the Percept Theory," in R. J. Swartz, ed., *Perceiving, Sensing and Knowing*, Berkeley, Calif.: University of California Press, pp. 204-270.
Fish, W. J., 2009, *Perception, Hallucination, and Illusion*, New York: Oxford University Press.
Fodor, J., 1992, "A Theory of Content II: The Theory" in *A Theory of Content and Other Essays*, Cambridge, Mass.: MIT Press, pp. 89-136.
Foster, J., 2000, *The Nature of Perception*, Oxford: Oxford University Press.
Gibson, J. J., 1966, *The Senses Considered as Perceptual Systems*, Boston, Mass.: Houghton Mifflin.（J・J・ギブソン『生態学的知覚システム――感性をとらえなおす』佐々木正人・古山宣洋・三嶋博之訳, 東京大学出版会, 2011）
Goldman, A. H., 1976, "Appearing as Irreducible in Perception," *Philosophy and Phenomenological Research* 37(2): 147-164.
Grice, H. P., 1961, "The Causal Theory of Perception," *Proceedings of the Aristotelian Society* 35: 121-152.
―, 1962, "Some Remarks about the Senses," in R. J. Butler, ed., *Analytical Philosophy*, Oxford: Basil Blackwell, pp. 133-153.
Grush, R., 2007, "A Plug for Generic Phenomenology," *Behavioral and Brain Sciences* 30(5-6): 504-505.
Haddock, A. and F. Macpherson, 2008, *Disjunctivism: Perception, Action, Knowledge*, Oxford: Oxford University Press.
Haffenden, A. M. and M. A. Goodale, 1998, "The Effect of Pictorial Illusion on Prehension and Perception," *journal of Cognitive Neuroscience* 10(1): 122-136.

Hardin, C. L., 1988, *Color for Philosophers: Unweaving the Rainbow*, Indianapolis, Ind.: Hackett Publishing Co..

Harman, G., 1987, "(Non-Solipsistic) Conceptual Role Semantics," in E. LePore, ed., *New Directions in Semantics*, London: Academic Press, pp. 55–81.

―, 1990, "The Intrinsic Quality of Experience" in J. E. Tomberlin, ed., *Philosophical Perspectives 4: Action Theory and the Philosophy of Mind*, Atascadero, Calif.: Ridgeview, pp. 31–52.（ギルバート・ハーマン「経験の内在的性質」鈴木貴之訳, 信原幸弘編『シリーズ心の哲学 III 翻訳篇』勁草書房, 2004）

Harrison, J. E. and S. Baron-Cohen, 1997, "Synaesthesia: An Introduction," in S. Baron-Cohen and J. E. Harrison, eds., *Synaesthesia: Classic and Contemporary Readings*, Oxford: Blackwell, pp. 3–16.

Hawthorne, J. and K. Kovakovich, 2006, "Disjunctivism," *Proceedings of the Aristotelian Society, Supplementary Volume* 80(1): 145–183.

Heck, R. G., 2000, "Nonconceptual Content and the 'Space of Reasons,'" *The Philosophical Review* 109(4): 483–523.

Hinton, J. M., 1967, "Visual Experiences," *Mind* 76(302): 217–227.

―, 1973, *Experiences: An Inquiry into Some Ambiguities*, Oxford: Clarendon Press.

Hochberg, J. E., 1968, "In the Mind's Eye" in R. N. Haber, ed., *Contemporary Theory and Research in Visual Perception*, New York: Holt, Reinhart & Winston, pp. 99–124.

Horgan, T. E. and J. L. Tienson, 2002, "The Intentionality of Phenomenology and the Phenomenology of Intentionality" in D. J. Chalmers, ed., *Philosophy of Mind: Classical and Contemporary Readings*, Oxford: Oxford University Press, pp. 520–533.

Hurley, S., 1998, *Consciousness in Action*, Cambridge, Mass.: Harvard University Press.

Jackson, F., 1975, "On the Adverbial Analysis of Visual Experience," *Metaphilosophy* 6(2): 127–135.

―, 1977, *Perception: A Representative Theory*, Cambridge, Mass.: Cambridge University Press.

―, 1982, "Epiphenomenal Qualia," *The Philosophical Quarterly* 6(2): 127–136.

―, 1994, "Representative Realism" in J. Dancy and E. Sosa, ed., *A Companion to Epistemology*, 1st ed., Oxford: Blackwell, pp. 445–448.

Johnston, M., 2004, "The Obscure Object of Hallucination," *Philosophical Studies* 120(1–3): 113–183.
Keeley, B. L., 2002, "Making Sense of the Senses: Individuating Modalities in Humans and Other Animals," *journal of Philosophy* 99(1): 5–28.
Kim, J., 1977, "Perception and Reference without Causality," *The journal of Philosophy* 74(10): 606–620.
Kriegel, U., 2002, "PANIC Theory and the Prospects for a Representational Theory of Phenomenal Consciousness," *Philosophical Psychology* 15(1): 55–64.
――, 2007, "Intentional Inexistence and Phenomenal Intentionality," *Philosophical Perspectives* 21(1): 307–340.
――, 2008, "The Dispensibility of (Merely) Intentional Objects," *Philosophical Studies* 141(1): 79–95.
Levine, J., 1983, "Materialism and Qualia: The Explanatory Gap," *Pacific Philosophical Quarterly* 64: 354–361.
――, 2001, *Purple Haze: The Puzzle of Consciousness*, New York: Oxford University Press.
――, 2007, "Two Kinds of Access," *Behavioral and Brain Sciences* 30(5–6): 514–515.
Lewis, C. I., 1929, *Mind and the World Order: An Outline of a Theory of Knowledge*, New York: Charles Scribner's Sons.
――, 1952, "The Given Element in Empirical Knowledge," *Philosophical Review* 61(2): 168–175.
Lewis, D., 1980, "Veridical Hallucination and Prosthetic Vision," *Australasian journal of Philosophy* 58(3): 239–249.
――, 1986, "Causation," in *D. Lewis Philosophical Papers*, Vol. II, New York: Oxford University Press.
Locke, D., 1975, "Review of Hinton's Experiences," *Mind* 84(1): 466–468.
Locke, J., 1961, *An Essay Concerning Human Understanding*, London: J. M. Dent and Sons. （ジョン・ロック『人間知性論 1–4』大槻春彦訳, 岩波書店, 1972–1977）
Loewer, B., 1997, "A Guide to Naturalizing Semantics" in C. Wright and B. Hale, eds., *A Companion to the Philosophy of Language*, Oxford: Blackwell, pp. 108–126.
Lowe, E. J., 1992, "Experience and its Objects," in T. Crane, ed., *The Contents of*

Experience: Essays on Perception, Cambridge: Cambridge University Press, pp. 79–104.
Lycan, W., 1996, *Consciousness and Experience*, Cambridge, Mass.: MIT Press.
Macdonald, G., 1979, *Perception and Identity*, London: Macmillan.
Mack, A. and I. Rock, 1998, *Inattentional Blindness*, Cambridge, Mass.: MIT Press.
Macpherson, F., 2007, "Synaesthesia, Functionalism and Phenomenology," in M. Marraffa, M. De Caro and F. Ferretti, eds., *Cartographies of the Mind: Philosophy and Psychology in Intersection*, Dordrecht: Kluwer, pp. 65–80.
Martin, M. G. F., 1992, "Sight and Touch," in T. Crane, ed., *The Contents of Experience: Essays on Perception*, Cambridge: Cambridge University Press, pp. 196–215.
——, 1994, "Perceptual Content," in S. Guttenplan, ed., *A Companion to the Philosophy of Mind*, Oxford: Blackwell, pp. 463–471.
——, 1997, "The Reality of Appearances" in M. Sainsbury, ed., *Thought and Ontology*, Milan: FrancoAngeli, pp. 81–106.
——, 2002, "The Transparency of Experience," *Mind and Language* 17(4): 376–425.
——, 2004, "The Limits of Self-Awareness," *Philosophical Studies* 120(1–3): 37–89.
——, 2006, "On Being Alienated," in T. S. Gendler and J. Hawthorne, eds., *Perceptual Experience*, Oxford: Oxford University Press, pp. 354–410.
McCulloch, G., 1995, *The Mind and its World*, London: Routledge.
McDowell, J., 1994, *Mind and World*, Cambridge, Mass.: Harvard University Press.（ジョン・マクダウェル『心と世界』神崎繁他訳, 勁草書房, 2012）
——, 1998, "Criteria Defeasibility and Knowledge," in *Meaning, Knowledge and Reality*, Cambridge, Mass.: Harvard University Press, pp. 369–394. First published 1982.
——, 2008, "The Disjunctive Conception of Experience as Material for a Transcendental Argument," in A. Haddock and F. Macpherson, eds., *Disjunctivism: Perception, Action, Knowledge*, Oxford: Oxford University Press, pp. 376–389.
McGinn, C., 1982, *The Character of Mind*, 1st ed., Oxford: Oxford University Press.
Michotte, A., 1963, *The Perception of Causality*, London: Methuen.

Milner, A. D. and M. A. Goodale, 1995, *The Visual Brain in Action*, 1st ed., Oxford: Oxford University Press.

Moore, G. E., 1942, "A Reply to My Critics," in P. A. Schlipp, ed., *The Philosophy of G. E. Moore*, Vol. II , La Salle, Ill.: Open Court, pp. 553–677.

Nagel, T., 1979, "What Is It Like to Be a Bat?" in *Mortal Questions*, Cambridge: Canto, pp. 165–180.（トマス・ネーゲル「コウモリであるとはどのようなことか」『コウモリであるとはどのようなことか』永井均訳, 勁草書房, 1989）

Neisser, U., 1967, *Cognitive Psychology*, New York: Appleton Century Crofts. （U・ナイサー『認知心理学』大羽蓁訳, 誠信書房, 1981）

Noë, A., 2001, "Experience and the Active Mind," *Synthese* 129(1): 41–60.

———, 2003, "Causation and Perception: the Puzzle Unravelled," *Analysis* 63(2): 93–100.

———, 2004, *Action in Perception*, Cambridge, Mass.: MIT Press.（アルヴァ・ノエ『知覚のなかの行為』門脇俊介・石原孝二他訳, 春秋社, 2010）

Nudds, M., 2001, "Experiencing the Production of Sounds," *European journal of Philosophy* 9(2): 210–229.

———, 2003, "The Significance of the Senses," *Proceedings of the Aristotelian Society* 104(1): 31–51.

O'Callaghan, C., 2007, *Sounds*, New York: Oxford University Press.

O'Regan, J. K., 1992, "Solving the 'Real' Mysteries of Visual Perception: The World as an Outside Memory," *Canadian journal of Psychology* 46(3): 461–488.

O'Regan, J. K. and A. Noe, 2001, "A Sensorimotor Account of Vision and Visual Consciousness," *Behavioral and Brain Sciences* 24(5): 939–73.

O'Shaughnessy, B., 1989, "The Sense of Touch," *Australasian journal of Philosophy* 67(1): 37–58.

Pani, J. R., 2000, "Cognitive Description and Change Blindness," *Visual Cognition* 7(1–3): 107–126.

Peacocke, C., 1983, *Sense and Content*, Oxford: Oxford University Press.

———, 1992, *A Study of Concepts*, Oxford: Oxford University Press.

Pitcher, G., 1971, *A Theory of Perception*, Princeton, NJ: Princeton University Press.

Price, H. H., 1932, *Perception*, London: Methuen.

Price, R., 2009, "Aspect Switching and Visual Phenomenal Character," *The Philosophical Quarterly* 59(236): 508–518.

Putnam, H., 1975, "The Meaning of 'Meaning,'" in K. Gunderson, ed., *Language, Mind and Knowledge: Minnesota Studies in the Philosophy of Science*, VII, Minneapolis, Minn.: University of Minnesota Press.

―, 1981, *Reason, Truth and History*, Cambridge: Cambridge University Press.

Ramachandran, V. S. and E.M. Hubbard, 2001, "Synaesthesia: A Window into Perception, Thought and Language," *journal of Consciousness Studies* 8(12): 3–34.

Ramsey, W. M., 2007, *Representation Reconsidered*, Cambridge: Cambridge University Press.

Reid, T., 2002, *Essays on the Intellectual Powers of Man*, ed. by D. Brookes, University Park, Penn.: Pennsylvania State University Press.

Rensink, R., 2000, "The Dynamic Representation of Scenes," *Visual Cognition* 7: 17–42.

Robinson, H., 1994, *Perception*, London: Routledge.

Rock, I. and K. Mitchener, 1992, "Further Evidence of Failure of Reversal of Ambiguous Figures by Uninformed Subjects," *Perception* 21: 39–45.

Rosenthal, D., 1990, "A Theory of Consciousness," in N. Block, O. Flanagan, and G. Güzeldere, eds., *The Nature of Consciousness*, Cambridge, Mass.: MIT Press, pp. 773–788.

Roxbee-Cox, J. W., 1970, "Distinguishing the Senses," *Mind* 79: 530–550.

Russell, B., 1927, *The Analysis of Matter*, London: Kegan Paul.

―, 1948, *Human Knowledge: Its Scope and Limits*, London: George Allen & Unwin.

―, 1967, *The Problems of Philosophy*, Oxford: Oxford University Press. (バートランド・ラッセル『哲学入門』髙村夏輝訳, 筑摩書房, 2003)

Ryle, G., 1990, *The Concept of Mind*, London: Penguin. (ギルバート・ライル『心の概念』坂本百大他訳, みすず書房, 1987)

Schellenberg, S., 2011, "Ontological Minimalism about Phenomenology," *Philosophy and Phenomenological Research* 83(1): 1–40.

Searle, J., 1983, *Intentionality: An Essay in the Philosophy of Mind*, Cambridge, Mass.: Cambridge University Press. (ジョン・サール『志向性――心の哲学』坂本百大訳, 誠信書房, 1997)

Segal, G., 1989, "Seeing What is Not There," *Philosophical Review* 98(2): 189–214.

―, 1991, "In Defence of a Reasonable Individualism," *Mind* 100(1): 485–494.

Sellars, W., 1956, "Empiricism and the Philosophy of Mind," in H. Feigl, ed., *Minnesota Studies in the Philosophy of Science*, Vol. I, Minneapolis, Minn.: University of Minnesota Press, pp. 253–329.（W・S・セラーズ「経験論と心の哲学」『経験論と心の哲学』神野慧一郎・土屋純一・中才敏郎訳, 勁草書房, 2006）
———, 1975, "The Adverbial Theory of the Objects of Sensation," *Metaphilosophy* 6(2): 144–160.
Shear, J., 1997, *Explaining Consciousness: The Hard Problem*, Cambridge, Mass.: MIT Press.
Siegel, S., 2004, "Indiscriminability and the Phenomenal," *Philosophical Studies* 120(1–3): 91–112.
———, 2006, "Which Properties are Represented in Perception?" In T. S. Gendler and J. Hawthorne, eds., *Perceptual Experience*, Oxford: Oxford University Press, pp. 481–503.
———, 2007, "How can we Discover the Contents of Experience?" *Southern journal of Philosophy* 45(S1): 127–142.
———, 2008, "The Epistemic Conception of Hallucination," in A. Haddock and F. Macpherson, eds., *Disjunctivism: Perception, Action, Knowledge*, Oxford: Oxford University Press, pp.205–224.
———, 2009, "The Visual Experience of Causation," *The Philosophical Quarterly* 59(236): 519–540.
Siewert, C. P., 1998, *The Significance of Consciousness*, Princeton, NJ: Princeton University Press.
Simons, D. J. and C. F. Chabris, 1999, "Gorillas in Our Midst: Sustained Inattentional Blindness for Dynamic Events," *Perception* 28(9): 1059–1074.
Simons, D. J. and D. T. Levin, 1997, "Change Blindness," *Trends in Cognitive Science* 1(7): 261–267.
———, 1998, "Failure to Detect Changes to People during a Real-world Interaction," *Psychonomic Bulletin and Review* 5(4): 644–649.
Smart, J. J. C., 1959, "Sensations and Brain Processes," *The Philosophical Review* 68(2): 141–156.
Smith, A. D., 2002, *The Problem of Perception*, Cambridge, Mass.: Harvard University Press.
Snowdon, P., 1980–81, "Perception, Vision and Causation," *Proceedings of the Aristotelian Society* 81: 175–192.

―, 1990, "The Objects of Perceptual Experience," *Proceedings of the Aristotelian Society* Supp. Vol. 64: 121–166.

―, 2005, "The Formulation of Disjunctivism: A Response to Fish," *Proceedings of the Aristotelian Society* 105(1): 129–141.

Soteriou, M., 2000, "The Particularity of Visual Perception," *European journal of Philosophy* 8(2): 173–189.

Strawson, P. F., 1974, "Causation in Perception," in *Freedom and Resentment and Other Essays*, London: Methuen, pp. 73–93.

―, 1979, "Perception and its Objects," in G. F. Macdonald, ed., *Perception and Identity: Essays Presented to A. J. Ayer*, London: Macmillan, pp. 41–60.

―, 1985, "Causation and Explanation," in B. Vermazen and J. Hintikka, eds., *Essays on Davidson: actions and events*, Oxford: Oxford University Press, pp. 115–135.

Sturgeon, S., 2006, "Reflective Disjunctivism," *Proceedings of the Aristotelian Society*, Supplementary Volume 80(1): 185–216.

Swartz, R. J., 1965, *Perceiving, Sensing, and Knowing: A Book of Readings from Twentieth-Century Sources in the Philosophy of Perception*, Berkeley, Calif.: University of California Press.

Thagard, P., 2005, *Mind: Introduction to Cognitive Science*, 2nd ed., Cambridge, Mass.: MIT Press.（ポール・サガード『マインド――認知科学入門』松原仁監訳, 共立出版, 1999: 邦訳は第 1 版）

Thau, M., 2004, "What is Disjunctivism?" *Philosophical Studies* 120(1–3): 193–253.

Thomas, A., 2003, "An Adverbial Theory of Consciousness," *Phenomenology and the Cognitive Sciences* 2(3): 161–185.

Travis, C., 2004, "The Silence of the Senses," *Mind* 113(449): 57–94.

Tye, M., 1975, "The Adverbial Theory: A Defence of Sellars against Jackson," *Metaphilosophy* 6(2): 136–143.

―, 1982, "A Causal Analysis of Seeing," *Philosophy and Phenomenological Research* 42(3): 311–325.

―, 1984, "The Adverbial Approach to Visual Experience," *The Philosophical Review* 93(2): 195–225.

―, 1992, "Visual Qualia and Visual Content," in T. Crane, ed., *The Contents of Experience: Essays on Perception*, Cambridge: Cambridge University Press, pp. 158–176.

―, 1995, *Ten Problems of Consciousness: A Representational Theory of the Phenomenal Mind*, Cambridge, Mass.: MIT Press.

―, 2000, *Consciousness, Color and Content*, Cambridge, Mass.: MIT Press.

―, 2003, "Blurry Images, Double Vision, and Other Oddities: New Problems for Representationalism?" in Q. Smith and A. J okic, eds., *Consciousness: New Philosophical Perspectives*, Oxford: Clarendon Press, pp. 7–32.

―, 2009, "The Admissible Contents of Visual Experience," *The Philosophical Quarterly* 59(236): 541–562.

Ungerleider, L. G. and M. Mishkin, 1982, "Two Cortical Visual Systems," in D. J. Ingle, M. A. Goodale and R. J. W. Mansfield, eds., *Analysis of Visual Behavior*, Cambridge, Mass.: MIT Press, pp. 549–586.

Vision, G., 1997, *Problems of Vision: Rethinking the Causal Theory of Perception*, New York: Oxford University Press.

Walker, R., J. M. Findlay, A. W. Young, and J. Welch, 1991, "Disentangling Neglect and Hemianopia," *Neuropsychologia* 29(10): 1019–1027.

Warnock, G. J., 1967, *The Philosophy of Perception*, Oxford: Oxford University Press.

Weiskrantz, L., 1986, *Blindsight: A Case Study and Implications*, Oxford: Oxford University Press.

Weiskrantz, L., E. K. Warrington, M. D. Sanders, and J. Marshall, 1974, "Visual Capacity in the Hemianopic Field Following a Restricted Occipital Ablation," *Brain* 97(1): 709–728.

Whyte, J. T., 1990, "Success Semantics," *Analysis* 50(3): 149–157.

Wittgenstein, L., 1953, *Philosophical Investigations*, Oxford: Blackwell. (ウィトゲンシュタイン『哲学探究――ウィトゲンシュタイン全集8』藤本隆志訳, 大修館書店, 1976)

Wright, C., 2002, "(Anti-)Sceptics Simple and Subtle: G. E. Moore and John McDowell," *Philosophy and Phenomenological Research* 65(2): 330–348.

―, 2008, "Comment on John McDowell's 'The Disjunctive Conception of Experience as Material for a Transcendental Argument'," in A. Haddock and F. Macpherson, eds., *Disjunctivism: Perception, Action, Knowledge*, Oxford: Oxford University Press, 390–404.

Zeki, S., 1993, *A Vision of the Brain*, London: Blackwell Scientific Publications. (S・ゼキ『脳のヴィジョン』河内十郎訳, 医学書院, 1995)

訳注文献

デイヴィッド・アームストロング『現代普遍論争入門』秋葉剛史訳, 春秋社, 2013.
ティム・クレイン『心の哲学――心を形づくるもの』植原亮訳, 勁草書房, 2010.

人名索引

*あ行
アームストロング　Armstrong, D.　｜　33, 45, 75–77, 119
ウィトゲンシュタイン　Wittgenstein, L.　｜　26
オースティン　Austin, J.　｜　21, 143–146
オキャラハン　O'Callaghan, C.　｜　233
オショーネシー　O'Shaughnessy, B.　｜　234

*か行
キーリー　Keeley, B.　｜　219, 224–225, 231
キム　Kim, J.　｜　172
キャンベル　Campbell, J.　｜　142
クラーク　Clark, A.　｜　224
グライス　Grice, H.　｜　171–174, 222–228
クリーゲル　Kriegel, U.　｜　72, 118
クレイン　Crane, T.　｜　12, 57, 98, 113, 117–118, 120
ゴールドマン　Goldman, A.　｜　87, 91
コーンマン　Cornman, J.　｜　53, 57–58

*さ行
サール　Searle, J.　｜　137, 183
シーガル　Segal, G.　｜　110
シーゲル　Siegel, S.　｜　153–154, 202–203
シーベルト　Siewert, C.　｜　100
シェレンバーグ　Schellenberg, S.　｜　123
ジャクソン　Jackson, F.　｜　2, 37, 66–72
ジョンストン　Johnston, M.　｜　145–148
スタージョン　Sturgeon, S.　｜　151
ストローソン　Strawson, P. F.　｜　28, 66, 178, 202
スノウドン　Snowdon, P.　｜　134, 177–179
スマート　Smart, J. J. C.　｜　58
スミス　Smith, A. D.　｜　21–22, 155, 234
セラーズ　Sellars, W.　｜　63
ソーテリユー　Soteriou, M.　｜　137–138

*た行
タイ　Tye, M.　｜　26, 57–58, 63–67, 103, 112–113, 116–118, 124–125, 175, 204
ダンシー　Dancy, J.　｜　30

チャーマーズ　Chalmers, D.　｜　56, 83, 105
チャイルド　Child, W.　｜　6, 130, 180–181
デイヴィドソン　Davidson, D.　｜　72
デネット　Dennett, D.　｜　89, 180, 188–189, 207
デュカス　Ducasse, C.　｜　54
ドレツキ　Dretske, F.　｜　87, 91, 111, 115

*な行
ナッズ　Nudds, M.　｜　221, 237–238
ネーゲル　Nagel, T.　｜　2, 223
ノエ　Noë A.　｜　73, 96, 144–145, 164–165, 188, 191

*は行
バークリ　Berkeley　｜　29
バージ　Burge, T.　｜　109–110, 123
ハーマン　Harman, G.　｜　11, 68, 115
バーン　Byrne, A.　｜　26, 98, 100–101
バーンズ　Barnes, W.　｜　44
バッチバロフ　Butchvarov, P.　｜　69–70
パトナム　Putnam, H.　｜　123, 133–134, 207
ピーコック　Peacocke, C.　｜　11, 104, 112, 120
ピッチャー　Pitcher, G.　｜　78–79, 83, 85–86, 95, 159
ヒントン　Hinton, J.　｜　131
ファース　Firth, R.　｜　38–41
フィッシュ　Fish, W.　｜　140, 153, 156, 165, 202, 216
フォスター　Foster, J.　｜　35, 87
プライス　Price, H. H.　｜　8, 21, 31, 33, 35–37
ブリューワー　Brewer, B.　｜　121, 156
ブロック　Block, N.　｜　105, 205–207
ベイン　Bayne, T.　｜　202–203
ヘック　Heck, R. G.　｜　120
ホワイト　Whyte, J.　｜　115

*ま行
マーティン　Martin, M. G. F.　｜　11, 98, 132, 135, 141–142, 146, 149–154
マカロック　McCulloch, G.　｜　95
マクダウェル　McDowell, J.　｜　124, 155, 161
マッギン　McGinn, C.　｜　107, 122
ムーア　Moore, G. E.　｜　30

*ら・わ行
ライカン　Lycan, W. ｜ 102, 115
ライル　Ryle, G. ｜ 25, 33–34, 45
ラッセル　Russell, B. ｜ 23–24, 107
ルイス, C. I.　Lewis, C. I. ｜ 31, 44
ルイス, D.　Lewis, D. ｜ 14, 172–177, 180–181, 184
レヴァイン　Levine, J. ｜ 205

ローゼンタール　Rosenthal, D. ｜ 102
ロクスビーコックス　Roxbee-Cox, J. ｜ 222, 226–228
ロック, D.　Locke, D. ｜ 152
ロック, J.　Locke, J. ｜ 236
ロビンソン　Robinson, H. ｜ 8, 25, 29, 38–39, 45, 50, 147, 155
ワイスクランツ　Weiskrantz, L. ｜ 93

事項索引

*アルファベット
PANIC | 103, 112, 125

*あ行
因果論法 causal objection | 132-134
　　――再訪 the revised | 139-140
運動盲 akinetopsia | 192-193
温度計説 thermometer view | 81-82

*か行
懐疑論 skepticism | 160-161
外在主義 externalism
　現象学についての―― about phenomenology | 123
　正当化についての―― about justification | 80-82, 123
　内容についての―― about content | 108-110, 123
概念 concepts
　新しい――の獲得 acquiring new | 91-93
　基本的な―― basic | 89-90
　信念と―― belief and | 88-91
　直示的―― demonstrative | 124
感覚 senses
　――の個別化 individuating | 220-231
　――の数 number of | 220
　視覚以外の感覚についての理論 theories of nonvisual | 231-236
感覚器官説 sense organ view | 220-222
感覚するという関係 sensing, relation of | 25-26, 143-145
感覚的／認知的区別 sensory/cognitive distinction | 38, 44, 156-158, 199-208
関係説（relationalism）→素朴実在論
間接実在論 Indirect Realism | 36, 69, 226
観念論 Idealism | 34-35
基礎づけ主義 foundationalism | 30-34, 77, 80-82
逆転地球 Inverted Earth | 105
鏡映テーゼ Mirroring Thesis | 100, 115
共感覚 synesthesia | 196-199

共通要素原理 Common Factor Principle | 20-22, 53-55, 76, 129-132
クオリア qualia | 56-57, 67-68, 72-73, 101-102, 116-118, 122, 125, 223-224, 235-236
区別不可能性 indiscriminability | 4-7, 21, 99, 107, 116, 123, 138-142, 148-154, 224-225
ケイケン exing | 98, 99, 120
幻覚 hallucination
　――の選言説 disjunctive theories of | 145-154
　――の定義 definition of | 5
幻覚論法 argument from hallucination | 18-22
現象学の帽子 phenomenological hat | 3
　視覚以外の感覚と―― other senses and | 233
　信念獲得説と―― belief acquisition theory and | 82-83
　センスデータ説と―― sense datum theory and | 27-29
　素朴実在論と―― naive realism and | 158-160
　パーセプト説と―― percept theory and | 42-44
　表象説と―― representationalism and | 116-119
　副詞説と―― adverbialism and | 66-69
現象原理 Phenomenal Principle | 7-9, 18-20, 22, 49-55, 76-77, 117, 142, 243
現象的性格 phenomenal character | 26
　志向説による―― according to intentionalism | 101
　信念獲得説による―― according to belief acquisition theory | 82
　センスデータ説による―― according to sense datum theory | 26-27
　素朴実在論による―― according to naive realism | 142-145, 159
　――と経験の認知的側面 and the cognitive aspects of experience | 200-205
　――と選言説 and disjunctivism | 139-142
　表象説による―― according to representationalism | 117, 125

副詞説による—— according to adverbialism | 58
現象的対比法 method of phenomenal contrast | 202–203
現前的性格 presentational character | 26
　信念獲得説による—— according to belief acquisition theory | 82
　センスデータ説による—— according to sense datum theory | 27, 42–43
　素朴実在論による—— according to naive realism | 143, 158
　表象説による—— according to representationalism | 116–117, 125
　副詞説による—— according to adverbialism | 57–59
誤表象 misrepresentation | 12, 108, 109
個別性 particularity | 136–137
固有経験説 characteristic experience view | 222–226
固有性質説 characteristic property view | 226–230

＊さ行
錯覚 illusion
　——定義 definition of | 4–5
　——についての選言説 disjunctive theories of | 154–158
錯覚論法 argument from illusion | 18–22
作用-対象モデル act-object model | 25
残像 afterimage | 9, 52–53, 59
視覚空間消去 visuo-spatial extinction | 206
時間差論法 time lag argument | 22–24, 159
色相、ユニークとバイナリー hues, unique and binary | 211–213
識別不可能性 (indistinguishability) →区別不可能性
色盲 achromatopsia | 192, 229
志向説 intentionalism | 97–99
　一階の—— first-order | 103–104
　現象学優位の強い—— strong phenomenology-first | 100–102, 114, 125, 236
　高階の—— higher order | 102
　内容優位の強い—— strong content-first | 102–104, 111, 114–119, 123, 125, 208, 236
　弱い—— weak | 104–105

志向的戦略 intentional strategy | 89
失認の種類 agnosia, types of | 193–195
シナリオ的内容 scenario content | 112, 120
充足 satisfaction | 170–172
障害 Anstoss | 234–235
信じる傾向 inclination to believe | 86–87
真正な知覚（の定義） veridical perception, definition of | 4
信念獲得説 belief acquisition theory | 75–96
信念論（doxatic theory）→信念獲得説
スクリーニングオフ問題 screening off problem | 146–151
整合説 coherentism | 87–88
選言説 disjunctivism | 129–132
　形而上学的—— about metaphysics | 135–136
　現象学的—— about phenomenology | 139–142, 145, 158–161
　消極的—— negative | 148–154
　積極的—— positive | 145–148
　内容—— about content | 136–139
　認識論的—— epistemological | 134–135
選言説と錯覚 disjunctivism and illusion
V 対 IH 型 | 155
VI 対 H 型 | 155–157
センサリーコア説 sensory core theory | 36–37
センスデータ説 sense datum theory | 24–27
素朴実在論 naive realism | 142–145, 156–160
ゾンビ zombies | 83

＊た行
知覚と錯覚の連続性 continuity, perception to illusion | 21–22
知覚の因果説 causal theory of perception | 177–181
知覚のヴェール（説） veil of perception doctrine | 29–30, 69–70, 79
慎ましい考え方 modesty | 140–142
透明性 transparency | 68–69, 116–117, 125, 223
どのような性質が知覚されうるのか admissible contents | 202–205
トムとティム Tom and Tim | 175–177

*な行
内在主義 internalism
　現象学についての—— about phenomenology ｜ 123
　正当化についての—— about justification ｜ 81, 123
　内容についての—— about content ｜ 105–110
内容 content ｜ 11–12, 97–99
　概念的——と非概念的—— conceptual/non-conceptual ｜ 111–114
　可能世界的—— possible world theory of ｜ 106–107
　単称的—— singular theory of ｜ 107–108
　——についての自然主義 naturalistic theories of ｜ 114–116, 125
　——の内在主義／外在主義 internalism/externalism about ｜ 108–110, 123
　フレーゲ的—— Fregean theory of ｜ 107, 123, 125
二重視覚システム仮説 two visual system hypothesis ｜ 195–196
認識論の帽子 epistemological hat ｜ 3
　視覚以外の感覚と—— other senses and ｜ 233
　志向説と—— intentionalism and ｜ 119–121
　信念獲得説と—— belief acquisition theory and ｜ 79–82
　選言説と—— disjunctivism and ｜ 160–161
　センサリーコア説と—— sensory core theory and ｜ 41–42
　センスデータ説と—— sense datum theory and ｜ 29–35
　副詞説と—— adverbialism and ｜ 69–70
認知科学 cognitive science ｜ 187, 215

*は行
パーセプト説 percept theory ｜ 38–45
半側無視 unilateral neglect ｜ 193, 206
表象原理 Representational Principle ｜ 10–13, 35–39, 70, 76, 97–99, 102, 104, 136, 143
表象説 representationalism ｜ 103, 107–121, 144, 236
副詞説 adverbialism ｜ 49–55
　——の分析 analysis of ｜ 55–59
複数性質問題 many property problem ｜ 59–64
腹話術効果 ventriloquism effect ｜ 238
双子地球 Twin Earth ｜ 109–110, 123, 133
不注意盲 inattentional blindness ｜ 124, 190–191, 205, 216–217
変化盲 change blindness ｜ 124, 189–190, 205, 216–217, 229

*ま・ら行
マルチモーダルな経験 multimodal experience ｜ 237–238
メタマー metamers ｜ 208–211
盲視 blindsight ｜ 93–94
目的意味論 teleosemantics ｜ 115, 124
両立不可能な性質に基づく反論 complement objection ｜ 65–66

著者略歴
ウィリアム・フィッシュ（William Fish）
マッセー大学人文・社会科学部准教授。2001 年にノッティンガム大学で哲学の博士号を取得。専門は知覚の哲学。著書は本書のほか、*Perception, hallucination, and illustion*（Oxford University Press, 2009）がある。

監訳者略歴
山田圭一（やまだ・けいいち）
千葉大学文学部准教授。東北大学大学院文学研究科文化科学専攻博士課程修了。博士（文学）。専門は、分析哲学、認識論。著書に『ウィトゲンシュタイン最後の思考——確実性と偶然性の邂逅』（勁草書房、2009 年）ほか。

訳者略歴
源河亨（げんか・とおる）
慶應義塾大学博士課程。専門は知覚の哲学、心の哲学、分析美学。著書に『入門 科学哲学』（共著、慶應義塾大学出版会、2013 年）。訳書にキム・ステレルニー『進化の弟子』（共訳、勁草書房、2013 年）。論文に「音の不在の知覚」（『科学基礎論研究』121 号、2014 年）、「何が知覚されうるのか」（*Contemporary and Applied Philosophy* 5 巻、2014 年）ほか。

國領佳樹（こくりょう・よしき）
いわき明星大学非常勤講師。首都大学東京大学院人文科学研究科博士課程単位取得退学。専門は現象学、フランス哲学、知覚の哲学。共著に『メルロ゠ポンティ——哲学のはじまり／はじまりの哲学』（河出書房新社、2010 年）。論文に「メルロ゠ポンティにおける知覚経験の規範性」（『現象学年報』28 号、2012 年）ほか。

新川拓哉（にいかわ・たくや）
北海道大学博士課程。専門は知覚の哲学、心の哲学。論文に「Naive Realism and the Explanatory Gap」（*An Anthology of Philosophical Studies*: Volume 8, 2014 年）、「認識論的選言説と懐疑論」（『哲学』48 号、2012 年）ほか。

知覚の哲学入門

2014 年 8 月 30 日　第 1 版第 1 刷発行

著　者　ウィリアム・フィッシュ
訳　者　源河　亨
　　　　國領　佳樹
　　　　新川　拓哉
監訳者　山田　圭一
発行者　井村　寿人
発行所　株式会社　勁草書房

112-0005　東京都文京区水道 2-1-1　振替 00150-2-175253
（編集）電話 03-3815-5277／FAX 03-3814-6968
（営業）電話 03-3814-6561／FAX 03-3814-6854
三秀舎・中永製本所

©GENKA Tohru, KOKURYO Yoshiki, NIIKAWA Takuya,
　YAMADA Keiichi　2014

ISBN978-4-326-10236-5　Printed in Japan

JCOPY <（社）出版者著作権管理機構　委託出版物>
本書の無断複写は著作権法上での例外を除き禁じられています。
複写される場合は、そのつど事前に、（社）出版者著作権管理機構
（電話 03-3513-6969、FAX 03-3513-6979、e-mail: info@jcopy.or.jp）
の許諾を得てください。

＊落丁本・乱丁本はお取替いたします。

http://www.keisoshobo.co.jp

信原幸弘・太田紘史 編
シリーズ　新・心の哲学Ⅰ　認知篇　　四六判　3,000 円
19921-1

信原幸弘・太田紘史 編
シリーズ　新・心の哲学Ⅱ　意識篇　　四六判　3,200 円
19922-8

信原幸弘・太田紘史 編
シリーズ　新・心の哲学Ⅲ　情動篇　　四六判　2,800 円
19923-5

W・G・ライカン
言　語　哲　学　　　　　　　　　　A5 判　3,600 円
―入門から中級まで　　　　　　　　　　　　10159-7

勁草書房刊

＊表示価格は 2014 年 8 月現在．消費税は含まれておりません．